Nicole Grochowina
Die Reformation

Seminar Geschichte

―

Wissenschaftlicher Beirat: Christoph Cornelißen,
Marko Demantowsky, Birgit Emich, Harald Muller,
Michael Sauer, Uwe Walter

Nicole Grochowina
Die Reformation

DE GRUYTER
OLDENBOURG

ISBN 978-3-11-045473-4
e-ISBN (PDF) 978-3-11-045478-9
e-ISBN (EPUB) 978-3-11-045525-0

Library of Congress Control Number: 2019944434

Bibliografische Information der Deutschen Nationalbibliothek
Die Deutsche Nationalbibliothek verzeichnet diese Publikation in der Deutschen Nationalbibliografie; detaillierte bibliografische Daten sind im Internet über http://dnb.dnb.de abrufbar.

© 2020 Walter de Gruyter GmbH, Berlin/Boston
Coverabbildung: Fragment einer Kachel mit Darstellung von Gesetz und Gnade, Schlosshof Lutherstadt Wittenberg, Inv.Nr. HK 3500:9:27h, Irdenware mit grüner Glasur; Foto Juraj Lipták.
© Landesamt für Denkmalpflege und Archäologie Sachsen-Anhalt, Juraj Lipták.
Satz: Integra Software Services Pvt. Ltd.
Druck und Bindung: CPI books GmbH, Leck

www.degruyter.com

Vorwort von Verlag und Beirat

Die Studienbuchreihe „Seminar Geschichte" soll den Benutzern – StudentInnen und DozentInnen der Geschichtswissenschaft, aber auch VertreterInnen benachbarter Disziplinen – ein Instrument bieten, mit dem sie sich den Gegenstand des jeweiligen Bandes schnell und selbstständig erschließen können. Die Themen reichen von der Antike bis in die Gegenwart; unter Einbeziehung historischer Debatten sowie wichtiger Forschungskontroversen vermitteln die Bände konzise das relevante Basiswissen zum jeweiligen Thema.

„Seminar Geschichte" wurde von De Gruyter Oldenbourg gemeinsam mit FachhistorikerInnen und Geschichtsdidaktikern entwickelt. Die Reihe trägt den Bedürfnissen von StudentInnen in den neuen, modularisierten und kompetenzorientierten Studiengängen Rechnung. Dabei liegt der Akzent auf der Vermittlung von aktuellen Methoden und Ansätzen. Im Sinne einer möglichst effizienten akademischen Lehre sind die Bände stark quellenbasiert und nach fachdidaktischen Gesichtspunkten strukturiert. Sie stellen nicht nur den gegenwärtigen Kenntnisstand zu ihrem Thema dar, sondern führen über die intensive Auseinandersetzung mit maßgeblichen Quellen zudem fundiert in geschichtswissenschaftliche Fragestellungen und Methoden ein. Dabei steht die Problemorientierung im Vordergrund. Unabdingbar ist dafür, dass die Quellen nicht abschließend ausgedeutet werden, sondern eine Grundlage für die eigene Erschließung und Bearbeitung bilden. Hierzu enthält jeder Band kommentierte Lektüreempfehlungen, Fragen zum Textverständnis und zur Vertiefung sowie Anregungen zur Weiterarbeit.

Jeder Band stellt eine autonome Einheit dar. Wichtige Quellen sind im Band enthalten, damit sie nicht mitgeführt oder online aufgerufen werden müssen; zentrale Fachbegriffe werden im Glossar im Anhang erklärt. Ergänzend findet sich auf der Website des Verlages zu jedem Band der Reihe zusätzliches Material (z. B. weitere und/oder originalsprachliche Quellen, thematisch relevante Abbildungen, weiterführende Links oder zusätzliche vertiefende und zur Weiterarbeit anregende Fragen; für den vorliegenden Band: https://www.degruyter.com/view/product/466381). Passagen, für die zur Vertiefung weiteres Material bereitsteht, sind durch das nebenstehende Symbol hervorgehoben.

Durch seinen modularen Aufbau macht jeder Band auch ein Angebot für ein Veranstaltungsmodell bzw. eröffnet die Möglichkeit, einzelne Kapitel als Grundlage für Lehreinheiten zu nehmen. Der Aufbau in 14 Kapiteln spiegelt die (in der Regel) 14 Lehreinheiten eines Semesters und unterstreicht den Anspruch, das zu vermitteln, was innerhalb eines Semesters gut gelehrt und gelernt werden kann. Der einheitliche Aufbau aller Bände der Reihe sorgt für konzeptionelle Übersichtlichkeit und Verlässlichkeit in der Benutzung: Er bietet StudentInnen und DozentInnen eine gemeinsame Grundlage, um sich neue Themenfelder zu erschießen.

Vorwort

Dieses Studienbuch fasst viele Jahre der Forschung zur Reformation, insbesondere aber auch zur „radikalen Reformation" zusammen und soll Studierenden und Dozierenden gleichermaßen einen guten Dienst bei ihrer eigenen Forschung und für die Lehre bieten. Dazu sind wichtige Quellen aufgenommen worden, die in jedem Band zur Reformation zu erwarten sind, aber der Blick richtet sich auch – insbesondere bei der Vertiefung – auf Quellen, die weniger häufig im Fokus stehen und so vermeintlich Bekanntes noch einmal anders beleuchten. Zudem sind einige Themen aufgenommen worden, die etwas quer zu den großen Linien liegen, die gemeinhin bei Forschungen zur Reformation gezeichnet werden (beispielsweise Märtyrer, Martyrologien, die Einmischung von Frauen, das Täuferreich von Münster). Dies ist dem Grundansatz des Bandes zu verdanken, Reformation und „radikale Reformation" miteinander ins Gespräch zu bringen und hier auf Berührungspunkte und Interdependenzen zu verweisen.

Zu danken ist allen, die zum Gelingen dieses Bandes beigetragen haben: die Lehrstühle für die Geschichte der Frühen Neuzeit (Prof. Dr. Birgit Emich, jetzt Frankfurt) und der Neueren Kirchengeschichte (Prof. Dr. Anselm Schubert) an der Friedrich-Alexander-Universität Erlangen/Nürnberg mit den studentischen Mitarbeiterinnen in der Kirchengeschichte Christine Schulte am Hülse und Bianca Breunig. Ich danke für die Möglichkeit, diesen Band zu machen, sowie für viele Gespräche, Anregungen und konzise Vorschläge zum weiteren Nachdenken. Ebenso danke ich Frauke Thees (Emden) für die akribische Lektüre der ersten Fassung und die damit einhergehenden zahlreichen, konstruktiven Hinweise. Elfriede und Helmut Mohr (Selbitz) sei für ihre großzügige Gastfreundschaft gedankt, die das Überarbeiten der Texte in so guter Weise ermöglicht hat. Zu danken ist auch Florian Hoppe von De Gruyter Oldenbourg, der ein umsichtiger und zugewandter Begleiter auf den vielen Feldern der Reformation war. Und schließlich danke ich meinen Schwestern und Brüdern in der Communität Christusbruderschaft Selbitz, die das Werden dieses Bandes mit Interesse, manchmal sicher auch mit Befremden, immer aber mit Wohlwollen verfolgt haben. Ihnen sei dieses Buch gewidmet.

Erlangen, Ostern 2019

Inhaltsverzeichinis

Vorwort von Verlag und Beirat —— V

Vorwort —— VII

1	Was ist die Reformation? —— 1	
2	Was ist die radikale Reformation? —— 27	
3	Fromm und geschunden – Glaubensleben in Spätmittelalter und Früher Neuzeit —— 48	
4	Die Freiheit eines Christenmenschen —— 60	
5	Freiheit für die Bauern? —— 73	
6	Propheten am Ende der Zeiten —— 86	
7	Ohne Frauen keine Reformation! —— 99	
8	Stadt und Reformation —— 111	
9	Reichstag 1530: Zeit zu bekennen —— 123	
10	Widerstand, Bündnisse, Krieg —— 135	
11	Radikale Reformation: das Täuferreich von Münster (1534/35) —— 147	
12	„Schlachtschafe Christi" – Martyrien der Reformationszeit —— 159	
13	Mission accomplished? Vom „ewigen Frieden" —— 171	
14	Reformation: ein allein religiöses Ereignis? —— 183	
15	Quellen- und Literaturverzeichnis —— 196	

Abbildungsverzeichnis —— 211

Glossar —— 212

Personenregister —— 217

Sachregister —— 219

Ortsregister —— 221

1 Was ist die Reformation?

1.1 Reformation: ein heterogenes Geschehen

„Die Reformation ist ein historiographisch und erinnerungskulturell allgegenwärtiges, hoch umstrittenes und zugleich diffuses Thema. [...] Ein kohärentes Geschichtsnarrativ *der* Reformation [..] setzt die Definition eines Ausgangspunktes voraus: Luther und seine Auseinandersetzung mit der Papstkirche."[1] In seinem Votum deutet der Göttinger Kirchenhistoriker Thomas Kaufmann an, wie viele Ebenen bei der Untersuchung des Ereignisses „Reformation" virulent sind: Historiographisch ist beispielsweise nach den unterschiedlichen Trägern, dem Kontext, der Wirkung und den divergierenden Interessenlagen sowie nach dem interdependenten Verhältnis von Religion und Politik im Spätmittelalter und in der Frühen Neuzeit zu fragen, während erinnerungskulturell die Folgen der Reformation in den Blick zu nehmen sind, die bis zur Säkularisierung der gegenwärtigen Gesellschaft verfolgt werden können.[2] Doch gleichermaßen ist nach Motivation, Entwicklung, publizistischer Durchschlagskraft sowie nach der prägenden Wirkung Martin Luthers zu fragen, dessen Auseinandersetzung mit der Papstkirche den Umbruch im Kirchwesen, aber auch in der Gesellschaft maßgeblich beeinflusst hat. Ohne hier der Forschung das Wort reden zu wollen, die primär Luther in den Vordergrund stellt und die Reformation ausschließlich an seine Person rückbindet, ist dennoch festzuhalten, dass das reformatorische Geschehen ohne die Publizistik, die Briefe, die Predigten und die direkten Auseinandersetzungen des Wittenberger Mönchs schwerlich zu denken ist. Gleichwohl ist all dies immer in einem Abhängigkeitsverhältnis zu den zeitgenössischen Diskursen zu sehen, die sich politisch etwa um die Auseinandersetzung zwischen Kaiser und Reich und damit um Machfragen rankten, kulturell und religiös neben vielem auch und gerade die Sorgen und Nöte des „gemeinen Mannes" in einer endzeitlich gestimmten Zeit widerspiegelten – und theologisch auf

Historiographie

---

[1] Thomas Kaufmann: Erlöste und Verdammte. Eine Geschichte der Reformation. 2. Aufl. München 2017, 17.
[2] Vgl. Brad S. Gregory: The Unintended Reformation. How a Religious Revolution Secularized Society. Cambridge/Massachusetts, London 2012.

Ebenen der Reformation

den Grund eines spätmittelalterlichen Verständnisses von Reformprozessen und Mystik standen.³

Dass sich aus dieser Gemengelage Diffusität ergibt, liegt auf der Hand. Und so gilt es, die vielen Linien, die im reformatorischen Geschehen zusammenkommen, analytisch zu trennen und dennoch im Zusammenhang zu sehen. Damit rücken nicht nur die spätmittelalterlichen Traditionen der Frömmigkeitspraxis und der Theologie, sondern auch die staatsbildenden Prozesse in den Blick, in denen – mit unterschiedlichen Machtbeziehungen und Interessen – das Verhältnis von Kaiser und Reichsständen auch und gerade im reformatorischen Geschehen neu ausgehandelt wurde. Zudem ist die steigende (Selbst)ermächtigung des Einzelnen, genauer: des „gemeinen Mannes" zu beachten, der sich nicht nur angesichts seines gefährdeten Seelenheils, sondern auch durch den reformatorischen Zuspruch der individuell geltenden Gnade Gottes seiner selbst immer bewusster wurde, aus diesem Wissen heraus agierte und so das reformatorische Geschehen mindestens bis 1525 mitprägte. All dies wurde nicht zuletzt auch über neue Kommunikationsmittel (Flugschriften, Flugblätter) ermöglicht, die sich immer weiter ausdifferenzierten, mindestens in den 1520er Jahren auf dem Markt immer zahlreicher wurden und so als Mittel der Information sowie der Beeinflussung genutzt wurden; kurzum: Zahlreiche kirchliche und gesellschaftliche Veränderungsprozesse nicht nur im Heiligen Römischen Reich deutscher Nation, sondern in ganz Europa finden unter der Überschrift „Reformation" ihren Platz. Und erst in dieser Multiperspektivität kann von der Reformation als „Aufstand der Kirche gegen die Kirche"⁴ gesprochen werden, der sich über die Veränderung des Kirchwesens zum „kulturellen Umbruch"⁵ entwickelt und so den Weg von einer mono- zu einer tri-konfessionellen Gesellschaft gebahnt hat. Diese breite Perspektivierung, die darauf verweist,

---

3 Vgl. hierzu in Rückbindung an die Person Luthers Volker Leppin: Die fremde Reformation. Luthers mystische Wurzeln. München 2017. Leppin grenzt sich allerdings klar davon ab, die Reformation mit Luther beginnen zu lassen. Für ihn ist die Mystik der eigentliche Fokus.
4 Thomas Kaufmann: Geschichte der Reformation in Deutschland. Berlin 2016, 17.
5 Stefan Ehrenpreis, Ute Lotz-Heumann: Reformation und konfessionelles Zeitalter. Darmstadt 2002, 1.

in welchen Abhängigkeitsverhältnissen die kirchliche, politische, soziale, wirtschaftliche und kulturelle Dimension im Übergang zwischen Spätmittelalter und Früher Neuzeit gesehen werden muss, gilt inzwischen weitgehend als *opinio communis*.[6]

1.2 Rahmenbedingungen und Träger des reformatorischen Geschehens

1.2.1 Politische Rahmenbedingungen

„Die politische Ordnung Deutschlands unterlag an der Wende des Mittelalters zur Neuzeit einer tiefgreifenden Umstrukturierung."[7] Mit diesem fast schon lapidaren Satz bringt der Historiker Horst Rabe die Situation vor dem reformatorischen Geschehen auf den Punkt: Verschiedene geistliche und weltliche Herrschaftsrechte und eine signifikante Anzahl an Eigen- und Gewohnheitsrechte kollidierten miteinander, das dualistische und selten spannungsfreie Verhältnis zwischen König bzw. Kaiser und Reichsständen war beständig neu auszuhandeln, weil insbesondere die Territorialfürsten immer deutlicher auf mehr Partizipation an herrschaftlicher Gewalt drangen, und überhaupt brauchte es einen konzisen Ausbau der Verwaltung, der politischen Infrastruktur, um dieses Gebilde aus über 300 Territorien und Reichsstädten regierbarer zu gestalten. Letzteres sollte nicht zuletzt durch die Etablierung von Reichskreisen – und damit von dezentralen Organen – ermöglicht werden.

Kaiser und Reich

Damit wird deutlich, dass das Heilige Römische Reich deutscher Nation als Nachfolgerin des *Imperium Romanum* der entscheidende Bezugsrahmen aller kirchlichen und politischen Entwicklungen war. Dabei war das Reich nicht nur eine politische, sondern auch eine heilsgeschichtliche Größe, galt es doch als

---

6 Vgl. hierzu auch die unterschiedlichen – und ausführlichen – Perspektivierungen in: Thomas Kaufmann: Geschichte der Reformation. Frankfurt am Main, Leipzig 2009, 11–153. Dieses Votum ist auch auf die Untersuchung der „radikalen Reformation" zu übertragen. Vgl. hierzu C. Arnold Snyder: Anabaptist History and Theology. An Introduction. 3. Aufl. Kitchener/Ontario 2002, 5.
7 Horst Rabe: Reich und Glaubensspaltung. Deutschland 1500–1600. München 1989, 69.

letztes der vier Weltreiche, die im biblischen Buch Daniel aufgeführt sind.[8] Somit war auch klar, dass nach dem Reich nur noch das endzeitliche Gericht folgen würde. Diese Verortung in der Heilsgeschichte machte nicht zuletzt die Sakralität des Alten Reiches mit seinen Zeremonien und Ritualen aus.

Reichsreform

Den politischen Rahmen aller Auseinandersetzungen in der Reformationszeit bildete die Reichsreform, die mit dem Reichstag von Worms (1495) in die Wege geleitet wurde. Hier handelten König Maximilian I. (1459–1519, seit 1508 Kaiser des Alten Reiches)[9] und die Reichsstände einige Bestimmungen aus, die das Reich nachhaltig prägen sollten: Dazu gehörte erstens, dass nun der Reichstag als höchstes politisches Organ im Reich verbindlich gemacht wurde und jeweils vom Kaiser einberufen werden musste. Beschlüsse, die hier gefällt wurden, sollten reichsweit umgesetzt werden, wenn der Kaiser ihnen zugestimmt hat. Auf dem Reichstag waren die geistlichen und weltlichen Fürsten, die Grafen und Herren und die Reichsstädte vertreten,[10] wobei Erstere bei Abstimmungen immer in der Mehrheit waren. Gleichwohl musste dies noch kein politischer Vorteil sein, denn es mangelte zumeist an einer effektiven Verwaltung, um die Umsetzung der Beschlüsse und die Kontrolle der beschlossenen Maßnahmen sicherzustellen.

Reichsregiment

In diesem Zusammenhang ist auch die Einführung des Reichsregiments wichtig. Diese ständige Reichsregierung mit Sitz in Nürnberg war seit 1500 etabliert und sollte ein Gegengewicht zu der überragenden Prärogative des Königs bzw. Kaisers sein. Insbesondere in der Hochzeit des reformatorischen Geschehens (1521–1530) war das Reichsregiment bedeutsam, war Kaiser Karl V. in dieser Zeit doch zumeist außerhalb des Reiches aktiv, während in den einzelnen Territorien die neue Lehre immer weiter Raum griff, hier also Handlungsbedarf entstand.

„Ewiger Landfrieden"

Zweitens wurde ein „ewiger Landfrieden" ausgerufen, um das Fehdewesen zu beenden, das zwischen einzelnen Territorien herrschte, weil kriegerische – und damit auch kostenintensive – Auseinandersetzungen als ein legitimes politisches Mittel galten.

---

8 Vgl. Thomas Kaufmann: Geschichte, 42.
9 Vgl. Hermann Wiesflecker: Kaiser Maximilian I. Das Reich, Österreich und Europa an der Wende zur Neuzeit. 5 Bde. München 1971–1986; Horst Rabe: Reich, 112–147.
10 Vgl. Horst Rabe: Reich, 77.

Der Landfrieden sollte durch eine neu geschaffene Institution bewahrt werden: das Reichskammergericht.[11] Konflikte zwischen den Mächten sollten nun hier verhandelt werden; die Einrichtung des Reichskammergerichts steht also für den Versuch, neue Strategien zu finden, um Konflikte zu lösen.[12] Dabei war es ein Gericht der Stände, doch blieb der König/Kaiser weiterhin der Gerichtsherr, auch wenn er in seiner Verfügungsgewalt eingeschränkt war, denn – anders als bei dem vorgehenden Hofgericht – war das höchste Gericht im Alten Reich seit der Reichsreform nicht mehr an den Hof gebunden. Das bedeutet, dass das Gericht nun einen festen Ort (erst in Frankfurt, dann an weiteren Orten, ab 1527 in Speyer, ab 1689 in Wetzlar) hatte, während sonst immer dort Gericht gesprochen wurde, wo sich der König/Kaiser gerade aufhielt, die Rechtsprechung also ganz an seine Person gebunden war.

Dieser – für den König/Kaiser sicherlich schwierige – Umstand wurde erst mit der Einführung des Reichshofrats zumindest etwas behoben, der durch die Reichshofratsordnung von 1559 schließlich voll als zweite höchste Gerichtsinstanz im Alten Reich etabliert wurde.

Höchste Gerichte

Vor beiden Gerichten konnten der reichsunmittelbare Adel und die Reichsstädte klagen,[13] Untertanen galten sie als Appellationsinstanz, wenn die Appellationssumme entsprechend hoch war. Ansonsten hatten sie ihre Konflikte über den territorialen Instanzenzug zu lösen.

Für die Konfliktbewältigung und die Wahrung des Landfriedens waren beide Gerichte wesentlich, weil hier Gesetzesbrüche ebenso verhandelt wurden wie die – in den Augen der Klagenden – mangelnde Durchsetzung der Reichsacht. Zudem wurden hier auch schon frühzeitig Anliegen verhandelt, die sich aus dem reformatorischen Geschehen ergaben. Dabei ging es allerdings

---

11 Vgl. Bernhard Dieselkamp: Das Reichskammergericht. Der Weg seiner Gründung und die ersten Jahrzehnte seines Wirkens (1451–1527). Köln, Weimar, Wien 2004.
12 Vgl. Anja Amend, Anette Baumann, Stephan Wendehorst, Siegrid Westphal (Hg.): Gerichtslandschaft Altes Reich. Höchste Gerichtsbarkeit und territoriale Rechtsprechung. Köln, Weimar, Wien 2007.
13 Vgl. Wolfgang Sellert (Hg.): Reichshofrat und Reichskammergericht. Ein Konkurrenzverhältnis. Köln, Weimar, Wien 1999.

nicht um die Klärung theologischer Fragestellungen, sondern um Brüche des Landfriedens. Wenn sich etwa ein Landesherr und damit das gesamte Territorium der Reformation zuwandte, Klöster und Kirchen säkularisierte, diese sich zum Eigentum machte und nach eigenen Vorstellungen nutzte, provozierte dies zumeist Klagen, welche die Frage nach der Rechtmäßigkeit dieser Verfahren stellten. Es ging dann also um Eigentumsstreitigkeiten, die potentiell den Frieden gefährdeten, nicht aber um die inhaltliche Auseinandersetzung mit der neuen Lehre. Derartige Prozesse vor dem Reichskammergericht sind während der gesamten Reformationszeit geführt worden. Deswegen haben auch die evangelischen Stände bei Auseinandersetzungen mit dem Kaiser immer darauf gedrungen, dass sie Finanzmittel (etwa für Feldzüge gegen das Osmanische Reich) nur dann bewilligten, wenn als Gegenleistung diese Prozesse ausgesetzt würden.

In all diesem standen die beiden höchsten Gerichte im Reich gleichermaßen vor demselben Problem: Weil die Verwaltung generell noch ausbaufähig war, konnte nicht hinreichend gewährleistet werden, dass die Urteile auch tatsächlich exekutiert wurden. Dazu hätte es zudem die einzelnen Reichsstände gebraucht, die allerdings je nach politischer Interessenlage die Umsetzung der Urteile vorantrieben, verzögerten oder auf unbestimmte Zeit verschleppten.

Reichssteuer Und schließlich sollte auch die Einführung des „gemeinen Pfennigs" – eine Reichssteuer, die ebenfalls im Zuge der Reichsreform erst einmal für vier Jahre eingeführt wurde – nicht nur den König, sondern auch die Landesfürsten stärken. Die Reichssteuer diente nicht nur zur Finanzierung der Kriege und damit zur Sicherung der militärischen Schlagkraft und Verteidigung des Alten Reiches, durch sie sollten auch die Kosten für das Reichskammergericht beglichen werden. Erhoben wurde die Steuer allerdings in den einzelnen Landesherrlichkeiten. Dies machte das Eintreiben der Steuern immer dann kompliziert, wenn die Herrschaftsverhältnisse vor Ort nicht klar waren. Nicht zuletzt deshalb hat sich diese Reichssteuer auch nicht bewährt und wurde 1505 wieder ausgesetzt. Um aber dennoch die Arbeit des Reichskammergerichts zu sichern, wurde ab 1507 die „Kammerzieler" erhoben, eine Reichssteuer, die nun von den Reichskreisen eingezogen wurde und ausschließlich für das Reichskammergericht bestimmt war.

Territorien Auf der Ebene der einzelnen Territorien lassen sich ebenfalls wichtige Rahmenbedingungen abstecken. Von besonderer

Bedeutung sind die Versuche, noch vor dem reformatorischen Geschehen ein landesherrliches Kirchenregiment zu etablieren.[14] Dies sollte in der Zeit der Reformation dann nachhaltig forciert werden. Dabei ging es den Landesherren grundsätzlich darum, ihren Einfluss auf die Kirche zu steigern. Dies betraf beispielsweise ihre Mitsprache bei der Besetzung von kirchlichen Ämtern, die Zurückdrängung der kirchlichen Gerichtsbarkeit zugunsten der weltlichen Jurisdiktion und den intensiveren Zugriff auf kirchliche Finanzen. Letzteres war in notorisch klammen Zeiten ein wesentlicher Punkt. Dabei beschränkten sich die Landesherren nicht nur darauf, nun auch die Geistlichen zu besteuern und von ihnen bisweilen auch den kirchlichen Zehnten abzuverlangen, sie ließen sie außerdem für kirchliche Dienste bezahlen: Wenn etwa ein Ablassprediger in ihrem Territorium predigen und damit auch größere Mengen Geld erwirtschaften wollte, gestatteten sie dies zumeist nur, wenn ein bestimmter Prozentsatz dieses Geldes bei der Landesherrschaft verblieb.[15]

Insgesamt wird also deutlich, dass eine wesentliche Folge der Reichsreform die innere und zugleich verdichtete Staatsbildung und damit einhergehend die Stärkung der territorialen Autoritäten war. Dies verbesserte zugleich ihre Position dem König bzw. dem Kaiser gegenüber, ohne aber das zwischen ihnen bestehende hierarchische Verhältnis gänzlich aufzulösen, im Gegenteil: Der König bzw. Kaiser galt nach wie vor als die von Gott eingesetzte Autorität, der es Gehorsam zu leisten galt.

Vor diesem Hintergrund kam den Landesherren im reformatorischen Geschehen eine besondere Bedeutung zu: Sie hatten nun die Möglichkeit, vor Ort die neue Lehre zu fördern, dabei das landesherrliche Kirchenregiment auszubauen (etwa durch Kirchen- und Schulordnungen, Einrichtung von Schulen und Universitäten zur Ausbildung eigener Theologen und Juristen), ihre Untertanen stärker als bisher zu disziplinieren und gleichzeitig aus der Stärke der eigenen Gestaltungskraft heraus dem Kaiser selbstbewusst gegenüberzutreten und von ihm weitere Zugeständnisse zu fordern,

Rolle der Landesherren

---

14 Vgl. Gunter Zimmermann: Die Einführung des landesherrlichen Kirchenregiments, in: Archiv für Reformationsgeschichte. 76 (1985), 146–168.
15 Vgl. Kapitel 3.

„Notbischof" die den Reichsständen eine breitere Partizipation an der Herrschaft ermöglichen sollten.

Allerdings ist es nicht so, dass die reformatorischen Theologen es den Landesherrn überlassen wollten, das reformatorische Geschehen auszugestalten. Zwar hat Luther in seiner Schrift an den „christlichen Adel deutscher Nation"[16] betont, dass er mit den territorialen Obrigkeiten rechne, wenn es darum ginge, die Reformation zu fördern und beispielsweise aus Klöstern Schulen zu machen. Aber dieses Engagement wollte er als „Notmandat" verstanden wissen, der Landesfürst sollte also als „Notbischof" agieren, um die Kirche und damit auch die neue Lehre situativ zu gestalten und so zu schützen. Es ging für Luther also niemals darum, dieses Amt zu verstetigen und so dauerhafte Eingriffe der weltlichen Macht ins geistliche Feld zu ermöglichen.[17] Dies hätte zudem seiner Lehre von den zwei Reichen in eklatanter Weise widersprochen, in der er davon ausging, dass es ein geistliches und ein weltliches Regiment gebe, die strikt voneinander zu trennen seien. Die weltliche Macht dürfe das Gewissen nicht dringen und sich in keine Bereiche einmischen, die den Glauben beträfen. Die geistliche Macht dürfe sich demgegenüber nicht über die Obrigkeiten erheben, beschirmten die weltlichen Herrschaftsträger doch den Glauben; dafür seien sie von Gott eingesetzt, so dass ihnen Gehorsam gebühre.[18]

Aus dem „Notmandat" ist allerdings in der Zeit der Reformation eine dauerhafte Lösung geworden, denn zur Ausgestaltung des landesherrlichen Kirchenregiments war es unumgänglich – und sicher von der Landesherrschaft auch gewollt –, in den geistlichen Bereich einzugreifen und beispielsweise über Kirchen- und Schulordnungen einen Rahmen und inhaltliche Schwerpunkte zu setzen.

---

16 Vgl. Luther, Martin: An den christlichen Adel deutscher Nation von des christlichen Standes Besserung (1520), in: WA 6, 404–469.
17 Vgl. Martin Luther: Exempel, einen rechten christlichen Bischof zu weihen (1542), in: WA 53, 219–260, hier: 255 f. Vgl. auch Elisabeth Rosenfeld: Debatten um die Organisation der Kirchenleitung im Umfeld der Wittenberger Reformation, in: Wischmeyer, Johannes (Hg.): Zwischen Ekklesiologie und Administration. Modelle territorialer Kirchenleitung und Religionsverwaltung im Jahrhundert der europäischen Reformationen. Göttingen 2013, 23–39, hier: 28.
18 Vgl. Martin Luther: Von der Freiheit eines Christenmenschen (1520), in: WA 7, 12–39.

Kaiser und Reichsstände waren also die zwei wesentlichen politischen Größen, die vor dem Hintergrund der Konsequenzen aus der Reichsreform das reformatorische Geschehen verhandelten. Dabei ging es immer auch und gerade um politische Fragen, um Partizipation und Vorherrschaft und um die Stärkung der eigenen Position. Und auch wenn den Landesherren nicht abgesprochen werden kann und soll, dass sie sich auch aus innerer Glaubensüberzeugung der neuen Lehre zuwandten, so sind die politischen Implikationen doch immer mitzudenken, denn Glaube und Politik bildeten in dieser Zeit eine nicht zu trennende Einheit.

1.2.2 Kulturelle Rahmenbedingungen

Im Übergang vom Spätmittelalter zur Frühen Neuzeit zeichnete sich eine Gesellschaft ab, die von großen Neuerungen, der Hinterfragung alter Methoden und Sichtweisen sowie von ganz konkreten Nöten geprägt war.

Als wesentliche Veränderung ist die gravierende Entwicklung in der Bildung und bei den sich neu und rasch entwickelnden Medien zu nennen. So wurde es mit dem aufkommenden Buchdruck in der zweiten Hälfte des 15. Jahrhunderts leichter und schneller möglich, Schriften zu erstellen und weiterzugeben. Dabei ist nicht nur die Beschleunigung der Kommunikation, sondern geradezu ihre „Ausweitung und Entgrenzung"[19] in dieser Zeit zu beobachten – ein Phänomen, das für die Verbreitung reformatorischer Gedanken nicht hoch genug eingeschätzt werden kann: Reformation ist ohne Kommunikation durch massenhaft produzierte Flugschriften, Flugblätter und Traktate kaum denkbar. Dabei ging es nicht allein um das gedruckte Wort, sondern in erster Linie wurde die Botschaft über Bilder und Grafiken weitergegeben. Bei einer Gesellschaft, die nur einen sehr geringen Anteil von lesefähigen Menschen hatte und deswegen eher als orale Kultur zu verstehen ist, lag dies nahe. Zudem war die Gesellschaft im Umgang mit Bildern geübt, waren doch nicht zuletzt die Kirchen mit erzählenden Bildern ausgestattet, die so einen wesentlichen Teil der Lehre insbesondere für den „gemeinen Mann" übernahmen.

Neue Medien

---

[19] Thomas Kaufmann: Geschichte, 102.

Bildung   Die Entwicklung von Medien und Bildung ging Hand in Hand; das Schulwesen rückte in dieser Zeit erneut in den Fokus – und hier nicht allein die Universitäten und Lateinschulen, sondern auch und gerade die Elementarschulen, welche die Bevölkerung mit einem Mindestmaß an Bildung, Schreib- und Lesefähigkeiten ausstatten sollten. Auch die Reformatoren des 16. Jahrhunderts wussten um den Wert der Bildung und drangen bei den Landesherren darauf, relativ zügig nach Einführung der neuen Lehre auch ein umfängliches Schulwesen in den Territorien aufzubauen.[20]

Diese Wertschätzung der Bildung ist nicht allein dem Wunsch geschuldet, so vielen Menschen wie möglich die Bibel und die grundsätzlichen Texte der neuen Lehre zugänglich zu machen, dieses Engagement erklärt sich auch aus dem Bildungshorizont zahlreicher Reformatoren – und dies meint die Theologen der Reformation, die von Wittenberg, Zürich, Nürnberg, Augsburg, Straßburg, Genf und anderen Städten und Territorien ausgegangen ist; und nur in Ausnahmefällen den der Täuferführer, die in der Reformationszeit Kreise um sich gesammelt haben, die aber in erster Linie – wie sie selbst es zumeist auch waren – vom „gemeinen Mann" gebildet und getragen wurden.[21]

Humanismus   Zum zeitgenössischen Bildungshorizont gehörte der Humanismus, eine Bewegung, die über Italien in die einzelnen Territorien des Alten Reichs gekommen ist. Dies war möglich, weil nach der Eroberung Konstantinopels durch die Osmanen (1453) zahlreiche Gelehrte aus der Stadt nach Italien geflohen waren, sich hier angesiedelt und dann eine kulturelle Bewegung in Gang gesetzt

---

20 Vgl. Heinz Schilling, Stefan Ehrenpreis (Hg.): Erziehung und Schulwesen zwischen Konfessionalisierung und Säkularisierung. Forschungsperspektiven, europäische Fallbeispiele und Hilfsmittel. München, Berlin 2003. Vgl. auch als Lokalstudien mit weiterem zeitlichen Horizont Andreas Dietmann: Der Einfluss der Reformation auf das spätmittelalterliche Schulwesen in Thüringen (1300–1600). Köln, Weimar, Wien 2018.
21 Bei den Täufern gab es dabei durchaus Ausnahmen: So war der ehemalige Priester und dann Prediger der Reformation und schließlich Täuferführer in Mähren und in vielen anderen Städten des Alten Reiches, Balthasar Hubmaier, hier ebenso eine Ausnahme wie beispielsweise Helena von Freyberg, die in Tirol Täuferkreise schützte und bisweilen auch leitete, selbst aber aus gehobenen Kreisen kam. Zu Helena von Freyberg vgl. Kapitel 7, zu Hubmaier vgl. Torsten Bergsten: Balthasar Hubmaier. Seine Stellung zur Reformation und zum Täufertum, 1521–1528. Kassel 1961.

haben, durch welche antike Schriften neu entdeckt, diese für die Gegenwart fruchtbar gemacht wurden, daran die Sprache geschult und sich so von dem in der Scholastik herrschenden rationalen Ton abgesetzt wurde.[22] Humanisten wie Erasmus von Rotterdam (1466/69–1536) ging es insgesamt um die „immense Vermehrung des Wissens um die Vergangenheit, [um die] Erschließung disparater philosophischer und literarischer Traditionen"[23] und darum, dann Perspektiven und Inspirationen für die Gegenwart zu gewinnen. Insofern ist Humanismus eine Wissensbewegung, die das Wissen schätzte, zugleich pluralisierte und in eine angemessene Sprache zu bringen versuchte.

Dabei nahmen die Humanisten auch Inspirationen der zeitgenössischen Frömmigkeitsbewegungen auf – insbesondere der *devotio moderna*.[24] Diese Bewegung geht auf Geert Groote (1340–1384) zurück, einem niederländischen Theologen aus Deventer, der sich alsbald nicht mehr der Wissenschaft, sondern vielmehr der Bußpredigt verschrieben und dafür geworben hat, als Laien einen eigenen Weg zwischen Kloster und Welt zu finden.[25] Konkret hieß dies, dass er die Menschen dazu aufrief, mitten im Alltag aus dem Gebet und aus dem Blick auf Christus heraus zu leben und so ihren ganz eigenen Nachfolgeweg zu gehen.

Die *devotio moderna* fand im Spätmittelalter viele Anhänger, aus denen schließlich die Brüder und Schwestern „des gemeinsamen

Devotio moderna

---

22 Die Scholastik bestimmte die akademische Theologie und sah sich der Kritik der Humanisten ausgesetzt: Insbesondere die Spätscholastik wurde als statisch, akademisch-lebensfremd und wenig erkenntnisfördernd kritisiert. Zur Problematisierung von Spätscholastik und Reformation am Beispiel von Martin Luther vgl. Martin Heckel: Martin Luthers Reformation und das Recht. Die Entwicklung der Theologie Luthers und ihre Auswirkung auf das Recht unter den Rahmenbedingungen der Reichsreform und der Territorialstaatsbildung im Kampf mit Rom und mit den „Schwärmern". Heidelberg 2016, 117–125.
23 Thomas Kaufmann: Geschichte, 108.
24 Vgl. Dick E. H. Boer, Iris Kwiatkowski (Hg.): Die Devotio Moderna. Sozialer und kultureller Transfer (1350–1580), Bd. 1: Frömmigkeit, Unterricht und Moral. Einheit und Vielfalt der Devotio Moderna an den Schnittstellen von Kirche und Gesellschaft, vor allem in der deutsch-niederländischen Grenzregion. Münster 2013; dies. (Hg.): Die Devotio Moderna. Sozialer und kultureller Transfer (1350–1580), Bd. 2: Die räumliche und geistige Ausstrahlung der Devotio Moderna. Zur Dynamik ihres Gedankengutes. Münster 2013.
25 Vgl. Thomas Kaufmann: Geschichte, 70.

Lebens" hervorgingen. Diese waren allesamt Laien, die versuchten, in Gemeinschaft die eigene innere Frömmigkeit zu pflegen und daraus Nachfolge zu leben. Konkret wurde dies im karitativen Handeln, aber auch im Publizieren unterschiedlicher Erbauungsschriften, von denen die „*Imitatio Christi*" (Nachfolge Christi, Thomas von Kempen, erschienen um 1418) die wesentlichste war.

Endzeit

Zur Frömmigkeitskultur des Spätmittelalters und der beginnenden Frühen Neuzeit gehörte aber auch ein gehöriges Maß an endzeitlicher Gestimmtheit. Genährt wurde dieses durch die bisweilen prekäre wirtschaftliche Situation (Agrardepression um 1500, wachsende Abgaben und Zahl der Dienste, Leibeigenschaft), aber auch durch die wachsende Kritik an der Institution Kirche (wegen Ablasshandel, Ökonomisierung des Heils, schlecht ausgebildeter Kleriker, Klöster als Grundherrn), wenn diese dadurch auch nicht grundsätzlich als Garant für das Seelenheil verworfen wurde, im Gegenteil: Die Kirche ist bei aller Kritik um 1500 nie grundsätzlich in Frage gestellt worden.[26] Dennoch brauchte es eine Erneuerung der Kirche, die – auch ganz im Sinne der *devotio moderna* – eine Bußbewegung sein sollte. Und so verwundert es nicht, dass Martin Luthers (1483–1546) erstes öffentliches und zugleich kirchenkritisches Auftreten mit genau dieser Frage verknüpft war: Auf den schwunghaften Ablasshandel und insbesondere auf den neu eingesetzten Petersablass (für den Petersdom in Rom) reagierte er 1517 mit 95 Thesen, in denen er insgesamt zu einem Leben in der Buße aufrief und deshalb den Ablasshandel kritisch hinterfragte. Den Brief mit den 95, auf Latein abgefassten Thesen schickte er an Albrecht von Brandenburg (1490–1545), dem Erzbischof von Mainz, und kündigte eine gelehrte Disputation zu dieser Frage an. Dass diese Thesen schnell Verbreitung fanden, ist sicher dem Interesse daran geschuldet. Allerdings wäre dies ohne die im Alten Reich inzwischen zahlreich vorhandenen Druckerpressen und ohne Luthers schnelles Nachlegen einer deutschsprachigen Schrift zum Ablass kaum möglich gewesen.[27]

---

26 Vgl. Kapitel 3.
27 Vgl. Johannes Schilling: Martin Luther: Ein Sermon von Ablass und Gnade, in: Korsch, Dietrich (Hg.): Martin Luther. Deutsch-deutsche Studienausgabe. Bd. 1: Glaube und Leben. Leipzig 2012, 1–13.

1.2.3 Träger der Reformation

Dass die Auseinandersetzung um die 95 Thesen kein gelehrter Disput verblieb, sondern sich in großer Intensität nun das reformatorische Geschehen entfaltete, ist – neben den Rahmenbedingungen, die dies begünstigten – auch und gerade den unterschiedlichen Trägern der Reformation zuzuschreiben, die sich mit unterschiedlichen Interessen engagiert in die eigentlich kirchlich-theologische Auseinandersetzung einmischten und so die Reformation vorantrieben.

Eine wichtige Trägergruppe waren die Theologen, ob sie nun an den Universitäten oder als Prediger in den großen Kirchen der Reichsstädte lehrten und predigten. Ihr Nachdenken über Ablass, Abendmahl, Bilder in der Kirche, Ehe, die Rolle der Obrigkeit, die „Freiheit eines Christenmenschen"[28] und nicht zuletzt über die Reform der Kirche als solcher war von ihrem jeweiligen Kontext abhängig – und doch über sie hinaus prägend, weil die Kommunikationsmittel des frühen 16. Jahrhunderts die zügige Publikation von Schriften erlaubten, die nun das umfängliche Netz an brieflicher Korrespondenz ergänzten. Dass Martin Luther zudem im Jahr 1520 drei wesentliche Schriften vorgelegt hat, in denen er sowohl die Rolle bzw. den Niedergang der Kirche[29] als auch die Aufgaben des christlichen Adels[30] und die Freiheit des Christenmenschen[31] beschrieben hat, der zwischen innerer und äußerer Freiheit zu differenzieren hatte, wird diesem intensiven Austausch ebenso förderlich gewesen sein wie die theologischen Debatten, die sich in Wittenberg (etwa mit Andreas Bodenstein von Karlstadt) oder mit Ulrich Zwingli (1484–1531) in Zürich entfaltet haben.

Theologen

Darüber hinaus gehört es zu diesem Trägerkreis der Reformation, dass die Theologen nicht losgelöst waren vom herrschaftlichen Kontext ihres jeweiligen Territoriums oder ihrer Stadt. Während beispielsweise Ulrich Zwingli in Zürich seinen Weg mit dem Rat der Stadt zu gehen hatte und nach seinem Verständnis wohl daran tat, die Reformation nicht ohne diesen durchzusetzen,

Landesherrn und Magistrate

---

28 Vgl. Martin Luther: Freiheit.
29 Vgl. Martin Luther: De Captivitate Babylonica Ecclesiae. Praeludium Martini Lutheri (1520), in: WA 6, 497–573.
30 Vgl. Martin Luther: Adel.
31 Vgl. Martin Luther: Freiheit.

hing Martin Luther sehr vom Wohlwollen seines Landesherrn, dem sächsischen Kurfürsten, ab. Doch sowohl Friedrich der Weise (1463–1525) als auch Johann Friedrich von Sachsen (1503–1554) schützten ihr Landeskind auch und gerade dann, als Luther 1521 von der katholischen Kirche exkommuniziert und außerdem die Reichsacht über ihm ausgesprochen wurde. Waren die Landesherrn oder der Stadtmagistrat[32] also der neuen Lehre gegenüber aufgeschlossen, gelang es, entsprechende Prediger auf wichtige Prädikantenstellen zu setzen, diese zu schützen und so sukzessive die neue Lehre weiterzutragen.

Obrigkeiten und Kirche

Dies macht deutlich, wie wichtig die Obrigkeiten in diesem Prozess waren: Ohne sie – und das zeigt etwa die Situation unter den katholischen Habsburgern – war es kaum möglich, die neue Lehre dauerhaft zu etablieren. Dabei hatten die Obrigkeiten unterschiedliche Interessen, die von einer aufrichtigen Glaubensentscheidung bis hin zur klar kalkulierten Machtpolitik reichten, denn die Einführung der neuen Lehre bedeutete für sie nicht allein, eine neue Theologie ins Land oder die Stadt zu bringen, sondern es war für sie auch die Chance, ihre Herrschaft neu auszurichten und auszubauen. Sobald also Klöster enteignet, die altgläubige Gerichtsbarkeit abgebaut und die wichtigsten Predigtstellen mit Pfarrern besetzt waren, die ein enges Verhältnis zur Obrigkeit pflegten, konnte die Übernahme neuer Herrschaftsbereiche beginnen, die bis dato von der Kirche ausgeübt wurden. Kirchen- und Schulordnungen sollten dies dann regeln, so dass daraus am Ende nicht nur die vertiefte Disziplinierung des Untertanenverbandes, sondern auch eine größere Machtfülle des Landesherrn folgte, aus der auf Reichsebene – und damit in der immer wiederkehrenden Auseinandersetzung mit dem Kaiser – Kapital geschlagen werden sollte. Landgraf Philipp von Hessen (1504–1567) und Kurfürst Johann Friedrich von Sachsen sind Beispiele dafür, wie dies gelingen konnte.

Doch auch andere Gruppen sahen sich von der neuen Lehre angezogen und trugen diese weiter: Zu ihnen zählten die Reichsritter, die Bauern und die Frauen. Sie alle verband, dass sie für eine bestimmte Zeit im reformatorischen Geschehen ihre Stimme erheben und diesen Prozess mitgestalten konnten, dann aber – entweder durch Gewalt (Reichsritter und Bauern) oder durch Re-Institutionalisierung

---

32 Zur besonderen Rolle der Städte vgl. Kapitel 8.

der zunächst in Bewegung geratenen Kirche (Frauen) – verdrängt wurden.³³

Der Aufruhr einzelner Reichsritter (1522/23), die Bauern und der Bauernkrieg (1524/5) sind dabei in enger Verbindung zu sehen. Beide Gruppen entdeckten in der reformatorischen Bewegung eine Möglichkeit, die Missstände, die ihre Gegenwart ausmachten (Verlust althergebrachter Rechte, Beschwerungen durch Dienste und Abgaben), zu beheben und sich im Grunde im reformatorischen Horizont neu zu erfinden.³⁴ Dazu griffen die Reichsritter³⁵ um Franz von Sickingen (1481–1523) und Ulrich von Hutten (1488–1523) auf Luthers Adelsschrift,³⁶ die Bauern indes auf die Freiheitsschrift³⁷ zurück. In diesen fanden sie entweder den Aufruf, dass der Adel eine signifikante Rolle bei der Umgestaltung der Kirche und damit auch der Gesellschaft spielen sollte, oder sie entdeckten ihre eigene Freiheit, die – so die Argumentation der Bauern etwa in den „12 Artikeln" von 1525 – durch die erlösende Tat Jesu am Kreuz gestiftet worden und damit ein Grund sei, aus der Leibeigenschaft entlassen zu werden.³⁸

Beide Gruppen forderten damit die gegebenen Herrschaftsverhältnisse heraus, denn die territorialen Autoritäten sahen sich nicht gewillt, die Reichsritter wieder in ihre alten Rechte einzusetzen – und sie hatten auch kein Interesse daran, den Bauern die Freiheit an der eigenen Person zuzubilligen. Insofern wurde beiderlei Ansinnen als Aufruhr verstanden und entsprechend beantwortet: Als Franz von Sickingen den Trierer Erzbischof Richard von Greiffenklau (1467–1531) überfiel, um Trier einzunehmen, stand ihm mit dem Erzbischof und dem Landgrafen Philipp von Hessen eine Allianz gegenüber, die sich nicht aus konfessionellen, sondern allein aus machtpolitischen Motiven heraus zusammengeschlossen

Reichsritter und Bauern

---

33 Vgl. Thomas Kaufmann: Der Anfang der Reformation. Studien zur Kontextualität der Theologie, Publizistik und Inszenierung Luthers und der reformatorischen Bewegung. Tübingen 2012.
34 Vgl. Thomas Kaufmann: Geschichte, 482 f.
35 Vgl. Olga Weckenbrock (Hg.): Ritterschaft und Reformation. Der niedere Adel im Mitteleuropa des 16. und 17. Jahrhunderts. Göttingen 2018.
36 Vgl. Martin Luther: Adel.
37 Vgl. Martin Luther: Freiheit.
38 Vgl. Kapitel 4 und 5.

hatte. Diese Auseinandersetzung endete nicht nur mit einer Niederlage Sickingens, sondern auch mit dessen Tod.

Bauern — Analog dazu fand sich auch eine breite Allianz derer, die im Bauernkrieg (1524/5) gegen die „Bauernhaufen" vorgingen, die sich in Oberschwaben, Franken und Thüringen zusammenfanden, um ihren Forderungen Ausdruck zu verleihen. Auch diese Bemühungen waren nicht von Erfolg gekrönt, die Bauern wurden durchweg geschlagen – und nicht zuletzt diese verheerenden Niederlagen sorgten dafür, dass nun der „gemeine Mann" endgültig als Träger aus dem reformatorischen Geschehen ausschied. Dieses lag fortan ausschließlich in den Händen der Stadtmagistrate und der Landesherren, die zwischen 1522 und 1525 sehr deutlich gemacht hatten, dass sie nicht daran dachten, sich die Macht entreißen zu lassen, die mit dem reformatorischen Geschehen einherging.

Frauen — Quer dazu nimmt sich das Engagement der Frauen aus, die sich zumeist anlassbezogen ins reformatorische Geschehen einmischten.[39] Gerade aus den 1520er Jahren liegen Traktate und Briefe von Frauen vor, die wortgewaltig und mit reicher Bibelkenntnis Partei ergriffen. Mit diesem Engagement waren sie selten wohlgelitten, galt doch auch in dieser Zeit das Votum, dass die Frau in der Gemeinde zu schweigen habe.[40] Nicht viele zeigten sich davon so unbeeindruckt wie Katharina Zell (1497–1562) aus Straßburg, die sich weit über den eigentlich Anlass (Verteidigung ihrer Ehe mit dem Prediger am Straßburger Münster, Matthäus Zell) hinaus engagierte und Schriften publizierte. Sie, die sich als „Kirchenmutter" von Straßburg sah, bildet sicher eine Ausnahme und begründete zudem ihr Tun mit dem „Notmandat": Weil die Männer in wichtigen Angelegenheiten schwiegen, müsse sie reden, so ihre Argumentation.[41]

Der Blick auf diese exemplarisch ausgewählte Träger der Reformation macht deutlich, wie heterogen das reformatorische Geschehen und wie durchsetzt es von persönlichen, lokalen und territorialen Einzelinteressen war. Doch alle Bemühungen, die neue Lehre ins Leben zu bringen und dabei die eigene Position oder Lebenssituation zu verbessern, sind in einem gemeinsamen Kontext zu sehen,

---

39 Vgl. Kapitel 7.
40 Vgl. 1. Kor 14, 34.
41 Vgl. Kapitel 7.

denn es hatte Konsequenzen über den eigenen Lebensbereich hinaus, wenn beispielsweise die Bauern die reformatorische Botschaft adaptierten und in ihre Lebenswirklichkeit übersetzten. Dies macht erneut deutlich, dass von der Gleichzeitigkeit mehrerer Reformationen im Reich zu sprechen ist:[42] für einen kurzen Moment eine reichsritterliche, eine Gemeindereformation und nicht zuletzt die Stadtreformation, die alsbald von der Fürstenreformation abgelöst wurde. Welche dabei im Vordergrund stand, entschied sich jeweils nach Zeit und Kontext.

1.3 Verortung der Reformation

1.3.1 Das Problem der Epochengrenzen

Ungeachtet des Blickes auf die zahlreichen Ebenen, die das reformatorische Geschehen ausmacht, bleibt die Frage, wie der Weg zur tri-konfessionellen Gesellschaft genau zu bewerten ist: Handelte es sich hierbei um einen Transformationsprozess, der gleichermaßen das Spätmittelalter und die Frühe Neuzeit umfasst hat, oder ist von mehreren Reformationen auszugehen, die parallel verliefen? Beide Fragen fordern die zeitlichen Grenzen der Reformationsepoche (1517 und 1555) heraus, die seit Leopold von Rankes Geschichte der Reformation gelten,[43] aber in gegenwärtigen Forschungsdiskursen durchbrochen werden. Insofern verraten diese Diskurse auch, was die Reformation ausmacht – und was nicht.

Gerade auf dem Weg zum Reformationsgedenken 2017 und auch in dem Jahr selbst sind eine Reihe von Studien erschienen, die sich nicht nur mit inhaltlichen Aspekten des reformatorischen Geschehens sowie mit dem Leben und Wirken von Martin Luther beschäftigen, sondern auch intensiv diskutieren, ob die Epochengrenzen von 1517 und 1555 nicht zugunsten eines weiter ausgreifenden Ansatzes überwunden werden sollten. Diese Ansätze korrespondieren mit der immer noch aktuellen Mahnung, weder die Geschichte des Spätmittelalters allein als Vorgeschichte des reformatorischen Geschehens

Reformation 1517–1555?

---

42 Vgl. Thomas Kaufmann: Geschichte, 482.
43 Vgl. Leopold von Ranke: Deutsche Geschichte im Zeitalter der Reformation. 5 Bde. Berlin 1839–1847.

zu erzählen,⁴⁴ noch den Widerspruch aufrecht zu erhalten, der von einem „zwielichtig-verkommenen Spätmittelalter" und der alles rettenden „lichten Reformation" spricht. Eine solche Perspektivierung könne getrost als „apologetisch-polemische Selbstbehauptungsstrategie der Reformatoren" verstanden werden und vermöge es deshalb nicht, die Vielschichtigkeit des reformatorischen Geschehens hinreichend zu benennen.⁴⁵

Strittige Zäsuren

Doch nicht allein der Start mit dem vermeintlichen Thesenanschlag Martin Luthers am 31. Oktober 1517, sondern auch das Ende der reformatorischen Epoche ist bei der Frage nach Reformation als Transformation zu hinterfragen. Kritisch erscheint hier, dass 1555 ungeachtet des „Augsburger Religionsfriedens"⁴⁶ schwerlich von einem Abschluss gesprochen und damit eine Zäsur markiert werden kann. Schließlich sind zu diesem Zeitpunkt wesentliche Ziele der Reformatoren noch nicht erreicht worden, weil beispielsweise der Reichstag von Augsburg keine Klärung der theologischen Wahrheitsfrage, sondern allein eine juristische Verortung der konfessionellen Auseinandersetzungen hervorgebracht hat, die darauf zielte, die Rechtssicherheit und den Frieden im Alten Reich in bestmöglicher Weise zu stärken und zu sichern.⁴⁷ Dies ist also allein als ein „immanent-innerweltlicher Abschluss der Reformation"⁴⁸ zu verstehen, welcher der Klärung der Wahrheitsfrage noch harrte.

Insgesamt ist also sowohl die Zäsur 1555 als auch der Einschnitt mit dem Jahr 1517 strittig. Doch dabei ist nicht zuletzt einzuschränken, dass es forschungspraktisch kaum möglich ist, größere Epochen hinreichend zu bearbeiten. Das heißt, dass die Einteilung in kleinere Sinnabschnitte sinnvoll ist, sofern sie in eine

---

44 Vgl. hierzu Thomas Kaufmann: Geschichte, 35, der deutlich setzt, dass „Grund und Anlaß, Verlauft und Struktur der Reformation [..] nicht unmittelbar aus ihrer Vorgeschichte ableitbar" gewesen seien. Vgl. auch Thomas Kaufmann: Der Anfang.
45 Thomas Kaufmann: Geschichte, 35.
46 Vgl. Kapitel 13.
47 Vgl. Thomas Kaufmann: Konfession und Kultur. Lutherischer Protestantismus in der zweiten Hälfte des Reformationsjahrhunderts. Tübingen 2006.
48 Berndt Hamm: Abschied vom Epochendenken in der Reformationsforschung. Ein Plädoyer, in: ZHF 39 (2012), 373–411, hier: 401. Vgl. zur Frage von Grundlegung und Weiterführung auch Wolfgang E. J. Weber: Luthers bleiche Erben. Kulturgeschichte der evangelischen Geistlichkeit des 17. Jahrhunderts. Berlin, Boston 2017, 6–27.

Makroepoche eingepasst werden und sich gleichzeitig durch eher fließende Übergänge auszeichnen, um nicht der Versuchung zu erliegen, einen klar umrissenen Beginn oder Abschluss zu formulieren. Das wiederum zeigt, wie sehr die Setzung von Epochen vom erkenntnisleitenden Interesse der Forschenden abhängt. Dass dies der Reflexion bedarf, liegt also auf der Hand, denn Formeln, die dann einen bestimmten zeitlichen Abschnitt einer Epoche bezeichnen, dürfen als „hochgradig reduktionistische, subjektiv begrenzte, interessengeleitete und weltanschaulich konditionierte Zugänge zur Geschichte" gelten[49] und sind somit eher als Einladung zu verstehen, sich immer weiter von Interessen und teleologischen Weltsichten zu lösen und eine weite Perspektive zu gewinnen.

So zeigen diese Problematisierungen der Zäsuren 1517 und 1555 zwei Dinge: Erstens ist es – ungeachtet der forschungspraktischen Hilfe – schwerlich aufrecht zu erhalten, das „die Reformation" mit dem 31. Oktober 1517 begonnen und mit dem 25. September 1555 (Augsburger Religionsfrieden) geendet hat. Zweitens ergibt sich daraus die Notwendigkeit, ein neues Verständnis für die Zeit des Spätmittelalters und der beginnenden Frühen Neuzeit zu entwickeln, das nicht nur die Epochengrenzen neu setzen, sondern dabei auch der Multivalenz dieser Zeit gerecht werden muss. Ein erster Schritt ist es, hier von einer „Zeit des Umbruchs" zu sprechen und diese näher zu charakterisieren.

1.3.2 Reformation als Bruch?

Die Rede vom „Umbruch" – und sei es auch der kaum zu fassende „kulturelle Umbruch"[50] – erscheint allerdings in dem Sinne unspezifisch, als dass er nicht den Prozess zu erklären vermag, der zwischen Spätmittelalter und Früher Neuzeit im reformatorischen Geschehen stattgefunden hat und sowohl Kontinuitätslinien als auch Brüche aufweist. Dieser Vorwurf ist auch der Rede von der Reformation als „Systembruch" zu machen, wenn davon ausgegangen wird, dass Vieles im reformatorischen Geschehen zwar nicht neu war, aber es doch durch „Vorgänge der zentrierenden

Reformation als Umbruch?

---

49 Berndt Hamm: Abschied, 385.
50 Stefan Ehrenpreis, Ute Lotz-Heumann: Reformation, 1.

Reduktion und revolutionierenden Transformation [...] zu einem Systembruch [kam], in dessen Sog auch alles hineingezogen wurde",[51] was das 15. Jahrhundert ausmachte. Gemeint sind hier etwa die wachsende Bibellektüre, die neue Bedeutung der Laien, die Tendenz zur Verinnerlichung, also die neue Akzentuierung mystischer Glaubensweisen, aber auch das Ringen zwischen Laien und Obrigkeiten um die Zugänglichkeit zum Heil, Universitäts- und Kirchenreformen, die Aufstandsbereitschaft in Stadt und Land, kurzum: alles, was die spätmittelalterliche Lebenswirklichkeit auszumachen schien.

Systembruch? Schwierig ist dabei, dass die Rede vom Systembruch die Kontinuitäten etwa im Herrschaftsverständnis, selbst im Gottes- und Weltbild zugunsten einer „revolutionierenden Transformation" aufgibt und so die Reformation zu einem Geschehen macht, das „überraschend, emergent und kontingent-zufällig, weder prognostizierbar noch im Nachhinein lückenlos erklärbar"[52] erscheint. Ein solcher Zugriff sprengt zwar die Epochengrenzen, weil alles als überraschend und emergent erscheint, hat aber gleichsam zur Konsequenz, dass nun gar keine Epochenschwellen und Epochenüberschriften mehr benötigt werden. Diese grundsätzliche Anfrage an Epocheneinteilungen erscheint dann plausibel, wenn Epochenbezeichnungen tatsächlich so verstanden werden, dass sie „den freien Blick auf einen Geschichtsverlauf [verhindern], der weder von Gott noch nach weltimmanenten essenzontologischen Gesetzen in Epochenportionen verpackt worden ist,"[53] und deshalb als willkürlich und als „illusionäre Universaletikettierungen"[54] verstanden werden.

1.3.3 Reformation als Transformation?

Von Reformation als Transformation zu sprechen, geht über die Rede vom Bruch hinaus, denn so wird nicht allein die Epochenschwelle um 1500 nivelliert, sondern Martin Luther wird auch

---

51 Berndt Hamm: Abschied, 390.
52 Ebd., 393.
53 Ebd., 392.
54 Ebd.

seiner ausschließlichen Protagonistenrolle beraubt.[55] Gleichzeitig bedeutet dies aber nicht, Reformation als solche nicht mehr als neu und umwälzend zu verstehen, das bleibt auch weiterhin ihr Verdienst. Gleichwohl besteht die Frage, wie diese Neuheit jenseits der Frage nach Bruch oder Kontinuität, nach Zäsur oder Abschaffung der Epochengrenzen noch einmal anders akzentuiert werden kann.[56] Vor diesem Hintergrund schlägt der Tübinger Kirchenhistoriker Volker Leppin vor, die Zeit des Übergangs im reformatorischen Geschehen, die in erster Linie durch nicht-prognostizierbare Ereignisse und Entwicklungen gekennzeichnet sei,[57] unter der Überschrift der Transformation zu fassen.

Im Unterschied zum Systembruch geht es nun darum, eine Systemreform zu beschreiben, die zwar das System nachhaltig verändert, aber letztlich doch erhalten hat. Das heißt, dass hier der Versuch unternommen wird, Kontinuitäten und Brüche in einer Zuschreibung zu fassen und so letztlich das Gleichzeitige des Ungleichzeitigen im reformatorischen Geschehen in Sprache zu bringen. Konkret heißt dies, dass das Spätmittelalter und die Zeit der Reformation dann als eine Zeitperiode erscheinen, in der das gesamte System in einen vollkommen neuen Zustand übergegangen ist. Die Identität, die Struktur, alle Regelungs- und Entscheidungsmuster haben sich also in so evolutionärer Weise geändert, dass am Ende der Weinberg auf gänzlich unterschiedliche Weisen bebaut wurde.

Transformation

Im Grunde versucht der Begriff der Transformation also einen fundamentalen Wandel im *corpus Christianum* begrifflich abzubilden, denn es gilt zu erklären, wie aus einem einst monokonfessionellen Europa mit dem Westfälischen Frieden von 1648 ein tri-konfessionelles hervorgegangen ist. Angesichts dieser großen Zeitspanne kommt die Rede von der Transformation nicht ohne kleinere zeitliche Einteilungen aus, so dass den Jahren 1517 bis 1525 eine „erhebliche Akzeleration" dieses langandauernden Prozesses zugeschrieben wird.

---

55 Vgl. Volker Leppin: Transformationen. Studien zu den Wandlungsprozessen in Theologie und Frömmigkeit zwischen Spätmittelalter und Reformation. Tübingen 2015.
56 Vgl. ebd., 18.
57 Vgl. Thomas Kaufmann: Geschichte, 35.

Doch was heißt das konkret? Dieser Prozess fächert sich so auf, dass das Spätmittelalter in seiner „offenen Potenzialität"[58] und damit auch in seiner enormen Vielfalt in den Blick genommen wird.[59] Das bedeutet gleichsam, dies nicht als schlichte Vorgeschichte der Reformation zu verstehen, sondern in seiner Eigenständigkeit zu würdigen. Ausgehend davon gilt es, die Veränderungsdynamik zu erkennen und zu erklären.[60]

Priestertum aller Glaubenden

Eine überzeugende Erkenntnis, die hieraus hervorgeht, ist, dass die Rechtfertigungslehre Luthers nun nicht mehr zwingend als Dreh- und Angelpunkt des reformatorischen Geschehens zu verstehen ist. Stattdessen ist diese Perspektive in dem Moment zurückzustellen, wenn fraglich wird, ob es tatsächlich diese Lehre gewesen ist, welche in den ersten Jahrzehnten des 16. Jahrhunderts die Massen in Bewegung gesetzt hat – oder ob der Blick auf die Lebenswelten der Menschen nicht andere Veränderungsdynamiken zeigt. Vor diesem Hintergrund leuchtet es ein, auf die Laien – und hier insbesondere die Laien im städtischen Bürgertum – zu verweisen, die sich schon über einen längeren Zeitraum hinweg bemüht haben, intensiver am Heiligen zu partizipieren, das auf Erden nach ihrer Auffassung zu sehr von Klerikern verwaltet wurde. In dem Maße, in dem dann den Klerikern im ausgehenden 15. und frühen 16. Jahrhundert ein Lebensstil attestiert wurde, der die Gelübde der Armut, der Keuschheit und des Gehorsams Lügen strafte, spitzte sich diese Partizipationskrise zu.[61] Statt der Rechtfertigungslehre erscheint nun also das „Priestertum aller Glaubenden" als wichtig – und damit einher geht der Blick auf die Ermächtigung bzw. das wachsende Selbstbewusstsein der Laien sowie auf ihre Sorge um ihr ganz persönliches Seelenheil; eine Sorge, die sie offenbar immer mehr selbst zu übernehmen und lösen gedachten.

Das Transformatorische besteht also darin, dass ein entsprechendes Handeln der beispielsweise städtischen Obrigkeiten, die durch ihre Durchsetzung der Reformation den Klerikern die Hoheit über der Heilsverwaltung im Grunde weitgehend aus den Händen

---

58 Für die Zitate Volker Leppin: Transformationen, 26.
59 Thomas Kaufmann spricht an dieser Stelle von einem „offenen System". Thomas Kaufmann: Geschichte, 63–70.
60 Vgl. Volker Leppin: Transformationen, 24.
61 Vgl. ebd., 58.

nahmen, die im Spätmittelalter bereits erkennbare Spannung zwischen Laien und Klerikern und damit das Ringen um das Heil weitgehend auflöste – und zwar zugunsten der Laien.

Ein solcher Ansatz verlangt erstens, das System im ausgehenden 15. Jahrhundert mit seinen zahlreichen Facetten neu zu beschreiben und zu würdigen, wie es in zahlreichen Studien zum Spätmittelalter bereits geschehen ist.[62] Zweitens bedarf auch der Prozess der Transformation einer ausführlichen Untersuchung, denn vielen Fragen schließen sich hier an: Welche Elemente haben sich tatsächlich als tragend erwiesen, auch wenn sie durch das reformatorische Geschehen bisweilen so verändert worden sind, dass die mit ihrer anfänglichen Erscheinungsform kaum mehr etwas zu tun haben? Und welche Elemente sind so allgemein verbindlich, gehen also so sehr über den lokalen und regionalen Kontext hinaus, dass hier tatsächlich von einer Transformation gesprochen werden kann, die das System als solches betroffen hat? Und schließlich: In welchen Grenzen ist dann noch die Reformationszeit zu verorten oder reicht es, von einer Beschleunigung der Transformation zwischen 1517 und 1525 auszugehen? Doch wie ist dann die Zeit nach 1525 zu verorten? Es ist also eine große Aufgabe, die sich verändernden „roten Fäden" zu erkennen, welche die Zeit vom Spätmittelalter bis ins 17. Jahrhundert durchziehen.

Anfragen

1.3.4 ... oder doch viele Reformationen?

Nicht an jedem Anfang steht Martin Luther und nicht alles ist Transformation; auch die Frage nach Reformation oder vielleicht doch Reformationen versucht, die Vielfältigkeit des reformatorischen Geschehens einzufangen, und fordert so gesetzte Epochengrenzen

---

62 Vgl. zur Bedeutung des Priestertums aller Glaubenden David P. Daniel: Luther on the Church, in: Robert Kolb, Irene Dingel (Hg.): The Oxford Handbook of Martin Luther's Theology. Oxford 2014, 333–353. Als Studien zum Spätmittelalter vgl. Jörg Rogge (Hg.): Religiöse Ordnungsvorstellungen und Frömmigkeitspraxis im Hoch- und Spätmittelalter. Korb 2008; Berndt Hamm, Thomas Lentes (Hg.): Spätmittelalterliche Frömmigkeit zwischen Ideal und Praxis. Tübingen 2001; Berndt Hamm: Religiosität im späten Mittelalter. Tübingen 2011.

heraus.⁶³ Insbesondere in der englischsprachige Forschung wird deshalb vorgeschlagen, nicht von einer Reformation, sondern von mehreren Reformationen zu sprechen, um alle Veränderungen im ausgehenden Mittelalter und in der beginnenden Neuzeit hinreichend zu erfassen und gleichzeitig die unterschiedlichen lokalen Zentren (etwa Wittenberg, Zürich, Straßburg, Nürnberg, Genf) angemessen in den Blick zu nehmen. Das bedeutet, dass die Reformation hier als ein polyformer Prozess verstanden wird, der sich beispielsweise in der Rede von der Gemeinde-, Fürsten-, Adels- oder Stadtreformation abbildet. Ebenso ließe sich das reformatorische Geschehen aber auch über die Zuschreibung der radikalen, humanistischen, zweiten, fürstlichen und katholischen Reformation beschreiben.⁶⁴ All dies sind Versuche, der Komplexität des Geschehens gerecht zu werden und die unterschiedlichen Akteure und Zusammenhänge in den Mittelpunkt zu rücken. Offen bleibt dabei, welche inhaltliche Überschrift diese dann unterschiedlichen Felder der Auseinandersetzung bekommen.

[Marginalie: verschiedene Reformationen]

1.4 Was also ist die Reformation?

Bruch, Systembruch, Transformation oder doch Reformationen – die unterschiedlichen Versuche, das reformatorische Geschehen in seiner Komplexität, aber auch in seiner Diffusität zu erfassen, liefern allesamt vertiefende Ansätze, ohne die Reformation schlussendlich erklärbar zu machen und in eine festumrissene Zeitepoche einzupassen.

Vor diesem Hintergrund ergibt sich die Frage, ob der Begriff Reformation im Singular nicht doch in der Lage ist, diese unterschiedlichen Entwicklungen abzubilden, die das reformatorische Geschehen ausmachen. Dies gelingt dann, wenn ein Merkmal gefunden wird, das die unterschiedlichen territorialen, lokalen,

[Marginalie: Reformation im Singular]

---

63 Vgl. Wietse de Boer: Reformation(en) und Gegenreformation(en): Umstrittene Begrifflichkeiten der Reformationsgeschichtsschreibung, in: Alberto Melloni (Hg.): Martin Luther. Ein Christ zwischen Reformation und Moderne (1517–2017), 45–63. Vgl. auch Ulinka Rublack (Hg.): The Oxford Handbook of the Protestant Reformations. Oxford 2017.

64 Vgl. Jörg Lauster: Die Verzauberung der Welt. Eine Kulturgeschichte des Christentums. 5. Aufl. München 2018.

regionalen und bisweilen auch nationalen Veränderungsprozesse miteinander verbindet. Gerade in der Reformation bietet sich hier deshalb der Blick auf die unterschiedlichen, mindestens lokalen und nicht selten überregionalen Kommunikationsnetzwerke an, die den Austausch von Informationen, Kenntnissen und Handlungsspielräumen ermöglichten und auf diese Weise die Auseinandersetzungen im frühen 16. Jahrhundert weitertrugen und beschleunigten.[65] Das bedeutet, dass durch den Zugriff auf die Kommunikationsstrukturen durchaus der polymorphe und auch de-zentrale Prozess abgebildet werden kann, so dass die Rede von der Reformation im Singular nicht preisgegeben werden muss.

Kommunikation

Insgesamt machen die Debatten um die Verortung des reformatorischen Geschehens also deutlich, dass hier insbesondere die inzwischen breit aufgestellte Kulturgeschichte in die Pflicht zu nehmen ist, da diese nicht nur ein Interesse an mittel- und langfristigen Prozessen, sondern auch an Kommunikationsstrukturen, Identitätsbildungen sowie Gottes-, Geschichts- und Weltbildern haben muss, anhand derer sie die Veränderungsprozesse der spätmittelalterlichen Gesellschaft nachzeichnen und so den Begriff von der Reformation mit jeweils eigener Sinnhaftigkeit ausstatten kann.[66]

Lektüreempfehlungen

Dingel, Irene: Reformation. Zentren, Akteure, Ereignisse. Göttingen 2016. (*liefert, was es verspricht: Zentren, Akteure, Ereignisse. Hilfreich zur Orientierung*)

Kaufmann, Thomas: Die Mitte der Reformation. Eine Studie zu Buchdruck und Publizistik im deutschen Sprachgebiet, zu ihren Akteuren und deren Strategien, Inszenierungs- und Ausdrucksformen. Tübingen 2019. (*vertiefte Darstellung der Buchkultur, der Drucker und der Kommunikationsstrategien*)

Kaufmann, Thomas: Geschichte der Reformation. Berlin 2016. (*umfängliche, vertiefte Forschung, Grundlagenwerk*)

Kaufmann, Thomas: Verdammte und Erlöste. Eine Geschichte der Reformation. 2. durchges. Aufl. München 2017. (*Vertiefungen, Klärungen, Orientierung auf ein breiteres Lesepublikum*)

Kolb, Robert; Dingel, Irene (Hg.): The Oxford Handbook of Martin Luther's Theology. Oxford 2014. (*Erklärung, Vertiefung von Theologie Luthers durch einschlägig Forschende*)

---

65 Vgl. Thomas Kaufmann: Der Anfang, 2 f.
66 Vgl. ebd., 1.

Pohlig, Matthias (Hg.): Reformation. (Basistexte, Frühe Neuzeit, 2). Stuttgart 2015. *(Zusammenstellung wesentlicher Texte zum Forschungsdiskurs. Hilfreich für Einstieg und Vertiefung)*
Rublack, Ulinka (Hg.): The Oxford Handbook of the Protestant Reformations. Oxford 2017. *(unterschiedliche Forschungsperspektiven, umfänglich und grundsätzlich)*
Sammer, Marianne: Mönchsgezänk. Reformation vor Luther? Wien, Leipzig 2016. *(kirchenhistorische Zugriff, bisweilen essayistisch, aber gut für Orientierung und Thesenbildung)*

2 Was ist die radikale Reformation?

2.1 Wer sind die „Radikalen"? Zuschreibungen und Merkmale

„Schwärmer", „Wiedertäufer", „Antitrinitarier" und nicht selten auch „Aufrührer", die alle Obrigkeiten verachteten und so die Ordnung gefährdeten, das sind einige der pejorativen Zuschreibungen, welche zahlreiche Reformatoren und Vertreter der katholischen Konfession nutzten, um diejenigen zu beschreiben, die während des reformatorischen Geschehens als religiös deviant und „aufrührerisch" eingestuft und deswegen häufig der Verfolgung ausgesetzt wurden. Der Vorwurf, den Vertreter aus den großen Konfessionen hier machten, war also ein zweifacher: Nicht nur, dass alle, die sich inhaltlich von ihnen unterschieden, als „Ketzer" und „Häretiker" galten, sich also mit ihren Vorstellungen von Kirche und Glauben am Wort Gottes vergingen, nein, sie wurden außerdem als „Aufrührer" geschmäht – und damit als Gefahr für die politische Ordnung angesehen und sollten dafür von der Obrigkeit zur Rechenschaft gezogen werden. Sowohl ein Großteil der Reformatoren als auch der „Altgläubigen" wurde nicht müde, diesen doppelten Vorwurf sprachgewaltig zu formulieren und so für die Nachwelt zu bewahren. Da von Seiten der „Radikalen" weit weniger Quellen vorhanden und diese zudem nicht selten auch aus obrigkeitlicher Perspektive (Verhörprotokolle, Urteile) geschrieben sind, tut sich hier insgesamt ein eklatantes Missverhältnis von Fremd- und Selbstzuschreibung auf.

Radikale

Die Forschung ist zunächst weitgehend der Quantität der Quellen gefolgt und hat lange Zeit die zeitgenössische, negative Konnotation weitergetragen, indem sie vom „Wildwuchs" oder vom „linken Flügel der Reformation" gesprochen hat. Letzteres geschah insbesondere ab den 1960/70er Jahren, als „links" mit Radikalität und fehlendem Gesellschaftskonformismus gleichgesetzt wurde und haargenau auf die religiös deviant charakterisierten Gruppen zu passen schien, die eine eigene Kirche und Gesellschaftsform geplant hätten. So wurde beispielsweise den Täufern des 16. Jahrhunderts vorgeworfen, allein durch ihre Gegenwart, Lebensweise und

„Linker Flügel der Reformation"

Forderungen den „Rahmen politischer Legitimität" durchbrochen zu haben.[1]

Täuferische Geschichtsschreibung

Die täuferische Forschung hat mit einer eigenen Geschichtserzählung dagegengehalten: Die Rede von den friedlichen Täufern, die in erster Linie auf Menno Simons (1496–1561) zurückzuführen und deutlich von den gewaltausübenden Täufern in der Stadt Münster[2] zu unterscheiden seien, war ein wesentliches Narrativ, das die Friedfertigkeit und die zweifelsfrei nachweisbare Verfolgung der Bewegung ebenso unterstreichen, wie es das Münsteraner Täufertum (1534/35) im Grunde zu ihrem „Bastardkind" machen sollte.[3]

Probleme

Die Zuschreibungen der Forschung, die sich an die Wertungen der reformatorischen und katholischen Theologen und Landesherren anlehnen, bergen selbstredend Probleme in sich, denn: Neben der Verurteilung suggerieren sie zugleich eine Homogenität innerhalb dieses als religiös deviant gebrandmarkten Feldes, die nicht korrekt ist, waren doch Täufer (in ihren unterschiedlichen Gruppen und Ausrichtungen), Spiritualisten, Antitrinitarier, Träumer und andere Gruppen kaum auf einen gemeinsamen Nenner zu bringen.[4] Allein der Blick auf die Täufer, die je nach Territorium und Zeit unterschiedlich intensiv in die Kritik ihrer Zeitgenossen geraten sind oder sich selbst mit ausufernden Endzeitvorstellungen sowie einem Lebenswandel präsentiert haben, der von Weltflucht zeugte, macht deutlich, dass hier eher von einer heterogenen Bewegung auszugehen ist, die unterschiedliche Zentren, Führungspersönlichkeiten und Formen des religiösen Lebens entwickelt und zudem in ihrer Intensität und theologischen Schärfung variiert hat.[5] Dies

---

1 Vgl. hierzu Heinold Fast: Einleitung, in: ders. (Hg.): Der linke Flügel der Reformation. Glaubenszeugnisse der Täufer, Spiritualisten, Schwärmer und Antitrinitarier. Bremen 1962, IX-XXXV. Als Gegenposition vgl. Hans-Jürgen Goertz: Religiöse Bewegungen in der Frühen Neuzeit. München 1992, 61.
2 Vgl. Kapitel 11.
3 Zur knappen und zugleich pointierten Darstellung der zeitgenössischen Abgrenzung vgl. Horst Rabe: Reich und Glaubensspaltung. Deutschland 1500–1600. München 1989, 236.
4 Zur Ausdifferenzierung der Gruppen vgl. George H. Williams: The Radical Reformation. 3. Aufl. Kirksville/Ontario 2000.
5 Insbesondere die Forschung zum Täufertum ist hier einen Weg gegangen. Dabei ersetzte die Idee der Polygenese der täuferischen Bewegung die Vorstellung, es mit einer Monogenese (beginnend in der Schweiz) zu tun zu haben.

begrifflich einzufangen und ihr damit auch gerecht zu werden, ist schwierig – und so behilft sich die Forschung gegenwärtig damit, den vormaligen „Wildwuchs" und „linken Flügel" des 16. und 17. Jahrhunderts unter der Überschrift der „radikalen Reformation" zu verorten und dort alles einzupassen, was nicht in Wittenberg, Zürich, Rom, München oder an anderen Orten der Reformation und der katholischen Kirche konsensfähig erschien.[6]

Doch der Begriff „radikale Reformation" dient nicht nur der Abgrenzung, sondern wird auch inhaltlich gefüllt: So bedeutet er zunächst, dass deren Vertretern grundsätzlich zugesprochen wird, das reformatorische Wirken Martin Luthers, Ulrich Zwinglis oder später Johannes Calvins (1509–1564) als unvollständig verstanden zu haben. Es galt also, die begonnene Reformation an ihr Ziel zu bringen. Dies sei den Reformatoren nicht möglich gewesen, weil diese – so der Vorwurf etwa aus täuferischen Kreisen – zu schnell mit der Obrigkeit paktiert und deswegen die weitere Reform der Kirche verschleppt, wenn nicht gar gestoppt hätten.[7]

„Radikale Reformation"

Das wiederum bedeutet, dass von der „radikalen Reformation" letztlich erst gesprochen werden kann, als ihre Distanzierung von der katholischen wie der reformatorischen Geistlichkeit sowie von der Obrigkeit eingesetzt hat, die im Bauernkrieg einen ersten und im Täuferreich von Münster (1534/35) einen dramatischten Höhepunkt gefunden hat.[8]

Ungeachtet der Heterogenität der Bewegung lassen sich aber dennoch gemeinsame Merkmale benennen. So ging es insbesondere den Täufern ungeachtet der Heterogenität ihrer Bewegung erstens und ganz konkret im Sinne einer *restitutio* um die Rückkehr zur Wurzel und damit um die Wiederherstellung, die Restitution,

Restitutio

Vgl. James Stayer, Werner O. Packull, Klaus Deppermann: From Monogenesis to Polygenesis: The Historical Discussion of Anabaptist Origins, in: MQR 49 (1975), 83–122.
6 Vgl. George H. Williams: Radical, passim.
7 Vgl. zu diesem Vorwurf, der etwa von den Täufern in Zürich Ulrich Zwingli gegenüber gemacht worden ist: Andrea Strübind: Das Schweizer Täufertum, in: Martin Ernst Hirzel, Frank Mathwig (Hg.): Die schweizerische Reformation. Ein Handbuch. Zürich 2017, 395–446, hier: 406.
8 Vgl. Thomas Kaufmann: Der Anfang der Reformation. Studien zur Kontextualität der Theologie, Publizistik und Inszenierung Luthers und der reformatorischen Bewegung. Tübingen 2012, 466f und 472.

der apostolischen Gemeinschaft, die von Gleichheit, Gütergemeinschaft und dem unmittelbaren Hören und dem daraus ebenso unmittelbar erwachsenen Tun von Gottes Wort geprägt sein sollte.[9] Grundlage hierfür sollte die Berührung durch den Heiligen Geist sein, denn dieser hätte die Kraft, Menschen das Vermögen zuzusprechen, ihr Leben neu auszurichten und zu heiligen. Dies galt insbesondere in ethischer Hinsicht – täuferische Gemeinschaften haben nicht zuletzt durch die Glaubenstaufe, mit der sich erwachsene Menschen bewusst unter die Disziplinierung der Gemeinde stellten, und durch die von ihnen geübte Bannpraxis gezeigt, dass die Lebensführung eine bestimmte Linie benötigte und entlang dieser dann erkennbar sein sollte.

Damit standen die Täufer nicht allein, denn das Ziel, den Menschen auf Gott hin neu auszurichten und ihn zu einem Lebenswandel zu führen, der seiner Ebenbildlichkeit Gottes angemessen war, dieses Ziel verfolgte auch die reformatorische Predigt. Allerdings war sie darin nach dem Verständnis all derer, die der radikalen Reformation zuzuordnen sind, gescheitert.[10] Konsequenterweise wählten Letztere dann die Absonderung von der ihnen feindlich gesonnenen, aber zugleich auch unvollkommenen Welt (etwa Teile der Schweizer Täufer) oder richteten ihre eigene Gemeinde und damit auch ihr eigenes, bisweilen selbstreferentielles Herrschaftssystem auf, wenn die lokalen Obrigkeiten dies gestatteten (Mähren) oder die Umstände dies in einzigartiger Weise ermöglichten (Münster).[11]

Ende der Welt

Zweitens wurde innerhalb der radikalen Reformation in unterschiedlicher Intensität die Vorstellung vom Ende und Heil der Welt akzentuiert. Während sich insbesondere die Schweizer Täufer in den Schleitheimer Artikeln von 1527 auf die Absonderung von der Welt verständigten,[12] betonten andere Gruppen, dass ihnen in den letzten und gefährlichen Zeiten eine wichtige und zugleich konkrete Rolle bei der Vertreibung bzw. Vernichtung der so genannten „Gottlosen" zukomme (etwa Gruppen um Thomas Müntzer, Hans

---

9 Vgl. Hans-Jürgen Goertz: Religiöse Bewegungen, 62.
10 Vgl. Thomas Kaufmann: Der Anfang, 489–492.
11 Vgl. Kapitel 11.
12 Zur Problematisierung und zu einer sehr eigenen Position vgl. Andrea Strübind: Schweizer Täufertum, 419–427.

Hut oder im Täuferreich von Münster),[13] bevor Gottes Friedensreich endlich errichtet werden könne, galten sie doch als die Auserwählten, die „Versiegelten", die „Erwählten" und mitunter auch als die endzeitlichen Propheten (Elia und Henoch) die kurz vor dem Gericht in die Welt zurückgekehrt seien, um das Ende anzusagen und mitzugestalten.[14]

Drittens gehört es zur radikalen Reformation, dass hier bisweilen radikal mit der Obrigkeit gebrochen wurde, indem einzelne Täuferkreise etwa den Eid verweigerten, die Zahlung des Zehnten ablehnten oder – wie beim Täuferreich von Münster 1534/35[15] – sogar eine eigene Obrigkeit aufrichteten. Dabei vermischten sich gerade im Bauernkrieg (1524/25),[16] in dem z. B. Thomas Müntzer (1489–1525) und Hans Hut (1490–1527) für den Bruch mit der Obrigkeit eintraten, religiöse und sozialpolitische Motive. Hier nahm dann also auch der „gemeine Mann" zahlreiche Möglichkeiten wahr, seine konkreten Forderungen einzubringen, um seine Lebensbedingungen zu verbessern, die von einer drückenden Abgabelast, Leibeigenschaft und zahlreichen Diensten geprägt war. Dies nun religiös zu überhöhen, die sozialen Forderungen dabei explizit in den endzeitlichen Kontext zu stellen und insgesamt daraus die Legitimität der eigenen Ansprüche abzuleiten, ist ein Kennzeichen der Gruppen, die im Bauernkrieg zusammen mit dem „gemeinen Mann" gegen Obrigkeiten gestritten haben.[17]

Obrigkeit

---

13 Vgl. Kapitel 6.
14 Das Dasein als Auserwählte musste aber nicht zwangsläufig in die Vernichtung der „Gottlosen" führen. Vielmehr diente die Gabe vom Heiligen Geist zur Legitimierung jedweder Lebensform innerhalb der „radikalen Reformation", konnte sich also beispielsweise ebenso in einem spezifischen ethischen Lebenswandel zeigen. Vgl. Thomas Kaufmann: Der Anfang, 504. Die Gegenperspektive zum aktiven und gewaltorientierten Nonkonformismus findet sich überdies seit 1562 in täuferischen Martyrologien. Hier erscheinen die radikalen Reformer als „Schlachtschafe Christi", die bereitwillig und mit einem hohen Maß an Leidensfähigkeit Verhöre und Folter ertrugen und doch an ihrem Glauben festhielten und diesen schließlich mit ihrem Leben besiegelten. Die Radikalität zeigt sich nach ihrem Verständnis also auch darin, dass sie als Einzige in der Lage zu sein schienen, unter allen Umständen die *imitatio Christi* zu leben, Christus also auch in den Tod nachzufolgen. Vgl. hierzu Kapitel 12.
15 Vgl. Kapitel 11.
16 Vgl. Kapitel 5.
17 Deshalb enthalten auch die 12 Artikel der Bauernschaft, die 1525 in Memmingen abgefasst wurden, einen Obrigkeitsvorbehalt, der den Verdacht des Aufruhrs gegenüber der Obrigkeit gar nicht erst entstehen lassen sollte.

Kommunikation

Viertens zeichnet sich die radikale Reformation durch ihre disparaten Kommunikationsstrukturen aus, hier ist gar von einer „Entgrenzung der kommunikativen Orte"[18] zu sprechen, da Kommunikation und Weitergabe der Lehre überall und immer stattfinden konnten. Zwar gehörten auch Katechismen, Flugblätter und Traktate in den 1520er Jahren zu ihren Kommunikationsmitteln, aber primär handelte es sich um eine Kommunikationskultur, die von der mündlichen Weitergabe durch Lieder sowie vom Gespräch an jedwedem Ort des Alltags oder – insbesondere im Zusammenhang mit einer dann erfolgenden Glaubenstaufe – an Versammlungsorten lebte, von dessen Existenz nur Eingeweihte erfahren durften.[19]

2.2 Radikale Reformation – ein konsensfähiger Begriff?

Radikale Reformatoren?

Kein Begriff ist unproblematisch – dies gilt auch für den durchaus konsensfähigen Begriff der „radikalen Reformation". So bedarf dieser erstens der Präzisierung, weil er sich in seiner Definition am Verlauf der städtischen bzw. landesherrlichen Reformation orientiert, die somit als Referenzhorizont und damit als eigentliche Reformation gilt.[20] Vor diesem Hintergrund erscheinen die Ansätze von Karlstadt, den Täufern sowie von Caspar von Schwenckfeld (1490–1561) und anderen Spiritualisten in der Tat als radikal. Das heißt aber zugleich, dass die Protagonisten der „radikalen Reformation" durchweg in Abgrenzung zu denjenigen gesehen werden, welche für einen Verlauf der Reformation stehen, der maßgeblich von der Obrigkeit mit-, wenn nicht gar primär ausgestaltet

---

18 Thomas Kaufmann: Der Anfang, 493.
19 Als maximale Entgrenzung der Kommunikationssituation ist es zu verstehen, wenn etwa der Täufer Hans Hut betont, dass die „frohe Botschaft" auch durch „alle Creatur" weitergegeben werde und es deshalb gelte, mit offenen Sinnen durch die Schöpfung zu gehen und so das Evangelium zu erkennen. Vgl. Nicole Grochowina: Der Täufer ohne Schwert? Hans Huts Sicht auf die Gewaltfrage, in: Thomas T. Müller (Hg.): Umstrittene Empörung. Zur Gewaltfrage in der frühen Reformation. Mühlhausen 2017, 41–57, hier: 49–51. Zu Hans Hut vgl. Kapitel 6.
20 Vgl. zur landesherrlichen Reformation Kapitel 1.

wurde.²¹ Damit wird allerdings den sogenannten „Radikalen" abgesprochen, eine eigene, leitende Vorstellung von Reform und Reformation zu haben.²² Deshalb ist zu fragen, ob dies ihnen und dem reformatorischen Geschehen gerecht wird.

Darüber hinaus ist – beispielsweise mit dem Blick auf die Täufer – zu problematisieren, wie die Heterogenität der radikalen Reformation hinreichend zu beschreiben ist, wie also all jene zu verorten sind, die sich nicht unmittelbar einem Aspekt zuordnen lassen, mit welchem die radikale Reformation in der Forschung charakterisiert wird. Dies ist eine wichtige Frage, denn es gab im 16. Jahrhundert durchaus Menschen, die sich nur temporär zu einer täuferischen oder spiritualistischen Gruppe hielten. Aus einer anderen Perspektive ist aber gleichermaßen zu fragen, wie dann die Kreise und Bewegungen zu bewerten sind, welche – wie etwa die Hutterer in Mähren oder die Mennoniten in Ostfriesland – friedliche Gemeinden gebildet haben und zumindest temporär anerkannt waren.

Rolle der Heterogenität

Vor diesem Hintergrund verwundert es nicht, dass schon die frühneuzeitlichen Zeitgenossen ihre Probleme hatten, die Träger der radikalen Reformation eindeutig zu bestimmen. Deutlich wird dies nicht zuletzt im Reichstagsabschied von Augsburg (25. September 1555), dem so genannten „Augsburger Religionsfrieden".²³ Hier wurde verfügt, dass neben der katholischen Kirche fortan auch die Augsburger Konfessionsverwandten im Heiligen Römischen Reich deutscher Nation reichsrechtlich anerkannt sein sollten. Präzise wurde nun ein „beständiger Fried" errichtet, bevor dann die Religionsfrage behandelt und möglichst auch geklärt werden sollte. Bis dahin aber sollte es im praktischen Leben kein „Mißvertrauen", keinen „Widerwillen" und keinen „Unrath" zwischen den Religionsparteien geben, weil dadurch der Frieden im Reich gefährdet sei.²⁴

Träger der radikalen Reformation

---

21 Vgl. hierzu C. Arnold Snyder: Anabaptist History and Theology. An Introduction. 3. Aufl. Kitchener/Ontario 2002, 5. Vgl. auch Kapitel 1 und Kapitel 8.
22 Vgl. hierzu die ganz klaren Setzungen bei George H. Williams: Radical, 4.
23 Zum Augsburger Religionsfrieden vgl. Kapitel 13.
24 Vgl. Abschiedt Der Römischen Königlichen Maiestat, vnd gemeiner Stendt, auff dem Reichßtag zu Augspurg, Anno Domini M.D.L.V. auffgericht. Mainz 1555 (VD16 R 801).

"Alle anderen"

So ist im Jahr 1555 eine Linie gezogen worden, welches Bekenntnis im Heiligen Römischen Reich deutscher Nation akzeptabel war und welches nicht. Ausgeschlossen von dieser Anerkennung und demzufolge auch vom Landfrieden waren – und dies wird im kurzen, sehr pointiert formulierten Artikel 17 erklärt – „alle anderen" Religionsparteien als die genannten. Darunter fielen die Reformierten ebenso wie die vielen täuferischen Gruppen, die spiritualistischen Kreise, die Antitrinitarier, die Sozinianer und alle lokalen Kreise, die sich – durchaus zeitlich begrenzt – um eine charismatische Führungsgestalt geschart hatten und damit in einen Konflikt mit der katholischen Kirche und den Augsburger Religionsverwandten geraten sind.

Die Formulierung „alle anderen" ist aufschlussreich, denn sie subsumiert sehr unterschiedliche Glaubensauffassungen, ohne allerdings benennen zu müssen, welche Gruppen genau darunter verstanden werden sollten. Dies zu entscheiden, hätte die Reichsstände vermutlich auch überfordert, denn wer konnte 1555 schon von sich behaupten, einen Überblick über all diese Nicht-Konformisten im Reich zu haben? So blieb es beim Ausschluss von „allen anderen" – eine für die Reichsstände sehr komfortable, weil einfache und schnelle Lösung.

„Radikal" als pejorative Zuschreibung

Vor diesem Hintergrund gilt es also, den Begriff der radikalen Reformation noch einmal zu schärfen: Dazu ist erstens und grundsätzlich festzuhalten, dass die Beschreibung „radikal" durch die Forschung zumeist mit dem zeitgenössischen, obrigkeitlichen Vorwurf des Aufruhrs korrespondiert und somit eine pejorative Fremdzuschreibung aufgreift. Das heißt für die Zeit des reformatorischen Geschehens, dass in dem Maß, in dem eine wachsende Aufruhrgefahr und damit Bedrohung der herrschaftlichen Ordnung befürchtet wurde, sowohl die Beschimpfungen als auch das Bemühen zunahmen, Gesetze zu schaffen, die diese neuen Lehren unterbanden und/oder die Lehrenden mit dem Tod bestraften. Dies ist nicht zuletzt in den späten 1520er Jahren geschehen, als das Reichsregiment und der Reichstag Mandate erlassen haben, welche die Erwachsenentaufe als „Wiedertaufe" brandmarkten und bei Todesstrafe untersagten.[25] Insofern sind in die Auseinandersetzung mit der radikalen

---

25 Vgl. Mandat gegen die Wiedertäufer vom 4. Januar 1528, in: Johannes Kühn (Bearb.): Deutsche Reichstagsakten unter Karl V. Jüngere Reihe, Bd. 7/I.

Reformation auch die kommunikativen Strategien der Obrigkeit oder der Vertreter der aufkommenden Konfessionskirchen einzubeziehen. Zudem gilt es, den Blick auf weiterreichende Interaktionen zu richten, die genutzt wurden, um deviantes Verhalten zu benennen und zu verurteilen.[26]

Es ist zweitens bedeutsam, verstärkt das Selbstverständnis der Gruppen in den Blick zu nehmen und zu fragen, ob dabei „radikale" Formen des Glaubens und/oder des Lebens erkennbar sind. C. Arnold Synder hat deshalb in seinen Studien zur radikalen Reformation Gemeinsamkeiten im theologischen Selbstverständnis all derer herausgearbeitet, die gemeinhin unter der Zuschreibung „radikale Reformation" zusammengefasst werden: Neben der Auffassung, dass die Bibel immer in der Kraft des Heiligen Geistes zu lesen und nur dadurch zu verstehen sei, hier also die Autorität der Schrift angezweifelt werde, befragt Synder auch die Rolle des Glaubens im Heilsprozess. Demnach sei der Mensch eben nicht *simul iustus et peccator* (gleichzeitig gerecht und sündig) und immer auf das gnädige Heilshandeln Gottes angewiesen und zudem seines eigenen freien Willens entledigt, wie Luther es noch deutlich gemacht hatte,[27] sondern durch die Gnade Gottes *und* in der Kraft des Heiligen Geistes könne der Mensch durch den Glauben – für den er sich zuvor entscheiden und sich damit auch der Disziplinierung durch die Gemeinde unterwerfen müsse – seine Natur verändern und so aktiv den Heiligungsprozess mitgestalten; er sei also nicht mehr ausschließlich auf die Gnade Gottes angewiesen. Es galt deshalb, äußere Zeichen für das innere Wirken des Heiligen Geistes zu erkennen und dann entsprechend zu handeln.

Radikaler Glaube

Vor diesem Hintergrund machte dann auch die Kindertaufe keinen Sinn mehr, denn Kinder seien nicht in der Lage, aus dem Glauben heraus eine freie Entscheidung für die Taufe und für das damit einhergehende neue Leben zu treffen. Diese Argumentation erscheint zwar simpel, hatte aber in der Zeit des reformatorischen Geschehens auch Anhänger außerhalb der täuferischen Bewegung und damit der „radikalen Reformation". Ein Beispiel hierfür ist der

Kindertaufe

---

2. Aufl. Göttingen 1963, 177. Vgl. auch Mandat gegen Täufer (1529), in: Johann Hast: Geschichte der Wiederräufer vor ihrem Entstehen zu Zwickau in Sachsen bis auf ihren Sturz zu Münster in Westfalen. Münster 1836, 161–163.
26 Vgl. Thomas Kaufmann: Der Anfang, 3.
27 Vgl. Kapitel 4.

Schweizer Reformator Ulrich Zwingli, der noch im Mai 1523 mit dem Täuferführer Balthasar Hubmaier (1485–1528) quasi übereingekommen war, dass die Kinder nicht getauft werden sollten, ohne vorher im Glauben unterrichtet worden zu sein. Und schon im Frühjahr 1523 hatte Zwingli deutlich gemacht, dass es besser sei, die Kinder erst ab einem bestimmten Alter zu taufen; nämlich dann, wenn sie verständig aufnehmen könnten, was die Taufe bedeute.

Bevor aber an dieser Stelle Zwingli dezidiert täuferische Positionen unterstellt werden, sei darauf hingewiesen, dass sich seine Zweifel an der Kindertaufe eher aus seinem Sakramentsverständnis ergeben haben, wie Thomas Kaufmann deutlich gemacht hat: Wenn die Sakramente nur den Schwachen im Glauben helfen sollten, sonst aber keine weitere Funktion erfüllten, im Grunde also ausschließlich als Zeichenhandlung zu verstehen seien, dann bräuchte es die Kindertaufe in der Tat nicht.[28] Insofern konnte Zwingli auch nicht mit den Täufern mitgehen, die in dieser Debatte deutlich erklärten, dass die Geisttaufe hier sowieso von größerer Bedeutung sei, die Wassertaufe also nur das äußere Zeichen dafür sei, was durch die innere Taufe bereits geschehen sei.

Priestertum aller Glaubenden

Und schließlich hat auch die Rede vom „Priestertum aller Glaubenden" die meisten Gruppen der „radikalen Reformation" verbunden, bei dem allen getauften Christen zugesprochen wird, ungeachtet ihres Amtes priesterlich wirken zu können. Dies kam im reformatorischen Geschehen einer Ermächtigung der Getauften gleich,[29] da sie nun ihre Würde aus Christus, nicht aber aus einem Amt bezogen. Damit war ein Bischof nicht mehr wert als ein Bauer; ein Theologe nicht näher an Gott als ein leseunkundiger Tagelöhner. Entschieden sich die Getauften dann für einen Nachfolgeweg etwa in einem täuferischen Kreis, stellten sie sich gleichsam unter die Disziplin der jeweiligen Gemeinschaft. Auf theologischer Ebene ging es also nicht um Prädestination und damit um das Folgen eines vorherbestimmten Lebensweges, sondern es ging darum, die Eigenverantwortlichkeit und die Entscheidungsfähigkeit der Einzelnen zu betonen, die dann dem Wirken des Heiligen Geistes in sich gerecht werden sollten – und dies auch konnten. Somit wurde

---

28 Vgl. Thomas Kaufmann: Geschichte der Reformation in Deutschland. Berlin 2016, 548.
29 Vgl. C. Arnold Snyder: Anabaptist History, 43–49.

das ganze Leben zu einem priesterlichen Dienst, der das Gebet, die Tat für den Nächsten und den ethisch korrekten Lebenswandel einschloss.[30]

Diese Zusammenschau Snyders gibt eine wichtige Spur vor, weil sie die theologischen Ansätze innerhalb der radikalen Reformation ernst nimmt, wenn er diese auch deutlich vor dem Hintergrund der sich ausdifferenzierenden reformatorischen Theologie verortet. Gleichwohl darf der Blick auf Gemeinsamkeiten nicht darüber hinwegtäuschen, dass die radikale Reformation als hochgradig pluriform verstanden werden muss.

Eine kurze Gegenüberstellung der überregional wahrgenommenen und für die täuferische Bewegung in der Schweiz und in Oberdeutschland wichtigen Schleitheimer Artikel (1527)[31] und des im Täuferkönigreichs von Münster entstandenen Traktats „Von der Verborgenheit der Schrift (1535),[32] das vom dortigen Prediger Bernhard Rothmann verfasst worden ist,[33] soll deshalb die zwei Pole innerhalb der radikalen Reformation exemplarisch markieren und damit zugleich das Problem akzentuieren, diese Heterogenität auf einen Begriff zu bringen.

Die Schleitheimer Artikel von 1527, die bisweilen auch als Bekenntnis der täuferischen Bewegung in der Schweiz und in Oberdeutschland gelten,[34] sollten das Gewissen der Täufer trösten und ihnen Kraft für ein Leben im Glauben geben, so die einleitenden Worte. Dabei kommen sie ohne eine endzeitliche Perspektive aus. Auch gibt es keine Aufforderung, zu den Waffen zu greifen und durch Töten der „Gottlosen" das Reich Gottes voranzubringen, im Gegenteil: Schwert, Harnisch und dergleichen werden als „teuflische" Waffen bezeichnet und sollten deshalb nicht gebraucht werden, das Schwert strafe schließlich allein in der Welt, will

Schleitheimer Artikel

---

30 Vgl. ebd., 95.
31 Vgl. Brüderliche Vereinigung, in: Heinold Fast (Hg.): Ostschweiz. Zürich 1973, 26–36, Nr. 26.
32 Vgl. Bernard Rothmann: Van Verborgenheit der Schrifft des Rykes Christi vnde van dem daghe des Heren durch de gemeinte Christi tho Munster, in: Robert Stupperich (Hg.): Die Schriften Bernhard Rothmanns, Münster 1970, 298–372.
33 Vgl. auch Kapitel 11.
34 Vgl. hierzu den Widerspruch von Andrea Strübind: Schweizer Täufertum, 417–429.

heißen: Gewalt wird als eine Ausdrucksform der Welt, nicht aber des Reiches Gottes verstanden. Dort gelte vielmehr, dass in der „Vollkommenheit Christi" allein mit dem Bann gestraft werde, wie der zweite Artikel betont, der unmittelbar auf die Einlassungen zur Taufe folgt und damit in seiner Wichtigkeit deutlich herausgestrichen wird.[35]

Die Radikalität, die hier aufleuchtet, führt in die apostolische Gemeinde zurück, die sich nach Vorstellung der Täufer allein durch den Gebrauch des Banns reguliert habe. Eine endzeitliche Perspektive leuchtet deswegen ebenso wenig auf wie eine explizite Ablehnung der Obrigkeit, auch wenn klar ist, dass die Täufer vor dem Hintergrund der Schleitheimer Artikel niemals ein obrigkeitliches Amt übernehmen würden.

Verborgenheit der Schrift

Anders klingt dies bei Bernhard Rothmann, dem Prediger des Münsteraner Täuferreichs (1534/5).[36] Seinen Text „Von der Verborgenheit der Schrift" beendet er mit Psalm 68, der von der „letzten Welt" handelt und dann dazu aufruft, jetzt konkret den Weg zu bereiten, damit die „dritte" und damit die letzte Welt kommen könne.[37] Diese Prophezeiung würde sich bereits in seiner, Rothmanns, Zeit erfüllen. Dies sei an der „Restitution" zu erkennen, die augenblicklich in der Welt geschehe und zum Kommen des „rechten Reich Davids"[38] gehöre, das nun in der Welt aufgerichtet

---

35 In der Konsequenz heißt dies, dass alle Täufer, die sich zu diesem Bekenntnis hielten, niemals Eide schwören oder obrigkeitliche Dienste übernehmen sollten. Klar sagt das Bekenntnis: „Die weltlichen Fürsten herrschen, ir aber nit also." Ob damit auch eine generelle Ablehnung der Obrigkeit einhergeht, ist nicht ersichtlich. Wohl aber ist klar, dass die Täufer gerufen sind, sich von der Welt abzusondern – und das heißt, nicht in fremde Gottesdienste zu gehen, keine Versammlungen und Weinhäuser zu besuchen und auch sonst alles zu vermeiden, was in der Welt hochgehalten werde. Doch generell forcierten die Täufer damit keine Gewalt, im Gegenteil: Explizit verpflichteten sie sich, einem Gott zu folgen, den sie als „Herrn des friedes und nit des zancks" sahen, und entsprechend dieses Friedens zu leben.
36 Zum Täuferreich vgl. Kapitel 11.
37 „alle dynck gelick slecht und recht zyn." Bernhard Rothmann: Verborgenheit, 372.
38 Ebd., 371.

werde.³⁹ Diese Zeichen sollten entschlüsselt werden, um dann entsprechend des kommenden Gerichts zu handeln.

Wie diese Zeichen korrekt zu lesen waren, stand für Rothmann außer Frage, er sah sie in der täuferischen Gemeinde in Münster verwirklicht und ging davon aus, dass hier auch das Gericht Gottes zum Ziel kommen würde. Konkret sah er die Gemeinde also bereits in der Zeit der „Restitution", sie harre der unmittelbaren Wiederkunft Christi und sei diesem schon jetzt beim Aufbau seines Reiches behilflich, indem sie beispielsweise alle „Gottlosen" in ihrer Mitte vernichte.⁴⁰

Zahlreiche Elemente aus der Diskussion zum Begriff der „radikalen Reformation" leuchten hier auf: die Rede von der *restitutio*; die Aufgabe des wahrhaft Glaubenden, das Reich Gottes konkret und durchaus auch mit Gewalt schon in der Welt vorzubereiten; die besondere Sicht auf die Obrigkeit, die es nach Rothmann nicht mehr bräuchte, weil Münster nun eine eigene Obrigkeit hätte; und die unverstellte und direkte Übertragung biblischer Texte auf die eigene Situation, um so die Entwicklung in Münster zu legitimieren – all diese Elemente zeigen, wie sehr Rothmann Münster in einen endzeitlichen Kontext stellt und dabei der Gemeinde und auch sich selbst eine wesentliche Rolle beim Gericht über die Welt zuschreibt.

Elemente der radikalen Reformation

In der kurzen Zusammenschau der Schleitheimer Artikel und der Schrift von Rothmann wird also deutlich, dass in der radikalen Reformation die Gleichzeitigkeit des Ungleichzeitigen herrschte. Das heißt, dass Absonderung und die Errichtung und Bewahrung einer eigenen Obrigkeit sich offenbar ebenso wenig ausschlossen wie die Etablierung von Gemeinden und die allein geistliche Sichtweise auf eine *communio* von denjenigen, die vom Geist berührt erschienen und deshalb in letzter Instanz weder der Kirche noch der Bibel bedurften. Konkret muss also beachtet werden, dass

Gleichzeitigkeit des Ungleichzeitigen

---

39 Vgl. hierzu als Beispiel Bernhard Rothmann: Verborgenheit, 308 f. In dieser Setzung unterscheidet sich Rothmann von anderen täuferischen Auffassungen, die durchweg das Erste Testament ausklammern. Doch Rothmann greift die Vorliebe für das Erste Testament auf, die sowohl Jan Matthijs als auch Jan van Leiden hegten, welche die zwei wesentlichen Protagonisten in Münster waren. Vgl. Henning Graf Reventlow: Epochen der Bibelauslegung. Bd. 3: Renaissance, Reformation, Humanismus. München 1997, 184.
40 B. Rothmann, Verborgenheit, 371.

innerhalb der täuferischen Bewegung und somit auch innerhalb der radikalen Reformation je nach Kontext, Einflussfaktoren und Ausrichtung der verantwortlichen Personen unterschiedliche Formen von Radikalität – auch und gerade im Sinne einer Rückkehr zur Wurzel, also zur apostolischen Gemeinde – gelebt wurden. Diese alle sind dann in einem weicheren, weil flexibleren Begriff der „radikalen Reformation" einzubetten, um dem Bewegungscharakter des Täufertums und der weiteren Gruppen in der ersten Hälfte des 16. Jahrhunderts gerecht zu werden.

2.3 Wer gehört also zur pluriformen „radikalen Reformation"?

Luther und die „Schwärmer"

„Es sind tolle eselskopff" – so soll Luther laut den Tischreden aus der ersten Hälfte der 1530er Jahre die „Schwärmer" charakterisiert haben, weil sie das „Wesen" des Altarsakraments allein geistlich verstünden und deshalb verneinen. Demgegenüber betont Luther, dass Gott all das, was er geben würde, so gebe, dass es sichtbar und hörbar sei, also eben nicht geistlich, sondern tastbar – und dies aus gutem Grund, denn: Wenn Gott nicht tastbar und damit im Sakrament konkret erfahrbar sei, wie könnten dann – so Luthers im Grunde rhetorische Frage – die „Schwärmer", Spiritualisten, Anti-Sakramentarier und Täufer sicher sein, dass Gott tatsächlich existierte?[41]

Auch wenn die nachträglich aufgezeichneten Tischreden Luthers aus quellenkritischer Perspektive mit großer Vorsicht behandelt werden müssen, leuchtet hier doch eine Spur auf, die Luther spätestens seit seiner Schrift „Wider die himmlischen Propheten, von den Bildern und Sakrament" aus dem Jahr 1525 verfolgt hat, nämlich: All jene seien zu verdammen, die die Inspiration durch den Heiligen Geist über die Wirkmächtigkeit der Sakramente stellten und damit nach seinem Verständnis Gottes Wort als solches untergruben.[42]

---

41 Vgl. WA/Tischreden, Bd. 1, 408 f., Nr. 839, hier: 408.
42 Vgl. Martin Luther: Wider die himmlischen Propheten, von den Bildern und Sakrament, Teil I, in: WA 18, 62–125; Teil II, in: WA 18, 134–214. Luthers Verurteilung der „Sakramentarier" findet sich in Teil II. Zu Luthers Haltung zu den sogenannten Schwärmern vgl. auch Amy Nelson Burnett: Luther and the

Doch Luthers Rede von „schwärmerischen Eselsköpfen" ist nicht hinreichend, um die Träger der radikalen Reformation angemessen zu beschreiben, so dass mit George H. Williams zu präzisieren ist, dass diese entweder nach regionalen Schwerpunkten (Schweiz, Süddeutschland/Österreich, Mähren, Niederdeutschland/Niederlande, Italien, Polen) oder nach der Lehre zu unterscheiden seien. So sei zu differenzieren zwischen den pazifistischen Reformatoren wie den Mennoniten, Hutterern oder den Täufern Italiens, den revolutionären Kreisen etwa um Hans Hut oder im Täuferreich von Münster sowie dem spiritualistischen Zweig der radikalen Reformation, getragen von Gruppen, die sich etwa um Adam Pastor, Camillo Renato oder Hans Denck sammelten.[43] Der spiritualistische Zweig selbst benötige noch eine weitere Differenzierung, gehörten hierzu doch sowohl die Spiritualisten, die sich etwa ausgehend von Caspar von Schwenckfeld in Kreisen organisierten, als auch jene, die unter dem Schlagwort der „Nikodemiten"[44] zu fassen seien, weil sie erst bei näherem Hinsehen ihre nicht-konformistischen Auffassungen offenbarten.

Regionen und Lehren

Es ist klar, dass es sich hierbei nicht um feste und dauerhafte Zusammenschlüsse handelte, denn schon in der Mitte des 16. Jahrhunderts haben sich einige Kreise aufgelöst, sind in andere Gruppen übergegangen oder haben sich weiter gespalten. Ihnen standen die prophetischen Spiritualisten gegenüber, Kreise um etwa Thomas Müntzer oder Melchior Hoffmann, die zumeist eine ausgeprägte Eschatologie lehrten.[45]

In dieser Bewegungsvielfalt wurden die Elemente der Theologie zwar unterschiedlich akzentuiert, dennoch ist vor diesem Hintergrund schlussendlich von einer mehrfachen Reformation zu sprechen, welche die Stadt- bzw. Fürstenreformation ebenso umfasst wie die katholische Reformbewegung und nun eben auch die „radikale" Reformation. Gleichwohl ist dabei festzuhalten, dass die radikale Reformation letztlich als unvollständig, wenn nicht gar als erfolglos verstanden werden muss, weil sie unter

unvollständige Reformation?

Schwärmer, in: Robert Kolb, Irene Dingel (Hg.): The Oxford Handbook of Martin Luther's Theology. Oxford 2014, 511–523.
43 Vgl. George H. Williams: Radical, 1297.
44 Vgl. hierzu die Begegnung zwischen Nikodemus und Jesus in Joh 3, 1–21.
45 Vgl. ebd, 1296–1300.

den gegebenen Bedingungen kaum (eine Ausnahme wäre die Gemeinde in Mähren) die Chance hatte, sich frei zu entfalten.[46] Dies ist mit obrigkeitlichen Verfolgungen zu begründen, aber auch mit ihrer Pluriformität, die letztlich verhindert hat, dass gemeinsame Bekenntnisse oder Bekenntnisgrundlagen abgefasst werden konnten.[47]

2.4 Umgang mit der radikalen Reformation im Reich und in der Schweiz

„Wiedertäufermandat" (1529)

Diversität war im wachsenden konfessionellen Gefüge des Alten Reiches nicht erwünscht, im Gegenteil: Die Vorstellung einer einheitlichen Kirche, die insbesondere Kaiser Karl V. (1500–1558) in seinem Handeln motiviert hat, fand auch bei den Reformatoren ihren Widerhall. Karl V. sah sich dabei als Bewahrer oder – im Notfall – auch als Verteidiger der Einheit der Christen gegen die Osmanen, aber auch gegen Herausforderungen im Inneren des Alten Reiches, war er als Kaiser doch „die Quelle allen Rechts und der Gerechtigkeit, der oberste Richter."[48] Eine Konsequenz dieses Selbstverständnisses war das – von ihm und den Reichsständen auf dem Reichstag von Speyer beschlossene – „Wiedertäufermandat" (1529), das sich gegen die Täufer – und damit gegen einen wesentlichen Teil der „radikalen Reformation" – gerichtet hat. Dieses untersagte allen, die „einmale nach christlicher Ordnung getaufft worden" seien, „wiederumb oder zum zweyten male" getauft zu werden. Dies sei zu verfügen, weil erst kürzlich, so das Mandat weiter, der „irsall und [die] sect des wydertauffs" aufgekommen seien. Da dies die Strafe Gottes nach sich ziehen würde, sei vor einem solchen „laster und irrung des wydertauffs"

---

46 Vgl. ebd., 1308.
47 Das Gegenteil war eher der Fall: Der Blick beispielsweise auf die zahlreichen täuferischen Martyrologien, die nach 1562 entstanden, zeigt, dass es eher darum ging, das eigene spirituelle Erbe zu sichern, sich von anderen abzugrenzen und sich so – und dies mag die Befürchtung gewesen sein – in der jeweils eigenen Einzigartigkeit nicht vereinnahmen zu lassen. So spiegelt der Umgang mit dem Märtyrertod exemplarisch die offenbar auch im Leben gewollte Diversität der radikalen Reformation wider. Zu den täuferischen Märtyrern vgl. Kapitel 12.
48 Alfred Kohler: Karl V., 1500–1558. Eine Biographie. München 2005, 96.

zu warnen und mehr noch: Entsprechende Handlungen seien hart zu bestrafen. Zudem sollten nur diejenigen begnadigt werden, die unmittelbar nach ihrem Ergreifen ihren Irrtum widerriefen. Wer dies nicht tat, sondern beharrte, sollte als „aufrürischer aufwigler" verstanden und zum Tod durch Feuer, Schwert oder dergleichen verurteilt werden.[49]

Die Sprache des Mandats, das sowohl theologische Fragen (Taufe) als auch politische Vorwürfe (Aufruhr) verbindet, ist deutlich und scharf – und doch ist zu fragen, wie diese Bestimmungen, die im ganzen Reich gelten sollten, in dieser Schärfe tatsächlich umgesetzt wurden. Dies hing doch sehr von den Möglichkeiten und dem Interesse der einzelnen Landesherrschaften ab.[50]

Es brauchte also immer treibende Kräfte hinter der Verfolgung, die sich entweder herausgefordert und bedroht sahen oder von der Überzeugung ausgingen, es hier tatsächlich mit einer Irrlehre zu tun zu haben, die keinesfalls weitergetragen werden durfte. Wie schnell und letztlich auch effektiv die Verfolgung dann aussehen konnte, zeigt exemplarisch das Handeln des Zürcher Rates im Zusammenspiel mit dem dortigen Reformator Ulrich Zwingli. Hier werden zugleich die unterschiedlichen Motivationen sichtbar, die dann zu konzertierten und scharfen Aktionen gegen die Täufer zusammenkamen. Ungeachtet seiner Zweifel an der Kindertaufe tat sich hier auch Ulrich Zwingli hervor. Offenbar ist er trotz seines Gespräches mit Balthasar Hubmaier über die Kindertaufe nicht davon ausgegangen, dass sein Kontakt zu den aufkommenden Täufern vertieft werden sollte.

Zürich

Der Grund hierfür ist in der Entscheidung des Rates aus dem Jahr 1524 zu finden, alle zu inhaftieren, welche die Kindertaufe aufschieben wollten, und zugleich zu verfügen, dass die Kindertaufe auf jeden Fall erfolgen sollte.[51] Es kann nicht deutlich genug betont werden, dass der Rat der Stadt Zürich damit eine theologische Frage entschieden hat, ohne seine Entscheidungskompetenz auf diesem – für ihn letztlich fremden – Feld hinreichend zu begründen.

---

49 Mandat gegen Täufer (1529), in: Johann Hast: Geschichte der Wiedertäufer vor ihrem Entstehen zu Zwickau in Sachsen bis auf ihren Sturz zu Münster in Westfalen. Münster 1836, 161–163.
50 Vgl. hierzu die entsprechenden Anmerkungen aus Kapitel 1.
51 Im vorliegenden Fall traf dies die Prediger Wilhelm Reublin und Johannes Brötli. Vgl. Thomas Kaufmann: Geschichte, 449 f.

Hier waren wohl eher machtpolitische Interessen leitend, die dazu geführt haben, dass sich der Rat Kompetenzen zugeschrieben hat, die in dieser Weise eigentlich nicht vorgesehen waren – und doch entsprach dies ganz dem Umgang des Rates mit theologischen Fragen, die gesellschaftliche Sprengkraft in sich trugen.[52]

Nun war Zwingli auch bereit, seine anfänglichen Zweifel an der Kindertaufe hintenan zu stellen, er gab noch im Dezember 1524 eine Schrift über den Aufruhr heraus und markierte damit gleichsam den Bruch zwischen sich und all jenen, die mit ihm eigentlich die Reformation in der Stadt vorantreiben,[53] die Frage der Kindertaufe aber nicht in dieser Weise gelöst sehen wollten. Genau diese stellte Zwingli nun unter Aufruhrverdacht, deutlicher konnte er die Distanzierung von ihnen kaum benennen.

Disputation 1525 Der Rat der Stadt schritt daraufhin zur Tat, setzte für Januar 1525 eine Disputation zwischen den „Prototäufern"[54] und Zwingli an und entschied anschließend, dass Zwingli die besseren Argumente vorgebracht hätte und alle noch ungetauften Kinder innerhalb von acht Tagen zu taufen seien. Und mehr noch: Die Kindertaufe wurde nun explizit verpflichtend gemacht. Zudem sei die unterlegene Partei auszuweisen; damit war der Beginn der Verfolgung offiziell gesetzt.[55]

So waren im Januar 1525 die Fronten in Zürich klar: Die nunmehr radikalen Kreise, die eigentlich mit Zwingli die Reform ins Werk hatten setzen wollen, waren in der Frage der Kindertaufe zu einer Überzeugung gelangt, die sich nicht mit der Politik des Rates und den Auffassungen von Zwingli vertrug. Die Disputation vom Januar 1525 hatte dies mehr als deutlich gemacht. Zudem gab es durch die anschließende Entscheidung des Rates keinerlei Spielraum mehr, hier einen erneuten Angang zu machen. In der Folge kam es, wie es vielleicht dann auch hat kommen müssen: Noch im Januar ließen sich Erwachsene aus ihrem Kreis erneut taufen, als erste Taufe dieser Art wird gemeinhin die Taufe von Felix Mantz (1498–1527) angenommen, die am 21. Januar 1525 erfolgt sein soll.

---

52 Zur Eigenständigkeit des Rates in theologischen Fragen vgl. auch Kapitel 8.
53 Vgl. Andrea Strübind: Schweizer Täufer, 397 f.
54 Ebd., 401.
55 Vgl. Thomas Kaufmann: Geschichte, 551 f.

Entsprechend scharf war die Verfolgung, die nun von der Obrigkeit initiiert wurde.

Für die Verfolgung der Täufer im Alten Reich ist nicht das Jahr 1525, sondern die Zeit des Täuferreichs von Münster (1534/35)⁵⁶ eine wichtige Zäsur, denn spätestens jetzt erschien es den meisten Reichsständen mehr als einleuchtend, dass die Täufer Aufruhr, wenn nicht gar den Umsturz der gesamten weltlichen Ordnung planten. In ihrer Ablehnung konnten sich die Städte und Territorien auf Martin Luther berufen, dessen Position gegenüber „allen anderen" immer schärfer wurde,⁵⁷ denn nach dem Täuferreich von Münster schien auch ihm zu dämmern, dass er seine vorherige, bisweilen moderate Haltung, die den Weizen des Glaubens und das Unkraut der Irrlehre nebeneinander bestehen ließ, nicht mehr halten konnte. So griff er schließlich auf ein Gutachten zurück, das Philipp Melanchthon (1497–1560) 1531 für den Landgrafen Phillip von Hessen verfasst hatte und in dem dieser den Täufern unterstellte, dass sie durch ihr „heimliche[s] Zusammenschleichen" die Obrigkeit ebenso gefährdeten wie durch die „aufruehrisch Artikel", welche sie öffentlich machten und aus denen etwa zu ersehen sei, dass die Täufer Obrigkeiten an sich für „unchristlich" hielten.⁵⁸ [Verfolgung im Reich]

Luther berief sich auf dieses Gutachten von Melanchthon, als er sich 1536 mit der Frage auseinandersetzte, wie die weltliche Obrigkeit mit Täufern handeln sollte, und dabei nicht zwischen gewaltbereiten und friedlichen, also nicht zwischen etwa Münsteranern und Schweizer Täufern differenzierte. Diese Zeit war nach dem Täuferreich von Münster endgültig vorbei.

In seinen „Bedenken" von 1536 trägt Luther zunächst sein Wissen über die Täufer zusammen. Sie lehrten, dass Christen keine Ämter übernehmen, keine Obrigkeit haben, dass sie ihre Familien und Ehe verlassen sollten, um Täufer zu werden, kurzum: „Nu ist offentlich, das diese Artickel on mittel ein zerstoerung sind des [Luthers „Bedenken"]

---

56 Vgl. Kapitel 11.
57 Zu dieser Entwicklung vgl. Nicole Grochowina: Das intolerante Erbe der Reformation. Umgang mit nicht-konformistischen Bewegungen, in: dies., Rainer Oechslen (Hrsg.), Streit der Religionen – Konflikte und Toleranz. Erlangen 2013, 69–89.
58 Philipp Melanchthon: Bedenken der Theologen zu Wittenberg: Ob man die Wiedertaeufer mit dem Schwert strafen moege [1531], in: Manfred Hoffmann (Hg.): Toleranz und Reformation. Gütersloh 1979, 41–43, hier: 41.

eusserlichen leiblichen Regiments, Oberkeit, Eidpflicht, Eigenthum der gueter, Ehestands etc."[59] So hält Luther die Bedrohung durch die täuferischen Bewegungen fest. Sein Verweis darauf, dass die Täufer die äußerliche Ordnung zerstören würden, liest sich als Hinweis auf die Angst vor Aufruhr. Insofern kommt er auch folgerichtig zu dem Schluss, dass die Obrigkeiten die Täufer strafen müssten. Als Beleg führt Luther selbstredend das Täuferreich in Münster an, wo sich die Täufer durch „unrechten Gottesdienst und ketzereien"[60] im hohen Maße auch der weltlichen Obrigkeit gegenüber schuldig gemacht hätten. Damit waren alle Überlegungen obsolet, die Luther bis dato zu der Frage angestellt hatte, wie Unkraut und Weizen nebeneinander existieren könnten, bis der Schnitter – Christus – das Unkraut ausreißen würde. Für diese Position hatte Luther 1536 nur noch ein verbales Schulterzucken übrig, indem er sagte: „Etliche disputirn, weltlich Oberkeit sol gantz nicht mit geistlichen sachen zuthun haben." Seine Antwort darauf lautete: „Das ist viel zu weitleuffig geredt."[61] Zwar müssten beide Ämter unterschieden werden, aber beide dienten gleichzeitig dem Lob Gottes. Also gelte es auch für das weltliche Regiment, gegen Gotteslästerung und Abgötterei vorzugehen – so wie es im Fall der Täufer eben erforderlich sei, denn schließlich gingen diese immer mit „einem Münsterischen Regiment schwanger."[62]

Verfolgung mit Ausnahmen

Damit war die Geschichte der täuferischen Bewegung im Alten Reich zu einer Verfolgungsgeschichte geworden, bei der es wenige Ausnahmen gab, wenn etwa einzelne Landesherren Täufer sich ansiedeln ließen und von ihrer wirtschaftlichen Potenz profitierten (Mähren, Ostfriesland). Ähnliches gilt für Spiritualisten wie Caspar von Schwenckfeld: Wann immer er Gönner fand, wurde es ihm für den Moment möglich, sich an einem Ort niederzulassen. Aber: Dies hing immer von der jeweiligen Obrigkeit ab, es handelte sich also immer um eine Duldung auf Zeit.

---

59 Martin Luther: Dass weltliche Oberkeit den Widertäufern mit leiblicher Strafe zu wehren schuldig sei, etlicher Bedenken zu Wittenberg [1536], in: Manfred Hoffmann (Hg.): Toleranz, 38–40, hier: 38.
60 Ebd., 39.
61 Ebd., 40.
62 Ebd.

Weiterführende Literatur

Goertz, Hans-Jürgen: Religiöse Bewegungen in der Frühen Neuzeit. München 1992. *(enzyklopädischer Überblick und Forschungsdiskurs, sehr hilfreiche Einstiegsliteratur)*

Gregory, Brad: Salvation at Stake. Christian Martyrdom in Early Modern Europe. Harvard 1999. *(breite Quellenbasis, Vertiefung über konfessionelle Grenzen hinweg, Versuch, grundsätzliche Linien zu finden.)*

Kaufmann, Thomas: Der Anfang der Reformation. Studien zur Kontextualität der Theologie, Publizistik und Inszenierung Luthers und der reformatorischen Bewegung. Tübingen 2012. *(stark in Thesen, umfänglich in Nutzung der Quellen, fest verankert im Forschungsdiskurs, diesen voranbringend)*

Snyder, C. Arnold: Anabaptist History and Theology. An Introduction. 3. Aufl. Kitchener/Ontario 2002. *(Grundlagenwerk zum Einstieg und zur Vertiefung)*

Williams, George H.: The Radical Reformation. 3. Aufl. Kirksville/Ontario 2000. *(sehr umfängliches Grundlagenwerk zum Einstieg und zur Vertiefung)*

3 Fromm und geschunden – Glaubensleben in Spätmittelalter und Früher Neuzeit

Abb. 1: Titelblatt der anonymen Flugschrift „On Aplas von Rom kan man wol selig werden durch anzaigung der götlichen hailigen geschryfft", Augsburg: Melchior Ramminger 1521. Titelholzschnitt von Heinrich Vogtherr d. Ä.; (VD 16 O 527).

Mittelpunkt des Bildes ist das Kreuz mit Dornenkrone, Male der Nägel und Inschrift. Das Kreuz ist ohne Korpus, unter dem Kreuz befindet sich eine große Kiste, in welche ein Bürger, der im Gespräch mit einem Mönch ist, gerade Geld einwirft. Auf der anderen Seite des Mönchs befindet sich ein Bauer (erkennbar am Dreschflegel). Neben dem Kreuz findet sich das Papstwappen (links), während rechts das Wappen der Medici steht. Auf der linken Seite liest ein Mönch aus einem Ablassbrief vor, der mit fünf (päpstlichen) Siegeln verziert ist, auf der rechten Seite werden an einem mächtigen Tisch, der wie ein Kaufmannstisch mit einem reichhaltigen Angebot anmutet, die Ablässe erworben.

https://doi.org/10.1515/9783110454789-003

3.1 Der Ablass

Der Titel der Flugschrift deutet bereits ihren Tenor an: „On Aplas von Rom kann man wol selig werden durch anzaigung der götlichen haligen geschryfft". Der zu Beginn des 16. Jahrhunderts strittige päpstliche Plenarablass sollte seit 1515 für acht Jahre verkauft werden und nicht nur dem Neubau der Peterskirche in Rom dienen, sondern auch die Kassen derer füllen, welche die Ablasspredigten in ihren Territorien erlaubten. Die Glaubenden indes sollte er von ihrer Strafe für Verfehlungen entbinden. Diesem Ablass werden in der Flugschrift zahlreiche – bisweilen paraphrasierte – Worte der Bibel gegenübergestellt, um den Unterschied zwischen Ablass und Heiliger Schrift deutlich zu akzentuieren. Und mehr noch: Nach der Lektüre konnten die Lesenden allein zu dem Schluss gelangen, dass es den päpstlichen Ablass gar nicht bräuchte, da die Heilige Schrift nicht nur Verhaltensweisen der Menschen einschärfte, sondern auch die Verheißungen Gottes für die Menschen unterstrich, die ihre Sünden bekannten, Reue zeigten und zu Gott umkehrten. Konkret heißt dies, dass die angeführten Bibelworte sich als Zusage Gottes zusammenfassen lassen, nach welcher all jene nicht den Tod erfahren würden, die sich auf Gott und seine Gebote ausrichteten und immer wieder zu ihm umkehrten (Aii/v). Das bedeutet also: Gott habe kein Interesse am Tod „der ungütigen, aber dz der ungütig werdt bekert/ von seim weg unnd leb." Zu dieser Umkehr zu Gott bräuchte es allerdings keinen Ablass, sondern vielmehr das Begreifen aus der Heiligen Schrift, dass jeder Mensch zum ewigen Leben und zum Lob Gottes berufen sei – und deshalb immer wieder getrost zu Gott umkehren könne (Aiv/r). Außerdem könne ein Knecht auch nicht zwei Herren dienen (B/v), müsse sich also zwischen Heiliger Schrift und Ablass und damit letztlich zwischen Gott und Papst entscheiden.

Umkehr ohne Ablass

Doch die Menschen – so die Flugschrift weiter – hätten die Eigenschaft, sich mehr vor den Gesetzen der Menschen als vor Gott zu fürchten, weil ihnen von Schriftgelehrten, Mönchen und Orden die „große Bürde" der Gesetzlichkeit auferlegt werde. Damit jedoch werde ihnen der Himmel versperrt – und dies ausgerechnet von den Geistlichen, die eigentlich anders agieren sollten, stattdessen aber nur den Anschein eines gottgefälligen und geistlichen Lebens erweckten (Aii/v).

Deshalb sei die wichtigste Erkenntnis, an der sich das Leben eines Menschen ausrichten sollte, dass der Mensch nicht durch Werke gerechtfertigt werde, sondern allein durch den Glauben an Jesus Christus (B/r). Damit war klar, dass dem Ablasshandel jede Grundlage entzogen war.

3.2 Glaubensleben

Das Dach der katholischen Kirche im ausgehenden 15. Jahrhundert war breit. Das heißt: Die Kirche ist als ein „offenes System" (Kaufmann 2016, 62) zu verstehen, in dem sich eine ausdifferenzierte Frömmigkeitskultur entfalten konnte, ohne dass dadurch die Kirche als Institution existentiell herausgefordert wurde. Verbindendes Element und zugleich Grundlage des eigenen Lebens-, Erfahrungs- und Deutungsraumes war die metaphysische Angst der Menschen (Hamm 2015, 194), das zeitgenössische Weltbild kam ohne die Rede von der Bedrohung durch den Teufel und ohne den Kampf zwischen dem Glaubenden und der Sünde nicht aus.

Kirche und Angst — Die Aufgabe der Kirche bestand darin, dieser Angst entgegenzuwirken. Dies vermochte sie, weil sie als die einzige Institution galt, die dies leisten konnte, verwaltete sie doch den Gnadenschatz und damit alle Verdienste Christi und der Heiligen, mithin also alle geistlichen Güter, die es den Menschen ermöglichten, das – auch von der Angst – erlösende Heilshandeln Gottes zu erfahren. Und mehr noch: Kraft ihrer Autorität machte die Kirche die Vergebung Gottes überhaupt erst zugänglich. Dazu stellte sie ein ganzes Arsenal an Heilsmitteln (Ablässe, Spenden der Sakramente, Erteilung der Absolution etc.) bereit, die bisweilen – wie etwa die Ablässe – sehr offensiv angeboten wurden.

Kirche im Kampf — Zugleich war es aber auch die Aufgabe der Kirche, in den Kampf zu ziehen und sich gegen alle Mächte des Satans zu stellen, die konkret oder geistlich nach den Seelen der Menschen griffen (Hamm 2015, 194). In der spätmittelalterlichen Gesellschaft zählten zu diesen Mächten beispielsweise Hexen, Juden, „der Türk" (Kaufmann 2008) und religiöse Randgruppen wie Täufer, Spiritualisten, Antitrinitarier, Träumer oder sonstige charismatische Gestalten, die keinen Platz unter dem Dach der Kirche finden sollten. Insofern war der potentielle Feind von Seiten der Kirche schnell, klar und konkret auszumachen und dann auch entsprechend zu bekämpfen.

Insgesamt war die die Kirche im Spätmittelalter also – ungeachtet des Reformbedarfs im Einzelnen – als Heilsinstitution anerkannt. Der Kirchenhistoriker Bernd Moeller kommt deshalb sogar zu dem Schluss, dass es kaum ein anderes Zeitalter in der Kirchengeschichte gegeben hätte, in dem sich die Menschen ähnlich widerstandslos unter den dogmatischen und damit auch herrschaftlichen Absolutheitsanspruch der Kirche gestellt hätten (Moeller 2015, 36). Zu groß sei die Angst um die eigene Seele gewesen und zu ausgeprägt die Vorstellung, den Mächten der Finsternis ausgeliefert zu sein, sofern die Kirche nicht einschritt.

3.2.1 Gelebte Frömmigkeitskultur

Metaphysische Angst und gelebte Frömmigkeit verbanden sich im ausgehenden 15. Jahrhundert auf zahlreichen Ebenen: Zunächst ist die steigende Zahl der Messstiftungen signifikant, die mit der Gründung zahlreicher geistlicher Bruderschaften einherging (Kaufmann 2017, 60).

Diese Laienbruderschaften sind als Vereinigung zu geistlichen Zwecken mindestens seit dem 12. Jahrhundert belegt, erfuhren aber im Spätmittelalter eine neue Blüte. Allein in Hamburg fanden sich gut 90 dieser Gemeinschaften zusammen, in Lübeck waren dies um die 70. Gerade bei der Verehrung von Heiligen (wie etwa bei den Annen-Bruderschaften) traten sie hervor (Dörfer-Dierken 1992, 77–119).   *Laienbruderschaften*

In diesem Zusammenhang sind auch die „Brüder vom gemeinsamen Leben" zu nennen, die Teil einer Erweckungsbewegung aus dem 14. Jahrhundert sind, die rund um den Mystiker und Prediger Gert Groote in den Niederlanden entstanden ist und sich gleichsam am Niederrhein, in Hessen, Württemberg und schließlich auch zu den östlichen Hansestädten ausgebreitet hat. Statt der scholastischen Theologie zu huldigen, sollte ihre Frömmigkeit allein durch die Heilige Schrift geprägt werden. Diese diente ihnen als Orientierung auf dem Nachfolgeweg, der nicht zuletzt aus einer – neu gewonnenen – inneren Haltung heraus auch ihr Alltagsleben nachhaltig gestalten sollte. Diese „neue Frömmigkeit," die *devotio*   *„Devotio moderna"*

moderna, war nicht auf den geistlichen Stand beschränkt. Insofern entschieden sich sowohl Laien als auch Geistliche für ein gemeinsames Leben in Bruder- und Schwesterhäuser, für Gütergemeinschaft und insgesamt für ein Leben, das sehr an Orden erinnerte (Rabe 1991, 153 f.).

Wer nicht in eine Bruderschaft oder in ein Bruder- und Schwesterhaus derer eintrat, die sich der *devotio moderna* zugehörig wussten, hatte andere Möglichkeiten, am Gnadenschatz der Kirche zu partizipieren, etwa durch eine Wallfahrt. An den Wallfahrtszielen, zu denen nicht nur Kirchen und heilige Orte der Umgebung, sondern auch das „Heilige Land" oder Rom zählten, fanden sich meist heilige Gebeine oder Gegenstände, die von Glaubenden aufgesucht wurden, um dort anzubeten oder von den Reliquien eine Gnadengabe zu erbitten.

Wallfahrten

Im Spätmittelalter und insbesondere mit dem Aufkommen des Buchdrucks kam es hier zu einer Veränderung, denn nun wurde es möglich, die Wallfahrtsziele intensiv zu bewerben und so deren Betrieb nachhaltig anzukurbeln. Dafür brauchte es zumeist eine besondere Sensation. Dies erklärt Mirakelbewegungen rund um einzelne Wallfahrtsorte, die bisweilen einem Spektakel gleichkamen.

Regensburg

Eindrücklich lässt sich diese Entwicklungen in Regensburg ablesen, wo 1519 eine spektakuläre Massenwallfahrt begann, die mit Flugschriften und Berichten auch entsprechend beworben wurde. Ins Regensburg war die jüdische Gemeinde eigentlich durch das „Judenregal" und damit durch ein königliches Privileg geschützt. Als jedoch Kaiser Maximilian 1519 verstarb, nutzte der Rat der Stadt Regensburg dies, um nun die Juden aus der Stadt zu vertreiben und die Synagoge abzureißen. Dabei verletzte sich ein Steinmetz schwer, sei aber tags drauf erneut und gesund wieder zur Baustelle zurückgekehrt. Dies wurde als Wunder gedeutet, das direkt durch Maria gewirkt worden sei – und so wurde nun flugs die Synagoge abgerissen und stattdessen eine Wallfahrtskapelle für Maria („Kapelle zur schönen Maria") errichtet, die entsprechend – mit dem expliziten Verweis auf das als Wunder erfahrene Geschehen – offensiv beworben wurde (Dollinger 1959, 92–101). Unter zeitgenössischen Vorzeichen gingen hier also Antisemitismus und Marienfrömmigkeit Hand in Hand und dienten zugleich der erfolgreichen Profilierung Regensburgs als Wallfahrtsort, der daraufhin entsprechend frequentiert wurde.

Zur Frömmigkeitskultur gehörte aber auch das Heiltumsschauen, das ebenfalls den Charakter einer Großveranstaltung erhalten konnte. Hier wurden Reliquien oder ganze Reliquiensammlungen ausgestellt, während Handbücher darüber informierten, wie viele Jahre auf das Fegefeuer bzw. auf die zu verbüßende Sündenstrafe angerechnet wurden, wenn die Objekte beschaut und bedacht wurden. Der Markt, der sich hier ergab, nahm insbesondere in Sachsen wegen der Sammlung des Kurfürsten Friedrich geradezu überschwängliche Züge an. Heiltumsschauen

Schließlich war die Heiligenverehrung ein wesentlicher Pfeiler der Frömmigkeitskultur. Diese fand im ausgehenden 15. Jahrhundert einen Höhepunkt, galten Heilige doch als Helfer in der Not, als Fürbitter vor Gott und als Exempel für eine gelungene Lebensführung. Dabei fällt allerdings auf, dass sich nun die Darstellung der Heiligen veränderte: So erhielten die Gesichter individuellere Züge, die Bilder wurden bisweilen aus dem Goldrahmen herausgelöst, so manche Tracht der Heiligen aktualisiert und der zeitgenössischen Kleidung angepasst. All dies kann als Veralltäglichung der Heiligen verstanden werden, die nun quasi auf Augenhöhe mit den Menschen standen und so noch einmal intensiver in den Alltag einbezogen werden konnten (Moeller 2015, 41). Heiligenverehrung

Doch es ging nicht nur um die Heiligen, es ging insbesondere auch um Maria, die Gottesmutter: Beim Blick auf die Ereignisse in Regensburg nach 1519 hat sich bereits angedeutet, dass sie in der spätmittelalterlichen Frömmigkeitskultur besonders hervorstach. Das lag daran, dass in allen gesellschaftlichen Kreisen eine ausgeprägte Marienfrömmigkeit lebte. Dazu zählte um das Jahr 1500 zunächst die Rosenkranzfrömmigkeit, welche das „geradezu universale Spektrum an Sinnbezügen und Lebensentwürfen" abbildete, das Maria bereitstellte. Sie ragte aber auch deshalb „unter den heiligen Helfern" hervor, weil sie als Himmelskönigin und arme Magd, als „gebärende und klagende Mutter", als „Schutzmantelmadonna, die selbst die Trinität beschützt", als „tugendsame Ehefrau", als „thronende Gottesmutter" und schließlich auch als „erotische Schöne" und als „Miterlöserin" in jedwede Lebenssituation hineinsprechen konnte (Kaufmann 2017, 63). Maria

Insgesamt zeichnete sich so das Bild einer Frömmigkeit ab, in welcher der Einzelne verstärkt in den Mittelpunkt rückte. Das eigene Seelenheil war in Gefahr, auf dem eigenen Lebensweg sollte deshalb Abhilfe geschaffen werden. Zwar war die Kirche als solche dafür noch bedeutsam, aber das eigene Engagement, die eigene Bildung auch und gerade in religiösen Fragen und die eigene religiöse Erfahrung spielten eine zunehmend größere Rolle.

3.2.2 Nothelfer in Not

„Klerikerproletariat" Die spätmittelalterliche Frömmigkeitskultur war von Marktgesetzen geprägt, denn einerseits wurden Heilsmittel aller Art nachgefragt (Kaufmann 2016, 66), andererseits diente der so entstehende Markt auch dazu, dass die Anbieter des Heils dadurch ihr Leben finanzierten, so dass sie auch entsprechend offensiv auf dem Markt agierten. Insgesamt waren es Tausende etwa in den größeren Städten, die so ihren – allerdings nicht übermäßigen – Lebensunterhalt verdienten. Das nun entstehende „Klerikerproletariat" (Kaufmann 2016, 66) war dabei nicht nur für die Seelenmessen verantwortlich, sondern musste jenseits der Seelsorge auch viel Zeit investierten, um die Beziehungen zu den Stiftern zu pflegen und neue Stifter zu suchen, um auf diese Weise weitere Einnahmequellen aufzutun. Vor diesem Hintergrund verwundert es nicht, dass sich gerade das Vikariatswesen wegen dieser Ökonomisierung des Heils häufig der Kritik ausgesetzt sah: Flugschriften gerade aus der Zeit der Reformation prangern den Ablass und die damit verbundenen Geldgeschäfte an, Bauernunruhen wurden mitunter damit begründet, dass Abgaben erhöht wurden, nur um kirchliche Gebäude zu renovieren, und nicht zuletzt Martin Luther griff diese Kritik in seinen 95 Thesen und seinem „Sermon von Ablass und Gnade" auf.

Dabei richtete sich die Kritik nicht allein an das „Klerikproleatriat" vor Ort, sondern auch an höherstehende Repräsentanten der Kirche wie Bischöfe oder Domherren, die bisweilen einen Lebensstil pflegten, der unumwunden als teuer und „sittenlos" bezeichnet wurde. So wurde das luxuriöse Leben ebenso wie die fast schon schamlose Ansammlung von Pfründen kritisiert, ohne für Letztere eine hinreichende seelsorgerliche Versorgung zu gewährleisten.

Diese Kritik am Klerus bedeutet jedoch nicht, dass der Stand als solcher nun abgeschafft werden sollte. Ein umfänglicher Antiklerikalismus ist in dieser Zeit nicht zu entdecken, das „offene System" Kirche hielt also die nun deutlich aufbrechende Kritik aus, denn grundsätzlich galt es auch weiterhin als ausgemacht, dass die Laien die Kleriker benötigten, wenn es um die Sicherung ihres Heils ging, selbst wenn diese durch ihren Lebenswandel ihre geistliche Vollmacht gefährdeten (Kaufmann 2016, 68 f.).

3.2.3 Ablasspraxis und 95 Thesen

Das wohl wesentlichste Element spätmittelalterlicher Frömmigkeit war der Ablass. Basierend auf einem ausgefeilten System der Tarifbuße gab es Partikular- und Plenarablässe. Neben der damit einhergehenden Aussicht auf eine Reduktion der Sündenstrafe wurden von päpstlicher Seite weitere Anreize gesetzt, Ablässe zu kaufen. So konnten etwa mit der Einführung der *ad instar*-Ablässe auch Ablässe erworben werden, die eigentlich nur an einen spezifischen Ort gebunden waren (wie etwa an die franziskanische Portiuncula-Kapelle in Assisi). Durch den *ad instar*-Ablass wurde nun der Verkauf an mehreren Orten gewährleistet, die Reisen waren dann nicht mehr erforderlich (Kaufmann 2016, 81). Konkret hieß dies, dass etwa der Portiuncula-Ablass fortan in jeder franziskanischen Dependance erworben werden konnte; eine Reise nach Assisi musste also nicht mehr erfolgen.

Ablass

Bei dieser Ablasspraxis deutet sich eine doppelte Problematik an: Erstens sorgte das Ablasswesen mit seinen unterschiedlichen Anreizen und den bisweilen aggressiven Ablasspredigten für eine Ökonomisierung des Heils, die insbesondere dann auf Kritik stieß, wenn Päpste die Ablässe ihrer Vorgänger außer Kraft setzten, um ausschließlich ihre eigenen verkaufen zu lassen (Kaufmann 2016, 84). Zweitens wurden mit dem fast schon inflationären Erwerb von Ablässen die Reue des Herzens und die Buße desavouiert, denn die finanzielle Kraft schien sowohl die Gewissensforschung als auch die Reue zu ersetzen. Die Befreiung von der Strafe erfolgte also ohne größere innere Anstrengungen.

Problematischer Ablass

Die Kritik an der Ablasspraxis war entsprechend groß und Martin Luther machte hier keine Ausnahme, im Gegenteil: In seiner

Kritik von Luther

"Wider Hans Worst"

Schrift „Wider Hans Worst" aus dem Jahr 1541 bringt er sie rückschauend auf den Punkt, wenn er festhält, dass das ganze Volk 1517 nach Zerbst gelaufen sei, um den Petersablass zu erhalten. Daraufhin habe Luther angefangen, gegen den Ablass zu predigen, denn hier habe er erkannt, dass nun das „Rote Ablas Creutz mit des Bapsts wapen, in den Kirchen auffgericht, [..] eben so krefftig [were], als das Creutz Christi." Das sei ein „grewlich schreckliche Artikel", denn es war „alles umbs geld zu thun." (Luther 1541, 539). Weder sollte der Ablass also die Reue verhindern, noch – und dies war für Luther der weitaus wichtigere Punkt – sollte das Papsttum qua Ablassgewährung auf eine Stufe mit Christus gestellt werden, der allein die Vergebung der Strafen bzw. die Erlösung wirken könne. Insofern verwundert es nicht, dass Martin Luther just zum Wittenberger Portiuncula-Ablass 1517 seine 95 Thesen als Reflexion über die Notwendigkeit der Buße vorlegte, denn dies war das Thema der Zeit, das angesichts der Ökonomisierung des Heils einer dringenden Klärung bedurfte (Kaufmann 2016, 183–186 und 192–198; Luther 1517, 233–238).

3.3 Quelle und Vertiefung

3.3.1 Luthers Predigt gegen den Ablass

Der volkssprachlich abgefasste und im Frühjahr 1518 erschienene *Sermon von Ablass und Gnade* ist ein erster Schritt Luthers, seine Auffassung zum Ablass und zur Buße zu popularisieren. Nach seinem eigenen Bekunden wurde dieser Schritt durch die Ablasspredigten von Johann Tetzel (1460–1519) geradezu provoziert, denn „dieser grosse Beuteldrescher" habe mit seiner „frechen" Predigt allein das Ziel gehabt, „den leuten yhr geld zu stelen und zu rauben." (Luther 1541, 540 f.) Von der Schrift sind 14 hochdeutsche Ausgaben und eine niederdeutsche Fassung bekannt, Nachdrucke wurden noch in den Jahren 1519/20 erstellt (Schilling 2012, 3).

Hatten sich die 95 Thesen noch an ein akademisches Publikum gerichtet, verweisen Sprache und Ausrichtung des Sermons sowie seine Verbreitung als Flugschrift darauf, dass nun der „gemeine Mann" und damit ein breites Publikum angesprochen werden sollte. Dieser wurde durch die Schrift in seiner Erfahrungswelt (metaphysische Angst, Ablasshandel, Heilsangebot allein der Kirche), aber auch in seiner Kritik (Ökonomisierung des Heils, Kritik an den mangelnden seelsorgerlichen Fähigkeiten des Klerus) abgeholt und direkt auf die Gnade Gottes verwiesen. Konkret erklärt der Sermon, dass durch den Ablass nur die Genugtuung erfolge, nicht aber die Strafe abgelöst werde, die sich aus Gottes Gerechtigkeit ergebe. Doch genau um diese ginge es, denn Gott wünsche sich vom Sünder die Umkehr, die wahre Reue und schließlich den Willen und die Hingabe, fortan das Kreuz Christi zu tragen. Dies sei der Weg zur Erlösung.

Somit ist der Ablass für Luther etwas, das allein für „die faulen und schlafferigen Christen" bestimmt war – und es sei deshalb sein „will, begirde, bitt und rad", einen solche nicht mehr zu erwerben, sondern stattdessen zu verstehen, dass Gott angesichts von wahrer Reue die Sünde „alltzeit vmbsunst ausz vnschetzlicher gnad vortzeyheyhet." Wenn dies auch die Kirche einsehen würde, würde sie weder sich noch ihr Ansehen durch den Ablasshandel weiter gefährden (Kaufmann 2016, 213).

3.3.2 Sermon von Ablass und Gnade (1518)

> Czum ersten solt yhr wissen, dass etlich new lerer, als Magister Sententiarum: S. Thomas vnd yhre folger geben der pusz drey teyll, Nemlich die rew, die peycht, die gnugthuung, vnnd wie woll diszer vnterscheid noch yrer meynung, schwerlich adder auch gar nichts, gegrundet erfandenn wirt ynn der heyligen schrifft, noch yn den alten heyligen Christlichen lerernn, doch wollen wyr das itzt szo lassenn bleyben, vnd nach yrher weysz reden.
>
> Czum andernn sagen sie, der ablas nympt nicht hynn, das erst adder ander teyll, das ist, die rew adder peycht, sundernn das dritt, nehmlich die gnugthuung.
>
> Czum Dritten. Die gnugthuug wirt weyter geteylet, ynn drey teyl, das ist, Beeten, vasten, almuszen, also, das beeten begreyff allerley werck der seelen eygen, als leszen, tichten, horen gottis wort, predigen, leeren vnd der gleychen. Vasten begreyff allerley werck der casteyung seyns fleyschs als wachen, erbeyten, hart lager, cleyder etc. Almuszen begreyff allerley gute werck der lieb vnd barmhertzickeyt gegen den nehsten.
>
> Czum vierden, Ist bey yhn allen vngezweyffelt. das der ablas, hynn nympt die selben werck der gnugthug, vor die sund schuldig tzuthun adder auffgesetzt, dann szo er, die selben werck solt all hyn nhemen, blieb nichts gutes mher da, dass wir thun mochtenn.

Czum funfften Ist bey vielen gewest eyn grosze vnd noch vnbeschloszene opiny, ab der ablas auch etwas mehr hynnehme, dann sulche auffgelegte gute werck, nehmlich, ab er auch die peyne, die gottlich gerechtigkeyt, vor die sunde, furdert, abnehme.

Czum Sechsten Lasz ich yhre opiny vnuorworfen auff das mal. Das sag ich, das man ausz keyner schrifft beweren kann, dass gotlich gerechtigkeyt etwas peynn adder gnugthuung begere adder fordere, von dem sunder, dann alleyn, seyne hertzliche vnd ware rew adder bekerung. mit vorsatz. hynfurder, dass Creutz Christi tzu tragenn, vnnd die obgenanten werck (auch von niemant auffgesetzt) tzu vben, dann szo spricht er durch Ezechie: Wan sich der sunder bekeert, vnnd thut recht, szo wil ich seyner sund nit mehr gedencken. Item also hatt er selbs all die absoluirt Maria Magdalena: den gichtpruchtigen. die eebrecherynne etc. Vnd mocht wol gerne horen wer das anders bewerren soll, vnangesehn das ettlich doctores szo daucht hatt.

Czum Siebenden. Dass fyndet man woll. das got etlich noch seyner gerechtickeyt straffet, ader durch peyne, dringt zu der rew, wie ym. 88. ps. Szo seyn kyndere werden sundigen, will ich mit der ruthen. yhre sunde heymsuchen, aber doch meynn barmhertzickeyt, nit von yhnn wenden. Aber disze peyne, steet ynn niemands gewalt nach tzu laszen, dann alleyn gottis. ja er will sie nit laszen, sunder vorspricht, er woll sie aufflegen. [...] Czum dreytzehenden. Es ist eyn groszer yrthum das yemand meyne, er wolle gnugthun vor seyne sund, so doch got die selben alltzeit vmbsunst ausz vnschetzlicher gnad vortzeyhet, nichts darfur begerend, dan hynfurder woll leben. Die Christenheyt furdert wol etwas, alszo mag sie vnd sall auch dasselb nachlassen, vnd nichts schweres adder untreglich aufflegen.

Czum viertzehenden. Ablasz, wirt tzugelassen vmb der vnvolkomen vnd faulen Christen willen, die sich nit wollen kecklich vben yn guten wercken adder vnleydlich seynn, dann ablas, furdert niemant tzum bessern, sundern duldet vnd zu leszet yhr vnuolkommen, darumb soll man nit widder dass ablasz redenn. man sall aber auch niemand dar tzu reden. [...]

Szo sprichstu: Szo wird ich nymer mehr ablas loszen: Antwort ich: das hab ich schon oben gesagt, das meyn will, begirde, bitt vnd rad ist, das niemand ablas losze, lasz die faulen vnnd schlefferigen Christen, ablas loszen, gang du fur dich.

Czum sibentzehenden. Der ablas ist nicht geboten, auch nicht geraten. sundernn von der dinger tzall. die tzu gelaszen vnd erleubt werden: darumb ist es nit eyn werck des gehorsams, auch nit vordinstlich, sundernn eyn ausztzug des gehorsams. Darumb wie wol man, niemant weren soll, den zu loszen, szo solt man doch alle Christen daruon tzihen, vnd tzu den wercken vnd peynen, die do nachgelaszen, reytzen vnd sterckenn.

Czum acchttzehenden. Ab die seelen aufz dem fegfewr getzogen werden durch den ablas, weysz ich nit, vnd gleub das auch noch nicht, wie wol dass ettlich new doctores sagen: aber ist yhn vnmuglich tzubewereen, auch hatt es die kirche nach nit beschlossen darumb tzu mehrer sicherheyt, vill besser ist es, dass du vor sie selbst bittest vnd wirckest, dann disz ist bewerter vnd ist gewisz.

Czum Neuntzehenden. In dissen puncten hab ich nit tzweyffel, vnd sind gnugsam yn der schrifft gegrund. Darumb solt yr auch keyn tzweyffell haben, vnnd last doctores Scholasticos scholasticos seyn, sie seyn allsampt nit gnug mit yhren opinien, das sie eine prediget befestigenn solten. [...] Amen.
(Auszug aus: Sermon von Ablass und Gnade, 1518, in: WA 1, 243–246.)

3.3.3 Fragen und Anregungen

- Wie wird Befreiung von der Sünde verstanden? Was braucht es dazu unbedingt? Wo unterscheidet sich Luther dabei von seinen Kritikern?
- Welches Bild von Kirche zeichnet Martin Luther? Ist hier eine Gegnerschaft zur Kirche zu finden, oder geht es im darum, die Kirche vor einem Glaubwürdigkeitsverlust zu schützen?
- Wie erklärt sich der publizistische Erfolg dieses Sermons?
- Beschreiben Sie mögliche Probleme, die Johann Tetzel, andere Ablassprediger und Papst Leo X. mit diesem Sermon haben könnten.

Lektüreempfehlungen

Hamm, Berndt: Religiosität im späten Mittelalter. Spannungspole, Neuaufbrüche, Normierungen. Tübingen 2011. *(Entfaltung der Frömmigkeitstheologie, konziser und quellengesättigter Blick auf die Zeit)*
Kaufmann, Thomas: Der Anfang der Reformation. Studien zur Kontextualität der Theologie, Publizistik und Inszenierung Luthers und der reformatorischen Bewegung. Tübingen 2012. *(stark in Thesen, umfänglich in Nutzung der Quellen, fest verankert im Forschungsdiskurs, diesen voranbringend)*
Thomas Kaufmann: Erlöste und Verdammte. Eine Geschichte der Reformation. 2. durchges. Aufl. München 2017. *(konzise beschreibend mit zahlreichen Bildquellen; hilfreich für Einstieg und Vertiefung)*
Kaufmann, Thomas: Geschichte der Reformation in Deutschland. Berlin 2016. *(umfängliche, vertiefte Forschung, Grundlagenwerk)*
Pohlig, Matthias (Hg.): Reformation. Stuttgart 2015. *(Zusammenstellung wesentlicher Texte zum Forschungsdiskurs. Hilfreich für Einstieg und Vertiefung)*

4 Die Freiheit eines Christenmenschen

Abb. 2: Lucas Cranach d. Ä. (1472-1553) und Werkstatt: Allegorie auf Gesetz und Gnade bzw. Gesetz und Evangelium (Malerei auf Buchenholz, Wittenberg nach 1529). Objekt Gm221 im Germanischen Nationalmuseum, Nürnberg.

4.1 Freiheit

Gesetz
Das Bild aus der Zeit nach 1529 ist in zwei Teilen aufgeteilt: Links wird ein nackter Mensch ins Feuer getrieben, während in einer Personengruppe, die unter einem verdorrten Baum steht, ein Mensch die Gebotstafeln in der Hand hält. Dieser diskutiert mit den anderen Menschen in der Gruppe. Links im Hintergrund sind Adam und Eva zu sehen, die unter dem Baum der Erkenntnis stehen. Dieser Bildausschnitt verweist auf die grundsätzliche Schuld des Menschen und damit auf die Erbsünde. Deutlich wird insgesamt, dass nach der Vertreibung aus dem Paradies das Gesetz in der Welt ist, welches aber vom Menschen nicht gehalten werden kann. Dies führt ihn konsequenterweise in die ewige Verdammnis, ins Höllenfeuer, wofür der Teufel und ein Skelett stehen, die im linken Bildvordergrund den Menschen vor sich her treiben.

https://doi.org/10.1515/9783110454789-004

Der rechte Bildteil wird vom Gekreuzigten und Auferstandenen (mit dem leeren Grab im Hintergrund) dominiert. Vom Gekreuzigten geht ein Blutstrahl aus, der den Menschen trifft, der auf der linken Bildseite noch ins Höllenfeuer gejagt werden sollte, nun aber vor dem Kreuz steht und von Johannes dem Täufer durch einen deutlichen Fingerzeig auf Christus verwiesen wird. Auch hier fehlt nicht der Verweis auf das Alte Testament: Im Hintergrund ist die eherne Schlange zu sehen, die Mose auf Gottes Geheiß hin aufgerichtet hat. Ein Blick auf die eherne Schlange sollte das Gottesvolk vom tödlichen Biss der Schlangen heilen, die über die Israeliten gekommen waren, nachdem diese sich von Gott abgewandt hatten. Ansonsten zeigen Bilder die Geschichte Jesu: Maria empfängt den Gottessohn, den Hirten wird die Geburt angesagt, der Auferstandene vernichtet den Tod und fährt zum Himmel auf. Das Lamm Gottes, das im Bildvordergrund steht, bündelt diese Aussage: Es steht für das Schlachtschaf, das am Kreuz hingerichtet worden ist, aber gleichermaßen verweist die Siegesfahne des Lammes darauf, dass durch das Kreuzesgeschehen und die Auferstehung der Tod überwunden ist.

|Gnade|

Das Bild von Lucas Cranach (1472–1553) soll den Unterschied zwischen Gesetz und Gnade bzw. Evangelium deutlich machen: Nach dem Gesetz müsste der Mensch sterben, denn er vermag es nicht, die Gesetze zu halten, die ihm von Gott gegeben worden sind. Doch allein durch die Gnade Gottes, die dem Menschen im Gekreuzigten und Auferstandenen gegenübertritt, ist der Mensch gerechtfertigt. Erfasst er dies im Glauben aus der Heiligen Schrift heraus, hat der ewige Tod keinen Anteil mehr an ihm (Schwarz 2016, 187–195).

4.2 Freiheit und Gnade

Wie kann sich der Mensch aus der Ungewissheit befreien, ob er von Gott gerecht gesprochen wird oder nicht? Mit anderen Worten: Wie bekommt der Mensch die durch den Sündenfall verloren gegangene Heilsgewissheit zurück und wird so von einer drängenden Lebensangst und damit auch vom „zweiten Tod", also dem ewigen Tod, am Ende aller Tage befreit? (Schwarz 2016, 114–119). Diese Frage hat nicht erst Martin Luther umgetrieben, sondern sie war bereits ein wichtiger Bestandteil der mittelalterlichen Gnadentheologie. Diese hat Luther in seinem Ordensleben kennengelernt (Kaufmann

|Sorge ums Heil|

2017, 103 f., Kaufmann 2012, 5–11), wenn er sie auch in seiner Rechtfertigungslehre seinen späteren Erkenntnissen angepasst hat. Die Gnadentheologie diskutierte zunächst das Angebot, das aus der griechischen Tradition kam: Demnach lag es in der Freiheit des Menschen, sich für oder gegen die Gnade Gottes zu entscheiden. Selbstredend konnte er nur dann errettet werden, wenn er die Gnade annahm, aber über den Weg dorthin verfügte der Mensch in aller Freiheit selbst.

Freiheit im Mittelalter

Im Mittelalter veränderte sich dieser Freiheitsbegriff: Im Anschluss an Paulus und an die Theologie von Augustinus wurde mit Freiheit nun nicht mehr die Entscheidung bezeichnet, Gottes Gnade anzunehmen oder nicht, sondern die Gnade wurde jetzt zur Voraussetzung der Freiheit. Das heißt: Die Gnade schenkte die Freiheit, mit dem eigenen Willen über den Lebenswandel zu bestimmen, um so der Gnade gerecht zu werden, sie also im eigenen Leben sichtbar zu machen. Konkret bedeutet dies, dass sich der Mensch durch die Erfahrung der Gnade derart verändern konnte und sollte, dass er die göttliche Vorsehung, die sein Leben bestimmte, nicht mehr als Zwang verstand, sondern sie „aus innerer Freiwilligkeit und Freude bejaht[e]" (Kaufmann 2012, 166) und daraus lebte und handelte. Dadurch wurde der Mensch unmittelbar und im höchsten Maß eigenverantwortlich am Heilsgeschehen Gottes beteiligt, kam es doch nun auch und gerade auf sein Bewegen, seinen Lebenswandel an, nachdem Gott ihn durch die Gnade bewegt hatte (Korsch 2010, 373). Hatte der Mensch dann allerdings nicht das Leistungsvermögen, das göttliche Gnadengeschenk in seinem Leben angemessen umzusetzen, drohte ihm am Jüngsten Tag die Verdammnis und damit der ewige Tod.

Problem der Gnadentheologie

Eine solche Gnadentheologie birgt für den Menschen ein wichtiges Problem in sich, denn: Wenn der Lebenswandel entscheidend, aber gleichzeitig nicht abzusehen war, ob der Mensch dem Gnadengeschenk Gottes hinreichend entsprach, konnte er sich zu keinem Zeitpunkt sicher sein, dass er am Ende nicht doch dem Tod anheimfallen würde. Der Mensch lebte also auf Hoffnung hin und brauchte dazu die Unterstützung der Kirche, die mit ihren Riten und Vollzügen seine Hoffnung stärken sollte (Korsch 2010, 373). Zugleich hatte die Kirche die Aufgabe, ihn immer zu mahnen, in seinem Bemühen um ein gottgefälliges Leben nicht nachzulassen, um sich so schließlich der Gnade als würdig zu erweisen. Doch die existentielle Unsicherheit, die damit für die Menschen einherging, ist nicht zu unterschätzen, denn es hatte durchaus Auswirkungen, dass in einer solchen Gnadentheologie Luthers spätere Frage schlussendlich ungelöst verblieb, wie der Mensch zu einem gerechten Gott käme, der eben nicht verdammte, sondern rettete.

4.2.1 „Freiheit von" und „Freiheit zu" – Rechtfertigung durch Gott und Heilssicherheit

Im Zusammenhang mit der Rechtfertigung wird bisweilen von der „reformatorischen Entdeckung" gesprochen, die Luther in geradezu existentieller Weise gemacht haben soll. Damit einher geht die Frage, ob Martin Luther – inspiriert von seinem Beichtvater Johann von Staupitz (1465–1524) – im Herbst 1514 oder erst im Jahr 1518 (Lohse 1995, 97–110) verstanden habe, wie die mittelalterliche Gnadentheologie zu einem erlösenden und die Unsicherheit der Menschen verwandelnden Gott weiterzuführen sei.

Doch ungeachtet der eher hagiographisch anmutenden Zuschreibung einer „reformatorischer Entdeckung" ist festzuhalten, dass Luther, von der Verzweiflung kommend, dass niemand genau wisse, ob der eigene Lebenswandel letztlich ausreiche, um von Gott im Gericht gerecht gesprochen zu werden (Schwarz 2016, 136–153), in seiner Vorlesung zum Römerbrief (1515/16) einen wichtigen neuen Hinweis erkannt hat, der sich bereits in seiner Vorlesung zum Galaterbrief angedeutet hatte (Korsch 2010, 376): Die Gerechtigkeit Gottes wird hier – letztlich auch im Sinne Augustins (Lohse 1995, 87) – als ein „schenkendes Geschehen" verstanden, sie wird gleichsam zu einer „mitteilenden Gerechtigkeit, mit der Gott das Sein des Sünders in sein eigenes gerechtes Sein einbezieht, indem er ihn rechtfertigt." (Hamm 2006, 171). Damit redet Luther nicht nur von einem Gott, der in Beziehung zum Menschen tritt, sondern er beschreibt zugleich auch einen Gott, der die Ungewissheit, die mit dem Urteil am Jüngsten Tag einhergeht, zugunsten seiner erbarmenden und rechtfertigenden Entscheidung noch im Leben des Menschen auflöst (Korsch 2010, 374). Konkret heißt dies, dass nun – auch und gerade im Unterschied zur mittelalterlichen Gnadentheologie – die aktive Gerechtigkeit eines wachenden und letztlich auch strafenden Gottes *(iustitia Dei activa)*, die von dem Menschen einen korrekten Lebenswandel unter der Gnade fordert, auch wenn sich der Mensch dabei seines Heils nicht sicher sein kann,

Gerechtigkeit Gottes

von der passiven Gerechtigkeit Gottes *(iustitia Dei passiva)* abgelöst wird, die der Mensch als Geschenk des gebenden, mitleidenden und erlösenden Gottes erfährt. Für den Menschen heißt dies, dass er nichts für das Geschenk der Gnade tun kann, sie geschieht vielmehr an ihm, weil dieses Gnadenhandeln Gottes Willen entspricht. Wollte der Mensch dies erfassen, kann er dies nur um Glauben tun.

Widerstand des Menschen

Doch der Mensch für sich wird in diesem Geschehen vermutlich eher erkennen, dass er sich durch seine eigene Behäbigkeit und Lust am Eigensinn mit viel Widerstand gegen diese unverdiente Gabe trägt. Dieser Widerstand gründet sich nach Luther in der Mühe des Menschen, nun „vergottet" zu werden, das heißt: „uber fleisch und blut außgezogen [zu] werden und meher dann mensch [zu] werden" (Luther/Sermon 1519, 248). Das wolle der Mensch nicht, weil es der Schwachheit seines Leibes widerspreche, der sich nur unter größtem Druck auf die vollständige – und selten schmerzfreie – Erneuerung des Menschen einlassen wolle. Dies allerdings sei notwendig, wenn sich auch die volle Wirklichkeit der Gnade Gottes („in re") erst am Ende aller Zeiten zeige. Und doch lebe der Mensch sein irdisches Leben auf Hoffnung hin („in spe") (Luther/epistulam 1519, 495), dass sich diese Zusage Gottes tatsächlich erfülle. Diese Hoffnung hat den festen Grund darin, dass bereits die Gegenwart von der Befreiung vom Gesetz und damit auch von der Anklage des Gewissens gekennzeichnet ist, das Gesetz nicht erfüllen zu können und somit die Gerechtigkeit Gottes aufs Spiel zu setzen (Schwarz 2016, 232 f.). Somit ist diese Hoffnung konturierter und wohl auch tröstlicher, weil sie die Unsicherheit hinter sich lässt, die der mittelalterlichen Gnadentheologie noch zugrunde lag.

Christus als Mittelpunkt

Fokus aller Hoffnung und damit zugleich der unverzichtbare Mittelpunkt dieses Geschehens ist der Gekreuzigte und Auferstandene, der nicht nur stellvertretend für die Menschen leidet und stirbt, sondern dabei auch alle Gottesferne der Menschen in die Barmherzigkeit Gottes hineinträgt (Lohse 1995, 276; Kaufmann 2016, 301). Konkret heißt dies, dass in Christus der sündhafte Mensch und das Erbarmen Gottes unmittelbar zusammenkommen, sie werden eins und tauschen dabei Gnade und Gottesferne miteinander aus. Wie aber geschieht das nach Luther? Er erklärt, dass Christus sich des Erbarmungswürdigen der Seele annehme, während die Seele Gnade aus Christus empfange. Durch diesen „fröhliche Tausch", den Luther 1520 in seiner Schrift „Von der

Freiheit eines Christenmenschen" ausführlicher beschreibt, würden das Heil und die Befreiung des Menschen bewirkt, denn nun werde entsprechend Gottes Verheißung „die Gerechtigkeit Christi zur Gerechtigkeit des Menschen" (Hamm 2006, 173). Der rechtende und strafende Gott, von dem sich Luther so viele Jahre geplagt sah (Luther 1523, 60), wird so gleichsam zum erbarmenden Gott, so dass mit der lutherischen Deutung von der Gerechtigkeit auch ein wesentlicher Wandel des Gottesbildes einhergeht.

Der Ort, an dem sich die Hoffnung der Menschen gründet, an dem aber auch das Heilshandeln Gottes sichtbar wird, ist somit das Kreuz Jesu Christi. Es ist in diesem Zusammenhang das bedeutsamste Sinnbild, denn das Kreuzesgeschehen ist umfassend und unvermeidbar. Zudem wird hier der Mensch als solcher neu bestimmt. So erklärt Luther folgerichtig, dass es der Artikel der Rechtfertigung sei zu glauben, dass Christus *für uns* gestorben sei: „*Atque hic est articulus iustificationis credere Christum PRO NOBIS passum*" (Luther 1527–1529, 328). Aus dieser Tat ergibt sich überhaupt erst die Möglichkeit des „fröhlichen Tausches", weil sich der Sündlose (Christus) für die Sünder (Menschen) aus Liebe hingegeben hat, damit Letztere nicht verloren gingen, so sie sich Gott und dessen Heilshandeln anvertrauten.

Kreuzesgeschehen

Diese Neubestimmung und letztlich auch Tröstung des Menschen änderte jedoch nichts daran, dass der Mensch in seiner Realität auch weiterhin ein Sünder verblieb und weiterhin Werke tat, die ihn von Gott entfernten. Doch neu war nun die Verheißung, die gleichsam im Sinne einer Vorherbestimmung auf ihm lag. Damit ist das Versprechen Gottes gemeint, den Menschen von der Sünde zu erlösen und letztlich vollkommen zu heilen, ihn also nicht dem ewigen Tod auszuliefern. So ist der Mensch *simul peccator et iustus* (gleichzeitig Sünder und Gerechter). Dies ist eine Zuschreibung Luthers, die deutlich macht, wie ernst die *promissio* (Verheißung) Gottes zu nehmen ist, die dieser über jedem Leben ausspricht, denn allein die *promissio* wird am Ende den Ausschlag geben (Lohse 1995, 89).[1]

Sündig und gerecht

---

[1] Damit ist gleichsam das Problem des freien Willens adressiert, den Luther dem Einzelnen gerade nicht zuspricht. Freier Wille ist für ihn „eigener Wille" und damit ein Irrtum. Letztlich überschreibt die Gnade den eigenen Willen (Luther 1521, 449).

Gerecht durch Glauben

Das Leben des Menschen ist nun eine Auswirkung der Gnade, nicht aber eine Hilfe dafür, dass die Gnade real Gestalt gewinnt oder überhaupt erst erteilt wird. Dazu verhilft stattdessen der Heilige Geist, denn dieser wirbt dafür, die Gerechtigkeit und damit auch den Sieg Gottes über die eigene Sündhaftigkeit und den Tod im Glauben anzunehmen und so *iustus ex fide* (gerecht aus dem Glauben) zu leben. Dadurch gewinnt nicht zuletzt der Glaube eine neue Dimension, denn er ist nun nicht mehr auf den Sünder und dessen Zerknirschtheit und Sorge fixiert, sondern streckt sich gleichsam im Vertrauen auf die *promissio* Gottes aus, ja, er eignet sich die Befreiung durch Gottes Zuspruch geradezu an und unterstützt so den Menschen, aus Liebe heraus tätig zu werden (Hamm 2006, 176), ohne dabei einen Leistungskatalog erfüllen zu müssen. So ergibt sich, dass es die einzige Aufgabe des Menschen ist, zu glauben und so seinen Leib auf die Liebe hin zu disziplinieren: „Du bist Gott nichts schuldig zu thun denn gleuben und bekennen" (Luther/Pauli 1523, 133).

Kirche als communio sanctorum

Vor diesem Hintergrund kommt der Kirche als *communio sanctorum* (Gemeinschaft der Heiligen) eine besondere Bedeutung zu, denn hier wird das Wort weitergegeben und gehört, das den Glauben des Menschen stärken soll, der den Zuspruch Gottes als seinen „Freispruch" (Lohse 1995, 278) versteht und daraus lebt. Es geht also weniger um die Verwaltung eines Gnadenschatzes, sondern vielmehr um eine Kirche, die sich als eine Gemeinschaft auf Grundlage des „Priestertums aller Glaubenden" versteht und deren Glieder sich deshalb gegenseitig im Glauben stützen und stärken.

Martin Luther selbst hat die hier beschriebene Wende auch vollzogen: Bereits in einem Brief vom 11. November 1517 und dann in noch weiteren 27 Briefen hat er, der als „Martin Luder" geboren war, mit „Lutherus" unterschrieben. Dieser Name birgt „Eleutherios" in sich, was übersetzt „der Befreite" oder „der Freie" heißt. Dies bringt zum Ausdruck, was er später deutlich akzentuieren sollte (Kaufmann 2016, 186; Hamm 2006, 178): die Befreiung vom „alten Menschen" und damit aus der Knechtschaft eines zornigen Gottes, der ihn in die Verzweiflung getrieben hätte (Luther 1531, 3), und gleichsam die Befreiung zum erbarmenden Gott, aus dessen Rechtfertigung er sich nun gerufen fühle, in tätiger Liebe zu leben (Luther 1521, 106).

4.2.2 Tätige Freiheit ohne Werkgerechtigkeit

Die Erfahrung, allein aus der Gnade Gottes von aller Heilsungewissheit befreit zu sein und dies im Glauben erfassen zu dürfen, ermöglicht dem Glaubenden die freiwillige Hinwendung zum Nächsten. Dieser Dienst hat dann nichts mehr mit Werkgerechtigkeit zu tun, durch welche das Heil gewonnen werden soll, schließlich gilt die *promissio* Gottes. Die Werke, die Dienste, die Taten am und für den Nächsten sind also eher ein Ausdruck des „Mitgerissenwerdens (*raptus*) und Getriebenwerdens, das jeden noch so subtilen Verdienstgedanken ausschließt" (Hamm 2006, 177). Der Freispruch durch die Gnade Gottes erlaubt also die Frage nach Leistung und Verdienst nicht mehr, denn dies würde die *iustitia passiva* Gottes unterlaufen. Ohne den Verweis auf die Gnade Gottes ist also das Zusammenspiel von Glaube und Liebe bzw. Werke der Liebe nicht zu erklären. Nur daraus wird dann auch der zunächst paradox anmutende Kernsatz aus Luthers Schrift „Von der Freiheit eines Christenmenschen" (1520) verständlich, der lautet: „Eyn Christenmensch ist eyn freyer herr über alle ding und niemandt unterthan. Eyn Christenmensch ist eyn dienstpar knecht aller ding und yederman unterthan" (Luther/Freiheit 1520, 21). Als Mensch, der durch die Gnade Gottes befreit ist, kann sich der Christenmensch guten Gewissens in den Dienst des Nächsten stellen, da dieser Dienst seine innere Freiheit nicht gefährdet, denn die Abhängigkeit von Gott und dessen Gnade verhindert jedwede Abhängigkeit von anderen Menschen. Dies macht die Werke zu einem Freiwilligkeitsdienst, in dem der Glaube zum Ausdruck kommt.

Aber dennoch stellt sich in diesem Zusammenhang die Frage, warum sich der Mensch noch um Werke bemühen sollte, wenn er doch schon gerecht gesprochen sei. Auf diese Frage antwortet Luther, indem er darauf verweist, dass es nicht um die Werke, sondern um den Glauben des Menschen ginge. Sei dieser gut, würde der Mensch auch gute Werke tun. Lebe der Mensch aber im Unglauben, seien die Werke böse. Insofern erscheint die Auseinandersetzung über die Werke obsolet, wichtiger – so Luther – sei die Frage nach dem Menschen und seinem Glauben (Luther/Freiheit 1520, 32 f.). Allerdings hat Luther durchaus auch darauf verwiesen, dass die Werke wichtig seien, denn gebe es diese nicht, sei davon auszugehen, dass der Glaube nicht im Herzen wohne, sondern tot sei, schließlich treibe dieser doch zu den guten Werken an (Luther 1535, 46).

4.3 Quellen und Vertiefung

4.3.1 Grundgedanken Luthers

Luthers Schrift „Von der Freiheit eines Christenmenschen", die 1520 erschienen ist, ist sowohl im Zusammenhang mit seinen zwei weiteren großen Schriften aus diesem Jahr (Luther/Adel 1520; Luther/Gefangenschaft 1520) als auch mit seinem Sendbrief an Papst Leo X. (1475–1521) (Luther/Sendbrief 1521) zu sehen.

Luthers Adelsschrift — Die Schriften an den Adel und von der Gefangenschaft der Kirche markieren den Bruch Luthers mit der katholischen Kirche. Nicht nur, dass hier das Papsttum als Antichrist erscheint, die Sakramente ausführlich besprochen und schließlich auf zwei reduziert werden, so dass die „ekklesiologische Vorstellung eines sakramentalen Versorgungsinstituts" (Kaufmann 2016, 283) fallen muss (Hamm 2006, 180), auch das „Priestertum aller Glaubenden" wird hier deutlich akzentuiert, so dass nun letztlich jeder Laie (wenn auch primär der Adel adressiert wird) gerufen ist, im Rahmen seiner Möglichkeiten dafür einzutreten, den christlichen Stand als solchen zu verbessern. Gerade die Adelsschrift gilt als die „wirkungsreichste Programmschrift" (Kaufmann 2017, 124) Luthers, die – verfasst in deutscher Sprache – in kürzester Zeit in 15 Auflagen verbreitet wurde.

Von der Freiheit — In diesen Kontext passt sich die in Latein und Deutsch abgefasste Schrift „Von der Freiheit eines Christenmenschen" ein (Kaufmann 2016, 283). Hier betont Luther die zwei Naturen des Menschen (innerlich und äußerlich), seine Befreiung durch das Werk Christi und damit die Gnade Gottes und die Aufgabe des Menschen, der erfahrenen Liebe wiederum Ausdruck zu verleihen, indem der Mensch anderen Menschen so zum Christus werde, wie Christus ihm begegnet sei. Konkret geht es also um die Freiheit gegenüber Gott, aus welcher die freiwillige Bindung an die Welt und an den Nächsten erfolgt.

Mit dieser Schrift verschickt wurde zunächst ein Sendschreiben an Papst Leo X., das ebenfalls zunächst auf Latein abgefasst worden ist. Dieses ging auf das Betreiben von Karl von Militz zurück, der – als sächsischer Adeliger in päpstlichen Diensten stehend – an der Hoffnung festhielt, dass die Auseinandersetzung zwischen Luther und der katholischen Kirche doch noch in guter Weise gelöst werden könnte. Dazu allerdings hätte Luther sich erklären müssen – was er im Sendbrief auch tut, während er zugleich deutlich macht, dass er nichts gegen die Person des Papstes habe (Luther/Sendbrief 1520, 5), trotzdem aber seine Lehre nicht widerrufen werde. Würde Papst Leo das verlangen, würde dieser „die sach noch yn eyn grosser gewyrre treyben" (Luther/Sendbrief 1520, 9).

4.3.2 Quelle: Von der Freiheit eines Christenmenschen

Von der Freyheyt eynisz Christen menschen. Martinus Luther.

[...] Zum ersten. Das wir grundlich muegen erkennen, was eyn Christen mensch sey vnd wie es gethan sey vmb die freyheyt, die yhm Christus erworben vnd geben hatt, dauon S. Paulus viel schreybt, will ich setzen dysze zween beschlusz.

Eyn Christen mensch ist eyn freyer herr ueber alle ding vnd niemandt vnterthan.

Eyn Christen mensch ist eyn dienstpar knecht aller ding vnd yderman vnterthan.

Disze zween beschluesz seynd klerlich sanct Paulus. 1. Cor. 9. Ich byn frey yn allen dingen vnd hab mich eynsz yderman knecht gemacht. Item Ro. 13. Ihr solt niemand ettwaz vorpflichtet seyn, den daz yr euch vn ternander liebet. Lieb aber, die ist dienstpar vnd vnterthan dem, das sie lieb hatt. Alszo auch von Christo Gal. 4. Gott hatt seynen szon auszgesandt von eynem weyb geporen vnd dem gesetz vnterthan gemacht.

Czum andern, Disze zwo widderstendige rede der freyheyt vnd dienstparkeyt zuuornehmen sollen wir gedencken, das eyn yglich Christen mensch ist zweyerley natur, geystlicher vnd leyplicher. Nach der seelen wirt er eyn geystlich new, ynnerlich mensch gennennet, nach dem fleysch vnd blut wirt er eyn leyplich allt vnd euszerlich mensch gennennet. Vnd vmb diszes vnterschiedisz willen werden von yhm gesagt yn der schrifft, die do stracks widdernander seyn, wie ich itzt gesagt, von der freyheyt vnd dienstparkeit.

Czum dritten, So nhemen wir fur vns den ynwendigen geystlichen menschen, zusehen was datzu gehoere, daz er eyn frum frey Christen mensch sey vnd heysse. So ists offenbar, das keyn euszerlich ding mag yhn frey noch frum machen, wie es mag ymmer genennet werden, denn seyn frumkeyt vnd freyheyt widerumb seyn boeszheyt vnd gefencknisz, seyn nit leyplich noch euszerlich. Was hilffts die seelen, das der leyp vngefangen, frisch vnd gesund ist, ysszet, trinckt, lebt, wie er will? Widderumb was schadet das der seelen, das der leyp gefangen krang vnd matt ist, hungert, duerstet vnd leydet, wie er nit gerne wolt? Diszer ding reychet keynisz bisz an die seelen, sie zu befreyhen oder fahen, frum oder boesze zu machen. [...]

Czum siebenden. Drum solt das bilich aller Christen eynigs werck und uebung seyn, das sie das wort und Christum wol ynn sich bildeten, solchen glauben stetig ubeten und stercketen. Denn keyn ander werck mag eynen Christenmachen. [...]

Czum neunden. Wen nu der mensch ausz den gebotten sein unvermuegen gelernet und emfpunden hatt, das yhm nu angst wirt, wie er dem gebott genug thue, Syntemal das gebot musz erfullet seyn, oder er musz vordampt seyn. So ist er recht gedemuetigt und zu nicht worden ynn seynen augen, findet nichts yn yhm, damit er mueg from werden. Dan szo kumpt das ander wort, Die gottlich vorheyschung und zusagung, und spricht „willstu alle gepott erfullen, deyner boeszen begirde und sund losz werden, wie die gebott zwyngen und foddern, Sihe da, glaub in Christum, yn wilchem ich dir zusag alle gnad, gerectickeyt, fird und freyheyt, glaubstu, so hastu, glaubstu nit, so hastu nit. Den das dir unmuglich ist mit allen wercken der begott, der vill und doch keyn nutz seyn mussen, das wird dir leycht und krutz durch den glauben. Den ich hab krutzlich yn den glauben gestellet alle ding, das, wer yhn hat, sol alle ding haben und selig seyn, wer yhn nit hatt, soll nichts haben." [...]

Zum zwöfflten. Nit allein gibt der glaub szovil, das die seel dem gottlichen wort gleych wird aller gnaden voll, frey und selig, sondernn voreynigt auch die seele mit Christo, als eyne brawt mit yhrem breudgam. [...] Hie hebt sich nu der frölich wechszel und streytt. Die weyl Christus ist gott und mensch, wilcher noch nie gesundigt hatt, und seyne frumkeyt unueberwindlich, ewig und almechtig ist, szo er denn der glaubigen seelen sund durch yhren braudtring, das ist der glaub, ym selbs eygen macht und nit anders thut, denn als hett er sie gethan, szo mussten die sund ynn yhm vorschlunden und erseufft werden. Denn seyn unueberwindlich gerechtigkeyt ist allenn sunden zustarck, also wirt die seele von allen yhren sunden [...] ledig und frey, und begabt mit der ewigen gerechtigkeit yhres breudgamsz Christi. [...]

Czum neuntzehenden. Das sey nu gnug gesagt von dem ynnerlichen menschen, vonseyner freyheit und der heubt gerechtigkeit, wilch keynis gesetzs noch gutten wercks bedarff, ya yhr schedlich ist, so yemandt da durch wolt rechtfertig zu werden sich vermessenn. Nu kummen wir auffs ander theyll, auff den euszerlichen menschen. [...] Ey, so denn der glaub alle ding ist und gilt allein genugsam fru zumachen, Warumb sein denn die gutten werck gepotten? So wollen wir gutter ding sein und nichts thun? Neyn, lieber mensch, nicht also. Es wer wol, also, wen du allein in ynnerlich mensch werist, und ganz geystlich und ynnerlich worden, wilchs nit geschicht bisz am Juengsten tag. Es ist und bleybt auff erden nut ein anheben und zu nehmen, wilches wirt in yhener welt volnbracht. [...]

Czum zwantzigsten. [...] Der ynnerlich mensch ist mit gott eynisz, froelich und lustig, umb Christus willen, der yhm szovil than hat, und stett alle syn luszt darynn, das er widderumb mocht gott auch umbsonst dienen ynn freyer lieb, szo findt er in seynem fleysch eynen widerspenstigen willen, der will der welt dienen un such was yhn lustet. Das mag der glaub nit leyden, und legt sich mit luszt an seynen halsz, yhn zu dempfen und weren.

(Auszug aus: Von der Freiheit eines Christenmenschen, in: WA 7, 12–39.)

4.3.3 Fragen und Anregungen

- Was für einen Begriff von Freiheit schlägt Luther vor?
- Kommt Luthers Idee von Freiheit auch ohne Christus aus? Was sagt das über seine Theologie aus?
- Wie passt sich Luthers Idee von Freiheit in seine Biografie ein?
- Wie lässt sich erklären, dass die Werkgerechtigkeit abgelehnt wird, gute Werke aber als wichtig erscheinen?
- Diskutieren Sie mögliche (kirchen)politische Konsequenzen von Luthers Freiheitsbegriff

Lektüreempfehlungen

Beutel, Albrecht (Hg.): Luther-Handbuch. 2. Aufl. Tübingen 2010. *(knappe, verdichtete Aufsätze zur Theologie und zu Beziehungsgeflechten Luthers)*

Hamm, Berndt: Der frühe Luther. Etappen reformatorischer Neuorientierung. Tübingen 2006. *(Vertiefung, breite Quellenbasis, fest verankert im Forschungsdiskurs)*

Kaufmann, Thomas: Der Anfang der Reformation. Studien zur Kontextualität der Theologie, Publizistik und Inszenierung Luthers und der reformatorischen Bewegung. Tübingen 2012. *(stark in Thesen, umfänglich in Nutzung der Quellen, fest verankert im Forschungsdiskurs, diesen voranbringend)*

Lohse, Bernhard: Luthers Theologie in ihrer historischen Entwicklung und ihrem systematischen Zusammenhang. Göttingen 1995. *(sehr kenntnisreiche Vertiefung der Theologie Luthers)*

Rieger, Reinhold: Martin Luthers theologische Grundbegriffe. Von „Abendmahl" bis „Zweifel". Tübingen 2017. *(Themenfelder und theologische Fragen werden ausschließlich mit Reihung von Luther-Zitaten beschrieben. Hilfreich für Quellenzugriff).*
Schwarz, Reinhard: Martin Luther. Lehrer der christlichen Religion. 2. Aufl. Tübingen 2016. *(umfängliches, vertieftes Nachdenken über die Theologie)*

5 Freiheit für die Bauern?

Abb. 3: Karsthans mit vier Personen so vnder inen selbs ain gesprech vnd red Halten. Melchior Ramminger, Augsburg 1521 (VD16 K 129). Zu sehen sind vier Personen: Martin Luther, Thomas Murner (dargestellt mit einem Katzenkopf), ein Student (der Sohn des „Karsthans") und der „Karsthans", ein Bauer, erkennbar an der Feldhacke. Luther wird nicht namentlich genannt. Stattdessen erscheint auf dem Bild der Name „Mecurius". Ihm fällt die Aufgabe zu, das Gespräch zwischen den vier (sehr unterschiedlichen) Menschen zu kommentieren.

5.1 Bauern

In der reformatorischen Flugschriftenliteratur ist der „Karsthans" (Karsthans 1521) eine Kreation aus dem Straßburger Humanistenkreis. Erstmals im Januar 1521 erschienen (Kaufmann 2016, 313–317), erlebte die Schrift insgesamt zehn Auflagen, der Erstdruck war in Straßburg, weitere Drucke folgten in Basel und Augsburg.

Karsthans und Murner

In der Schrift stehen Martin Luther und der „Karsthans" auf einer Seite. Ihr Gegenüber ist der Franziskaner Thomas Murner (1475–1537), der 1520 mit seiner Schrift „An den Großmechtigsten und Durchlüchtigsten Adel teutscher nation" (Murner 1520) eine Kaiser Karl V. gewidmete Antwort auf Luther verfasst hat, in der er nicht nur das Papsttum verteidigt, sondern auch Luthers Anschauungen etwa zum Konzil oder zur Pfarrwahl durch die Gemeinde deutlich widerspricht und sich dabei zugleich von den Laien und damit auch vom eher als unbeholfen verstandenen „Karsthans" abgrenzt. In der Flugschrift „Karsthans" wird deswegen auch Murners pejorative Zuschreibung „Bauernklotz" (3v) aufgegriffen, mit der er den „Karsthans" beschimpft habe und die in der vorliegenden Flugschrift als unbotmäßig verstanden wird. Stattdessen wird der „Karsthans" in der reformatorischen Flugschrift mit einer neuen Bedeutung belegt: Er erscheint als der geschicktere Gesprächspartner, als ein kluger Träger der Reformation, dem es ohne größere Mühe gelingt, dem Gelehrten Paroli zu bieten, der Luther als „Ketzer" (4v) einstuft. Diese Richtung der Schrift wird bereits in den ersten Sätzen deutlich, wenn es heißt, dass Thomas Murner ein geistlicher und viel gelehrter Mann sei, der allerdings seine Titel missbrauche, in lateinischer Sprache und damit über die Köpfe der Menschen hinweg argumentiere und den christlichen Glauben auf eine heidnische Herrschaft gründen wolle. Dem stehe der hochgelehrte, „göttliche" Martin Luther gegenüber, der in deutscher Sprache seine Lehre vertrete und deswegen von den Menschen gehört und verstanden werde (1v). Der „Karsthans" schreckt hier zudem nicht vor klaren Ansagen zurück, wenn er etwa dem Ordensmann Murner vorwirft, das Ordensleben nicht ernst zu nehmen und nur ein „kalter Christ" zu sein, der listig auf seinen Vorteil schaue und sich deswegen auch gegen Luther wende (3r/3v).

Im zweiten Teil der Flugschrift tritt Martin Luther auf, der „Karsthans" greift zum Dreschflegel, gilt Luther doch eigentlich als „Ketzer", doch Luther erklärt, dass niemand wegen seiner Lehre totgeschlagen werden solle. Vielmehr gelte es, alle Seiten zu hören und dann zu einer Entscheidung zu kommen, ob die Lehre rechtmäßig sei oder nicht (7v). Dieser Spur folgend kommt es daraufhin zu einem Gespräch, an dessen Ende es sicher kein Zufall ist, dass der „Karsthans" fordert, die Katze, die für Murner steht, an den Galgen zu bringen (15v).[1]

Karsthans und Luther

Kurze Zeit nach dem Erscheinen des „Karsthans" kam auch das *Gesprechbiechlein neüw Karsthans* auf dem Markt, das im Kreis um die Reichsritter Franz von Sickingen und Ulrich von Hutten entstanden ist und eine ausgemachte Polemik gegen den Klerus darstellt. Damit hat sich der Ton zwischen dem „Karsthans" und dem „Neuen Karsthans" deutlich verschärft. Außerdem wird nun die neue Allianz zwischen Bauern und niederem Adel sichtbar (Kaufmann 2016, 315–317; Beyer 1994, 50–55). Deutlich wird an diesen Publikationen also nicht nur deren Urheberschaft im Humanistenkreis, sondern auch die Bedeutung der von ihnen eingebrachten Karsthans-Figur, die sich ganz offensichtlich großer Beliebtheit erfreute. So wurde nicht zuletzt eine „mentale Brücke zwischen Bauerntum und Reformation" (Kaufmann 2016, 487) geschlagen.

5.2 Bauern und Freiheit

„Kein Herrschaftsrecht stand um 1500 unter einem dermaßen großen Legitimationsdruck wie das über den Leib, Leibeigenschaft genannt", bringt Peter Blickle die Situation für die Bauern im ausgehenden Mittelalter auf den Punkt (Blickle 2011, 55). Mit anderen Worten: Die Freiheit an der eigenen Person war für die Bauern um 1500 eine höchst wichtige, sahen sie sich doch zunehmend von Abgaben, Änderungen in der Agrarstruktur und von der Kommerzialisierung einzelner Dienste (Holenstein 1996, 94) so bedrängt, dass ihnen Leben und Auskommen geradezu verunmöglicht

Leibeigenschaft

---

1 Der Murner/„Murrnarr" wird bereits zu Beginn des Textes (und auf dem Titelbild) als Katze eingeführt. Insofern überrascht es kaum, dass Murners erste Worte im Text lauten: „murmaw, murmaw, murner, murmaw." (Karsthans 1521, 2r.)

wurden. Es ging um 1500 also auch und gerade um einen politischen und zugleich sozialen Freiheitsbegriff, der im zeitgenössischen Diskurs letztlich auf die Veränderung der herrschaftlichen Praxis zielte.

Bauernunruhen   Und diese herrschaftliche Praxis war in der Tat von wachsenden Beschwerungen für den „gemeinen Mann" gekennzeichnet. Zwischen Basel und Speyer kam es deshalb im ausgehenden Mittelalter zu Unruhen, Empörungen und Erhebungen. Diese richteten sich in erster Linie darauf, höhere Abschöpfungen von bäuerlichen Erträgen zu verhindern, die beispielsweise von Klöstern als Grundherrn erhoben wurden, um damit die eigenen Einrichtungen zu sanieren. So sahen etwa Kempten (1491) und Ochsenhausen (1498 und 1502) derartige Unruhen, die keineswegs die einzigen verblieben, aber zumindest – und dies war ein bemerkenswertes Zeichen – in letzterem Fall durch einen Vertrag zwischen Bauern und Abt beigelegt werden konnten, so dass der soziale Frieden zumindest für den Moment wiederhergestellt wurde. Dramatischer ging es in Rorschach am Bodensee zu, als dort 1489 Appenzeller, Rheintaler und St. Galler Bauern den fast fertigen Umbau des Klosters aus Protest verwüsteten. Hier entstand ein immenser Sachschaden, den Zeitgenossen auf 16.000 Gulden schätzten (Blickle 2011, 19). Dies ist auch als Ausdruck der Wut und Verzweiflung zu verstehen, welche die Bauern angesichts ihrer prekären Lebensverhältnisse angetrieben haben.

Proteste   Vom Wunsch nach Freiheit von Beschwerungen und auch an der eigenen Person erzählen auch zahlreiche Eingaben und Artikel in den Regionen, also Protestnoten, mit denen sich die Bauern an die Landtage oder an Landfriedensbünde wandten, die, wie etwa der Schwäbische Bund nach 1500, die Aufgabe hatten, Konflikte zwischen Herrschaften und Untertanen beizulegen (Müller 1975, 270). In gut 70% aller Fälle wird in den bäuerlichen Beschwerdebriefen die Abschaffung der Leibeigenschaft genannt (Blickle 2012, 24), die als unzulässige Bedrückung verstanden wird.

In den meisten kritischen Fällen ging es also um die Freiheit von überbordenden Herrschaftsansprüchen der Feudalherren, wie sie sich nicht zuletzt auch in der regional unterschiedlichen Ausgestaltung der Leibeigenschaft, dem „Herreneigentum an Menschen" zeigten. Dies war im Spätmittelalter vor allen in den süddeutschen Regionen eine „Quelle unzähliger Konflikte zwischen Herrschaft und Bauern" (Müller 1975, 266).

David Sabean hat allerdings zu Recht darauf hingewiesen, dass generelle Einschätzungen zur Leibeigenschaft schwierig sind, da sich unterschiedliche Grade der Hörigkeit benennen lassen, die sich jeweils regional ausdifferenzierten. Ihnen allen sei zwar die Klage über Unfreiheit gemeinsam, doch damit sei, so Sabean, der eigentliche Punkt noch nicht hinreichend benannt. Eigentlich ginge es nämlich um die Kritik an den herrschaftlichen Versuchen, die sozialen Beziehungen innerhalb eines Dorfes zu prägen und zu gestalten, um eine optimale Herrschaftsdurchdringung zu gewährleisten (Sabean 1975, 135). Angesichts der Kritik, die zudem 1525 in den bäuerlichen „12 Artikeln" aufgegriffen wurde, wird deutlich, dass es für die Bauern fortan auch und gerade darum ging, mehr Spielraum und persönliche Freiheit (Müller 1975, 271) zu erhalten, um so die als lebensfeindlich wahrgenommene, weil ihren eigenen Sozialraum zersetzende Herrschaftspraxis zurückzudrängen. Dass dieser Spielraum zu Recht eingefordert wurde, ließ sich nicht zuletzt mit Verweis auf die entsprechenden Passagen aus mittelalterlichen Rechtsbüchern wie etwa dem Sachsen- oder Schwabenspiegel belegen, in denen – so die Bauern in ihren Beschwerden – Eigenschaft abgelehnt werde, die aus Zwang oder unrechter Gewalt erfolgte. Zudem verweise der Schwabenspiegel auch darauf, dass die Bibel keine Leibeigenschaft kenne und zudem explizit gegen Unfreiheit eintrete (Müller 1975, 270).

Grade der Leibeigenschaft

Auch wenn die Rede von der Freiheit und der Leibeigenschaft in der spätmittelalterlichen Lebenswelt und damit auch in den Beschwerden der Bauern weithin präsent war, ging es ihnen doch insgesamt noch nicht um die von Martin Luther ins Spiel gebrachte „Freiheit eines Christenmenschen". Bis die Bauern sich dieser neuen, weil zugespitzten Facette im Freiheitsdiskurs erkennbar annahmen und sie explizit in ihre Argumentationsmuster einbanden, sollte es noch bis zum Januar 1524 dauern. Dann taucht im zürcherischen Dorf Embach erstmals der Verweis auf Luthers Idee der Freiheit auf. Und auch die erste bäuerliche Auseinandersetzung mit biblischen Aussagen über Eigenleute und ihr Recht auf die Freiheit geschah in der Stadt Zürich erst zu Pfingsten 1524 (Müller 1975, 268).

Leibeigenschaft und Freiheit

Kurz danach begannen im Schwarzwald die Bauernaufstände, die in unterschiedlichen Regionen bis 1256 andauerten. Von Oberschwaben aus erstreckten sich nun die Unruhen nacheinander auf Franken, Thüringen, die Pfalz und das Elsass. Neben

Aufstände

Verständigungen zwischen Bauern und dem Schwäbischen Bund (Vertrag von Weingarten, 17. April 1525) wurden einige und bisweilen auch große Schlachten (Frankenhausen, 15. Mai 1525) geführt. Hier tat sich besonders Thomas Müntzer (1489–1525) als Führer der Bauern hervor. Der Theologe und Reformator folgte zunächst den Spuren des reformatorischen Aufbruchs sowie Martin Luthers und ermahnte insbesondere die sächsische Obrigkeit in geradezu „schonungsloser" Weise (Goertz 2017, 7), die Reformation voranzutreiben – und dabei auf ihn, Müntzer, und seine Ratschläge zu hören, schließlich sei er der neue Daniel, der am Ende der Zeit in die Welt gekommen sei und die Obrigkeit beraten werde, damit durch sie der „armen, elenden, zurfallenden Christenheyt" (Müntzer 1524, 302) geholfen werde.

Müntzers „Fürstenpredigt" Bereits in seiner „Fürstenpredigt" vom Juli 1524 hatte Müntzer schon deutlich gemacht, dass die Situation der Bauern unhaltbar sei. Doch damit ging zunächst nicht die Vorstellung einher, dass sich die Bauern gegen die Obrigkeit zur Wehr setzen sollten, im Gegenteil: In der „Fürstenpredigt" warb Müntzer noch dafür, dass die Obrigkeit – und damit meinte er in erster Linie die sächsischen Landesherren – ihr Amt verantwortlich wahrnehmen und so auch ihrer Aufgabe am Ende aller Zeiten gerecht werden sollten. Ganz im Sinne von Röm 13, 4 galt ihm die Obrigkeit als von Gott eingesetzt. Insofern war ihr der höchste Respekt zu entbieten, zumal die Obrigkeit auch zahlreichen Versuchungen – etwa durch „heuchlerische Pfaffen" (Müntzer 1524, 315) – ausgesetzt sei, die sie bedrängten, weil sie um ihretwillen Politik betreiben wollten, statt sich auf seelsorgerliche Aufgaben zu konzentrieren.

Wenn aber die Obrigkeit ihr Schwert nicht mehr für die Frommen und das Reich Gottes einsetzte, stellte sich die Frage nach ihrer Rechtmäßigkeit (Müntzer 1524, 319). Ein ähnlicher Obrigkeitsvorbehalt sollte sich wenig später auch in den „12 Artikeln" der Bauern finden, wenn auch in der Schrift nicht weiter ausgeführt wird, wie die Konsequenzen bei einem Versagen der Obrigkeit konkret aussehen würden.

Doch Müntzer gestaltete diesen Punkt ausführlicher: So legte er den Untertanen nahe, selbst die Obrigkeit, die sich nicht in den Dienst des Reiches Gottes stellen wollte, erst einmal in Frieden handeln zu lassen und sich darauf zu beschränken, diese beständig aufzufordern, die Parusie nicht weiter zu behindern. Erst wenn dies keinen Erfolg zeitigte, sollte die Obrigkeit vernichtet werden.

In seiner „Fürstenpredigt" hat Müntzer noch nicht davon gesprochen, dass es eine Gruppe von Auserwählten geben würde, die letztlich die Obrigkeiten stürzen sollte, welche sich nicht dem Reich Gottes verschrieben. Diese Position nahm er erst ein, als ihm deutlich wurde, dass die sächsischen Landesherren ihn weder als Daniel und damit als Ratgeber anerkannten noch mit der von ihm geforderten Vehemenz die Reformation vorantrieben und sich damit ihres von Gott eingesetzten Amtes für würdig erwiesen. Als ihm dies deutlich wurde, galt es, in mehreren Schritten „das Volk der Auserwählten als Träger weltlicher Herrschaft" (Goertz 2017, 22) zu aktivieren – dies entsprach der Mobilisierung der Bauern, deren Anliegen Müntzer sich so im Grunde zunutze machte, während er allerdings davon ausging, dass sie alle auf diese Weise an der Herrschaft Gottes teilhatten und dieser gleichsam durch ihr Engagement zum Sieg verhelfen würden. Diesen Gedanken sollte nach dem Bauernkrieg Hans Hut aufgreifen, ein späterer Täuferführer, der mit Müntzer in Frankenhausen gekämpft hat, aber vor seiner Ergreifung fliehen konnte (Seebaß 2002). Hut sah anschließend nicht mehr in den Bauern, sondern in den sich neu gründenden Täuferkreisen die Auserwählten, die das Reich Gottes – auch durch die Anwendung von Gewalt – mitten in der Welt durchsetzen sollten (Grochowina 2017).

Müntzer und die Auserwählten

Hans Hut

Letztlich hatten die Aufstände jedoch keinen Erfolg, die „Haufen" der Bauern wurden überall vernichtend geschlagen, die Führer der Heere wurden wie Thomas Müntzer bestraft bzw. hingerichtet – und der „gemeine Mann" schied weitgehend als Träger des reformatorischen Geschehens aus, denn er war nun diskreditiert, stand er doch fortan für „Aufruhr" und damit für den Versuch, gegen die Herrschaft zu opponieren und so das gesamte herrschaftliche Gefüge stürzen zu wollen.

5.2.1 Zwölf Artikel der Bauernschaft

Mit der Auseinandersetzung um die „Freiheit eines Christenmenschen" (Luther/Freiheit 1520) wurde dem frühneuzeitlichen Freiheitsdiskurs ein neues Begriffswerkzeug hinzugefügt, das fortan für erregte Auseinandersetzungen sorgte. Dass die Diskussion derartig an Fahrt gewinnen konnte, lag nicht zuletzt am aufkommenden Buchdruck, der nicht nur die zügige Publikation von Luthers Freiheits- und Adelsschrift ermöglichte, die in dieser Frage einschlägig waren, sondern auch den Zugriff auf eine volkssprachlich gehaltene Bibel erlaubte, so dass auf dieser Grundlage vor Ort nun eigene Argumentationsmuster entwickelt werden konnten. Das heißt konkret, dass die Bauern das, was sie von der neuen Lehre und aus der Bibel verstanden, vor dem Hintergrund ihrer eigenen Situationen lasen – und entsprechend zur Anwendung brachten.

Ungeachtet der vielen Stimmen, die sich nun auf unterschiedlichen Ebenen im frühneuzeitlichen Freiheitsdiskurs zu Wort meldeten, ist Luthers Rolle darin unbestritten – und seine Bedeutung wird sicher auch der Grund gewesen sein, warum er von den 1525 in Memmingen versammelten Bauern gebeten worden ist, einer der 14 Richter über die von ihnen verfassten „12 Artikel" zu sein.

„12 Artikel"

Die „12 Artikel" vom März 1525 (Laube 1975, 26–31), die wohl vom Memminger Kürschnergesellen und Feldschreiber Sebastian Lotzer (1490–1525) verfasst und vom Prediger Christoph Schappeler (1472–1551) mit einem Vorwort versehen worden sind, sind die maßgeblichste Programmschrift des Bauernkrieges, die dementsprechend zahlreiche Auflagen erlebt hat und zudem zur Beratungsgrundlage auf dem Reichstag von 1526 (Speyer) geworden ist (Blickle 2005, 366). Die einzelnen Artikel, die grundsätzlich auf ein Leben zielen, das dem Evangelium gemäß ist, befassen sich mit der freien Pfarrwahl, der Abgabe des Zehnten, dem Recht zur freien Jagd in Wäldern und Flüssen, der Nutzung von Holz, Wiesen und Äckern und mit Fragen nach Dienstleistungen und Pachtzinsen. Sie enden mit dem Hinweis, dass alle Punkte und Forderungen der Bauern anhand der Heiligen Schrift überprüft und diskutiert werden könnten.

Leibeigenschaft

Der dritte Artikel, der die Abschaffung der Leibeigenschaft fordert, schließt in besonderer Weise den Wunsch der Bauern nach Freiheit auf (Blickle 2012, 23). In dem Artikel heißt es, dass es bis dato Brauch gewesen sei, Eigenleute zu halten. Doch jetzt – in der gegenwärtigen Situation des reformatorischen Geschehens – sei offenbar, dass Christus mit seinem Blut alle Menschen erlöst und erkauft hätte. Nach der Heiligen Schrift seien nun also auch sie, die Bauern, frei und wollten dies auch sein. Allerdings bedeutete dies nicht, ganz ohne Obrigkeit zu leben, im Gegenteil: Gottes

Gebote lehrten, auch in der Obrigkeit den Nächsten zu sehen und entsprechend demütig ihr gegenüber zu sein. So wollten die Bauern nun „in allen zimlichen und christlichen sachen" ihrer Obrigkeit folgen und gingen deshalb davon aus, nun aus der Eigenschaft entlassen zu werden, um fortan als wahre und rechte Christen zu leben, die sie letztlich nach dem Evangelium bereits seien (Laube 1975, 28). Hier leuchtet eine Argumentationsfigur auf, die schon Thomas Müntzer formuliert hat: Der Obrigkeit galt es zu folgen, so lange klar war, dass sie auf dem Boden des Evangeliums stand. Offen blieb bei Müntzer und den Bauern allerdings, nach welchen Kriterien die Rechtmäßigkeit der Obrigkeit genau bemessen werden sollte – denn die Prüfung auf Grundlage des Evangeliums erlaubte es durchaus, zu unterschiedlichen Schlüssen zu kommen.

Insgesamt geht es in den „12 Artikeln" um die Aushandlungen von fairen Lebensbedingungen für die Bauern, um ihrer Bedrückung entgegen zu wirken. Dabei spielte der Verweis auf die Freiheit eine wesentliche Rolle, wobei der bereits bestehende Freiheitsdiskurs um die Position von Martin Luther erweitert wurde.

5.2.2 Luther und die Bauern

Martin Luther reagierte auf die „12 Artikel" mit einer Ermahnung zum Frieden, die bereits Mitte April 1525 erschien. Ihr folgten vermutlich im Mai 1525 die Schrift gegen die bäuerischen Rotten und schließlich der Sendbrief zu dieser Schrift (Juli 1525).

In der „Ermahnung" lässt Luther zunächst die Fürsten wissen, dass etliche der 12 Artikel „billig und recht" seien. Weiterhin macht er deutlich, dass es die Aufgabe der Obrigkeit sei, die Untertanen bestmöglich zu versorgen und sie nicht zu schinden. Der „arme Mann" solle auch etwas von seiner Ernte behalten können, diese solle und dürfe also nicht zur weiteren Aufstockung prachtvoller Gebäude der Grundherren genutzt werden (Luther/Ermahnung 1525, 293–299).

Luthers „Ermahnung"

Den Fürsten gegenüber thematisiert Luther mit keinem Wort die Freiheit der Untertanen und ihre dazugehörige, freie Entscheidung, der Obrigkeit Gehorsam zu schenken, wenn diese auf dem Boden des Evangeliums agierte. Stattdessen schleudert er den

Freiheit der Untertanen?

Bauern entgegen: „Es soll kein leybeygener seyn, weyl uns Christus hat alle befreyet. Was ist das? Das heysst Christliche freyheit gantz fleyschlich machen" (Luther/Ermahnung 1525, 326). Der dritte Artikel der Bauern sei also gegen das Evangelium, denn: Freiheit politisch oder sozial zu denken, die doch nur für den „inneren Menschen" galt, hieß nach Luther, das Evangelium für politische Forderungen zu nutzen und es so „fleischlich" zu machen. Und schließlich: Die Bauern müssten sich damit abfinden, dass das weltliche Reich auf Ungleichkeit und damit eben auch auf Unfreiheit angewiesen sei, um gut zu funktionieren. Schon Paulus hätte deutlich benannt, dass es in der Welt aus guten Grund Herren und Knechte und damit Freie und Unfreie gebe (Luther/Ermahnung 1525, 327).

In den nachfolgenden Schriften verstärkt Luther seine ablehnende Haltung gegenüber den Bauern und ruft gar die Obrigkeiten dazu auf, diese zu stechen, zu würgen und zu schlagen und den eigenen Tod in diesem Kampf als einen seligen Tod zu verstehen (Luther/Rotten 1525, 361). Auch betont er insbesondere im „Sendbrief", dass die Obrigkeit die Ordnung zwischen Herrschenden und Knechten wahren müsse, da sonst Chaos ausbrechen würde, das dem Wort Gottes in der Welt schade (Barth 2009, 81).

Luthers Motive Was aber veranlasste Luther zu so einer heftigen Reaktion, obwohl doch die „12 Artikel" mit ihrem Obrigkeitsvorbehalt deutlich gemacht hatten, dass die in Memmingen versammelten Bauern grundsätzlich keine Gewalt gegen die Obrigkeit anstrebten? Eine Erklärung liegt sicher in Luthers mangelhaftem Zugriff auf Information zu den Ereignissen von Bauernaufständen; ein anderer Grund ist darin zu suchen, dass der Bauernkrieg plötzlich auch in Thüringen und Franken ausbrach – und damit in unmittelbarer Nähe zu Luther. Aber ein dritter Grund ist wohl auch, dass Luther durch den Verweis auf die Freiheit keine Brücke zwischen der geistlichen und der weltlichen Herrschaft bauen wollte, denn dann wäre das Evangelium tatsächlich „fleischlich", also weltlich, politisch geworden. Vielleicht ist dies gar ein Ausdruck von Luthers „ordnungstheologischem Konservatismus" (Kaufmann 2016, 500), der ihn zu einer zweckrationalen Loyalität zu den Fürsten führte. Auf jeden Fall aber „büßte [Luther] im Bauernkriegsjahr mehr an Charisma ein als zu irgendeinem anderen Zeitpunkt seines Lebens" (Kaufmann 2016, 501).

5.3 Quellen und Vertiefung

5.3.1 Der Streit zwischen Johannes Cochläus und Martin Luther

Der katholische Theologie Johannes Cochläus (1479–1552) hat 1525 ein Traktat vorgelegt, in dem er stückweise Luthers Ermahnung an die Bauern zitiert (Luther/Ermahnung 1525), um dann im polemischen Duktus auf Luthers Schriften gegen die Bauern zu reagieren. Dies allein macht schon deutlich, dass Cochläus keine gelehrte Diskussion angestrebt, sondern einen Verantwortlichen für den Aufstand des „gemeinen Mannes" gesucht hat. Es ging also um die polemische Lösung der Schuldfrage.

Cochläus

Auch wenn die Präambel der „12 Artikel" aus Memmingen die Unterdrückung des Evangeliums als Ursache für die bäuerliche Empörung und die Abfassung der Artikel klar benennt (Blickle 2012, 23), sieht Cochläus allein in Luthers Schriften und Worten den Grund für den gegenwärtigen Aufruhr (Cochläus 1525, 2v). Und mehr noch: Aufruhr und Luthers Idee von der christlichen Freiheit hingen nach seinem Verständnis eng zusammen, denn Luther habe eine falsche Freiheit ins Spiel gebracht: Diese Freiheit suggeriere, dass alle Menschen durch die Taufe Brüder und deshalb gleich seien. Gerade deswegen sei es nun zum Aufruhr gekommen, denn eine solche Vorstellung von Gleichheit sei eine „Teuflische lere" und damit auch eine „falsche freyheit" (Cochläus 1525, 7v). Dieser Logik folgend kann Cochläus Luther nun auch als das „Unglück der Deutschen" bezeichnen, weil er in ihm die Ursache für Ketzereien, Irrungen, Gotteslästerung, Verachtung der Sakramente und viele andere Dinge sieht (Cochläus 1525, 11r). Sicher, so schließt Cochläus, wäre es besser gewesen, wenn Luther nach der Verkündigung der Reichsacht totgeschlagen worden wäre, denn „so hedt man solche auffrur und rotterey moegen verkommen" (Cochläus 1525, 15v).

Luthers Schuld am Bauernkrieg

5.3.2 Quelle: Antwort auf Luthers Schrift „Wider die räuberischen und mörderischen Rotten der Bauern" (1525)

ERsame, weyse und großgunstige lieben herrn, ich hab yetz in dissen sweren leufften vnnd iemerlichen zeyten, zu besser vnterrichtung gemeynes volcks, auf Mar. Luthers buchlein, so er widder die auffrurigen Bawern hat lassen auß geen, kurtzlich geantwortet. In guter hoffnung, das auch der gemeine man zu letzt mercken vnd versteen soll, wye Luther das gut volck lang vor her mit worten, zu auffrur, Stifft vn kloester sturmen, geraytzt habe. vnd nu, so er sicht, das sie vbel drob faren, slecht er sich zun fursten, welche er vor vil mals grewlich geschendet vnd dem volck hessig gemacht hat, und schelt vn schendet yetz vffs aller gewlichst das arm vnselig vn iemerlich erslagen Bawrs volck. Welchs er vor zu solchez spil in vil buchern hefftiglich gehetzet und getryben hat, wie ichs dan klerlich auß seynen eygen worten hab angetzeygt, vnd noch wol klerlicher het mogen bewysen, wo ich al seine bucher die myr sollten gezeuckenuß geben, hette hie mogen vberkommen. [...]

Das aber der gemeyn man allenthalben in hohen Teutschlandt, außgenomen Beyrn vnd Ostrreich, also tobt vnd auffrurig ist, das kumpt eygentlich auß deinem [= Luthers] falschen vnd auffrurischen Euangelio, dan ehe du geschreben hast, seind die BAwrn still gehorsam vnd gotsfortig gewest. [...] Jr [= Luther] habt dem armen volck so lang und so hefftig furgepredigt und vur furgeschryben felschlich von gots wort unnd Christlicher freyheit, bys das yr gar tobend und unsynnich gemacht habt, (...) die weyl ir ime die falschen freyheit so suß einstreichet. [...]

Het man dyr [= Luther] lengst na dissen vrteyll gethan, wie du wol verdient hast. Ich hieß das Teutschland mer da vmb geben, dan es vmb Aplaß vnnd Ablaßbrieff dar von du diß spyl hast angefangen, in Sechs hundert Jarn gegebenn hat. Ein mensch were vil leychter zu erwurgen oder zu erstechen gewest, dan so vil Tausent armer lewt, die du so iemerlich vnd verreterlich durch falsche fryheit, vnnd Teuflische lere zu auffrur erweckt hast. [...]

Da sie [= die Bauern] auffrur und empörug gesucht haben, des bistu [= Luther,] die erste und hochste ursach, durch vilfeltige anreytzung unter falschem schein des Euangeliums un Christlicher freyheit.

(Auszug aus: Wider die Reubische[n] vnd Mordischen rotten der Bawren [...] 1525.)

5.3.3 Fragen und Anregungen

- Wie unterscheidet sich der Freiheitsbegriff der Bauern vom Freiheitsverständnis Luthers?
- Auf welches Fundament fiel die Rede von der „Freiheit eines Christenmenschen"?
- Diskutieren Sie, ob der Bauernkrieg ein sozial oder religiös motiviertes Ereignis war.
- Hat Martin Luther die Verfasser der „12 Artikel" missverstanden?
- Welche Idee von Freiheit vertritt Johannes Cochläus – und was ist seine Perspektive auf die Bauern?

Lektüreempfehlungen

Blickle, Peter (Hg.): Revolte und Revolution in Europa. München 1975. *(Aufsatzsammlung, Grundlagenwerk, Zusammenführung unterschiedlicher Forschungserträge)*

Blickle, Peter: Der Bauernkrieg. Die Revolution des gemeinen Mannes. 4. Aufl. München 2011. *(Orientierung auf breiteren Leserkreis, knappes Überblickswerk)*

Blickle, Peter: Die Revolution von 1525. 4., durchges.u. erw. Aufl. München 2004. *(Grundlagenwerk durch intensiven Blick auf Zusammenhänge, Motivationen, Konsequenzen)*

Blickle, Peter: Gemeindereformation. Die Menschen des 16. Jahrhunderts auf dem Weg zum Heil. München 1985. *(Entwicklung eines tragenden Begriffs der Reformationsforschung)*

Hasselhoff, Görge K.; von Mayenburg, David (Hg.): Die Zwölf Artikel von 1525 und das „Göttliche Recht" der Bauern – rechtshistorische und theologische Dimension. Würzburg 2012. *(Verortung der für den Bauernkrieg wesentlichen Quelle aus unterschiedlichen Perspektiven, Vertiefung, besticht durch rechtshistorischen Zugriff)*

6 Propheten am Ende der Zeiten

Abb. 4: Johannes Carion: Prognosticatio und erklerung der grossen wesserung/ Auch anderer erschrockenlichenn würckungen. So sich begeben nach Christi unseres lieben herrn geburt/ Funfftzehen hundert und xxiiij. Jar. Leipzig 1521 (VD 16 C 1030), gedruckt bei Martin Landsberg. Links oben zeigt die Flugschrift ein Unwetter mit Regen und Hagel, die eine Stadt zerstören: Rechts oben verweist sie auf eine Kometenerscheinung 1521. Unten sind fünf Personen dargestellt: Der Papst kniet am Boden und wird von einem Ritter mit Schwert bedroht, der Kaiser schaut dies Geschehen „durch die Finger" an, ein Kardinal sieht ebenfalls zu, ein weiterer Mann steht mit einem Schwert daneben, der vermutlich ein Hauptmann aus dem niederen Stand ist.

https://doi.org/10.1515/9783110454789-006

6.1 Endzeit

Johannes Carion (1499–1537), der seit 1522 Hofastronom und Mathematiker bei Kurfürst Joachims I. von Brandenburg war, hat die Schrift, in der er Planeten erklärt und zugleich vor einer Sintflut im Jahr 1524 warnt, in deutscher Sprache abgefasst und so für ihre Verbreitung gesorgt. Aber ungeachtet dessen wäre seiner Schrift auch auf Latein vermutlich ein großer Erfolg beschieden, passte sie sich doch inhaltlich und vom Bild her nahtlos in den zeitgenössischen Diskurs ein, der nicht nur das Ende der Zeit, sondern auch ganz konkret eine Sintflut erwartet und diese prophezeite Bedrohung zwischen 1521 und 1524 intensiv debattiert hat. Dabei leitet Carion seine Vorhersage nicht allein aus der Stellung der Planeten, sondern auch aus der zeitgenössischen politischen und gesellschaftlichen Situation ab. So behandelt er neben dem Wormser Edikt (1521) auch die Papstkritik und die Diskussion über ein Nationalkonzil, das in dieser Zeit mit unterschiedlicher Intensität angestrebt wurde, um die weit ins politische Feld hineinragenden Religionsstreitigkeiten zu lösen. Grundsätzlich drückt er in seiner Schrift die große Sorge aus, dass das reformatorische Geschehen Uneinigkeit und Zwietracht herbeiführe und so die Kirche von ihrer eigentlichen Aufgabe abhielte, welches nach seinem Verständnis die Verteidigung des Abendlandes gegen die Türken sei (Talkenberger 1990, 212–219).

Johannes Carion

6.2 Propheten am Ende der Zeit

6.2.1 Die „Zwickauer Propheten"

Das Ende der Zeit kündigte sich nicht allein in Planetenkonjunktionen, Kometen und Unwettern an. Auch Katastrophen wie Pest, Kriege, Missernten und Teuerungen wurden vor diesem Hintergrund verortet, weil sich hier das direkte Eingreifen Gottes ins menschliche Miteinander ablesen ließ (Leppin 1999, 150), um so das Ende aller Geschichte einzuläuten. Diese Lesart vom Ende der Welt konkurrierte allerdings mit der Vorstellung, dass Gott die Menschen durch diese Katastrophen schlicht strafen wollte, um ihren Ungehorsam gegenüber seinem Gesetz deutlich zu machen. Demnach benötigte Gott nun derartige Zeichen, die in ihrer Klarheit

Endzeit

kaum missverstanden werden konnten, weil die Predigten auf der Erde nicht den von ihm gewünschten Erfolg erzielt hätten (Leppin 1999, 156). In der Konsequenz jedoch machte dies kaum einen Unterschied, denn allemal wurde die Zeit als bedrohlich und endzeitlich erlebt.

Antichrist — Am deutlichsten jedoch entstand der Eindruck, in der gefährlichsten, bösesten, ärgsten und damit zugleich auch letzten Zeit zu leben (Peuckert 1966), dadurch, dass viele Flugschriften um 1500 die Auffassung vertraten, dass nun nicht nur die apostolische Gemeinde wiederhergestellt, sondern auch und gerade der „Antichrist" offenbart, ja, geradezu entlarvt werden würde. Mit dieser Offenbarung sei dann allemal die letzte Zeit angebrochen, in der dieser vernichtet werden und die Heilsgeschichte sich schlussendlich erfüllen sollte (Löhdefink 2016, 270 f.). Diese Gedanken fielen auf einen fruchtbaren Boden, denn Vorstellungen vom „Antichrist" waren ein fester Bestandteil der spätmittelalterlichen Frömmigkeit (Leppin 1999, 209).

Papst als Antichrist — In der reformatorischen Zeit galt das Papsttum als „Antichrist". Dass der Papst mit dem „Antichrist" gleichgesetzt wurde, war nicht neu, die nun aber offene Zuschreibung wurde jetzt so erklärt, dass der „Antichrist" bis dato verborgen geblieben sei und sich unter dem Mantel der Geistlichkeit des Papsttums versteckt hätte. Deshalb sei er nicht sofort zu erkennen gewesen. Nun aber sei er – und dies sei primär dem Wirken Martin Luthers zuzuschreiben – für alle Menschen und für alle Zeit offenbar gemacht worden (Löhdefink 2016, 244 f.), auch wenn in der Rückschau auf die Reformation zu konzedieren sei, dass auch Jan Hus, Girolamo Savonarola und John Wyclif erste Schritte zur Revelation des „Antichrist" getan hätten (Leppin 1999, 207), als sie explizit die Reform der Kirche angeregt haben.

Antichrist und Endchrist — Nun also konnte der „Antichrist" im reformatorischen Geschehen gleichsam zum „Endchrist" werden und damit als Signum und Beleg dafür gelten, dass jetzt die letzte Zeit endgültig angebrochen war. Diese kurze Zeit zwischen Offenbarung und Weltende galt es also noch zu überbrücken, doch in den Flugschriften wird nicht davon ausgegangen, dass sich diese besonders lange hinziehen würde. Schließlich wisse der Teufel nach der Offenbarung ja, dass sein Reich untergehen werde (Löhdefink 2016, 251), der letzte Kampf stünde also unmittelbar bevor. In diesen Kampf mischten sich dann zahlreiche Propheten ein, die sich berufen sahen, in besonderer Weise das Kommen des Reiches Gottes zu verkündigen oder es auch tatkräftig zu unterstützen.

Zu diesen zählten nicht zuletzt auch die „Zwickauer Propheten", ein heterogener Kreis um Nikolaus Storch (um 1500–nach 1536), Markus Stübner und Thomas Drechsel. Dabei war es kein Zufall, dass die drei in Zwickau, einer Wirkungsstätte Thomas Müntzers, zusammenkamen, der zunächst als Prediger der lutherischen Lehre alsbald eine Radikalisierung erfahren hatte und schließlich im Bauernkrieg 1524/25 mit den Bauern gegen die Obrigkeit opponieren sollte. In Zwickau hatte Müntzer in seiner „leidenschaftlichen Art" (Wappler 1966, 26) den sächsischen Kurfürst so deutlich in die Pflicht genommen, die Reformation voranzutreiben, dass der Rat der Stadt Zwickau sich gezwungen sah, Müntzers bisherige Predigtstätte (St. Marien) dem deutlich gemäßigter auftretenden Prediger Johannes Egranus zu überlassen und stattdessen Müntzer nach St. Katharinen zu versetzen. In der Konsequenz wandte sich der eher wohlhabendere Teil der Bevölkerung Egranus zu, während Müntzer sich zum „gemeinen Mann" (beispielsweise Tuchknappen und Handwerker) hielt und deren Anliegen wortgewaltig aufnahm (Wappler 1966, 28). Damit war klar, dass in der Stadt fortan eine magistrale und eine durchaus radikalere Spielart der Reformation bestehen würde (Kaufmann 2016, 454).

Zwickauer Propheten und Müntzer

Die „Zwickauer Propheten" gehörten zur letzteren, auch wenn Storch dem Zwickauer Patriziergeschlecht entstammte. Allerdings war dies spätestens seit Mitte des 15. Jahrhunderts verarmt und in seiner Führungsrolle abgelöst worden (Wappeler 1966, 29 f.). Gleichwohl bedeutete dies, dass insbesondere Storch, der Tuchmachermeister und Laienprediger, offenbar bibelfest und belesen war und so seine theologischen Positionen auch Müntzer gegenüber zu argumentieren und diesen durchaus zu inspirieren vermochte. Über Markus Stübner indes ist weniger bekannt. Er studierte offenbar in Wittenberg und soll auch an den „Wittenberger Unruhen" (1520/21) beteiligt gewesen sein, als Luthers Kollege an der Universität Wittenberg, Andreas Bodenstein (1586–1541), genannt Karlstadt, während Luthers erzwungenem Aufenthalt auf der Wartburg die Stadtreformation massiv und bisweilen eigenmächtig vorangetrieben hat (Kaufmann 2016, 379–392). Zudem hat er offenbar Müntzer auf dessen Missionsreise nach Böhmen begleitet. Thomas Drechsel schließlich war wie Storch im Tuchmacherhandwerk

Zwickauer Propheten in Wittenberg

und steht gleichermaßen für den besonderen Ausdruck Zwickauer Laienfrömmigkeit.

Die „Zwickauer Propheten" beriefen sich zunächst auf Luther, sahen sich dann aber zunehmend im Widerspruch zu Gelehrten und Geistlichen, teilten Prophetien und Offenbarungen, die bisweilen über die Heilige Schrift hinausgingen, und sahen sich dazu primär durch den Heiligen Geist autorisiert. Hierbei tat sich insbesondere Storch hervor und prägte so das „Zwickauer Konventikelwesen" (Wappler 1966, 47 und 69). Darüber hinaus lehnten sie die Kindertaufe ab. Thomas Kaufmann attestiert ihnen insgesamt eine „separatistische Ekklesiologie", die insbesondere nach Luthers „Absage an ihre prophetischen Ansprüche" voll zum Tragen gekommen sei (Kaufmann 2016, 458 f.; Kaufmann 2010). Ähnlich wie Luther sah es der Rat der Stadt Zwickau, der im Dezember 1521 insbesondere ihre Sicht auf die Kindertaufe thematisieren wollte – allerdings zogen die Propheten stattdessen nach Wittenberg, suchten dort das Gespräch mit Philipp Melanchthon, der sich durchaus beeindruckt zeigte, und gewannen Martin Borrhaus (Cellarius) für sich, der mit Philipp Melanchthon befreundet war, bevor Luther dann – von der Wartburg zurückkehrend – einschritt und ihrem Wirken in Wittenberg ein Ende machte (Williams 2000, 122–124).

Endzeit

In den 1520er Jahren haben sich eschatologischen Anschauungen der „Propheten" dann offenbar ausgeformt: Für die frühen 1520er Jahre hält allerdings wohl einzig Ambrosius Wilken entsprechende Nachrichten bereit. In der – vermutlich nachträglich verfassten – „Zeitung aus Wittenberg" schreibt er über die Ereignisse 1521 und 1522, dass „Neue propheten" in der Stadt gewesen seien, die „vill Offenwarung" von Gott angekündigt hätten, dass „der Tuerck kuertzlich soll teutschland einnemen. Item, wye all pfaffen sollen erschlagen werden." Doch wichtiger sei es, dass in Kürze – und dies meint in fünf, sechs oder sieben Jahren – „ein solch ennderung in der welt weren, das kain vnfrummer oder boeß suender solle lebenth vber pleiben" (Wilken 1911, 160 f.). Damit wurde die Zeit des reformatorischen Geschehens zu einer kämpferischen Übergangszeit zwischen der alten und der neuen Welt, zwischen Erde und Himmel – hier allerdings mit der inhaltlichen Schärfung, dass dabei „der Tuerck" für das Ende der alten Welt mitverantwortlich sei. Dies überrascht nicht, galt doch die „Türkengefahr" im 16. Jahrhundert als ausgemacht, da das Osmanische

Reich auf Kriegszügen über Belgrad (1521), Ungarn (1526) bis nach Wien (Belagerung 1529) gekommen war.

Doch in dieser letzten Zeit seien auch alle „pfaffen" zu erschlagen. Zudem deutet sich hier auch eine scharfe Trennung zwischen den „Sündern" und Frommen, im Grunde also zwischen „Gottlosen" und „Auserwählten" an.

Philipp Melanchthon scheint diese Vorstellungen ernstgenommen haben, denn am 17. April 1525 fragte er bei seinem Freund, dem Gelehrten Joachim Camerarius (1500–1574) nach, ob der damalige Führer der „neuen Propheten", Storch, wohl nun unter den Bauern zu finden sei, sei doch von ihm zu hören, dass dieser innerhalb von vier Jahren die Herrschaft erlangen, das Heil aufrichten und das Gemeinwesen („*respublicas*") an „heilige Männer" übergeben wolle. Zudem habe Storch ja auch von einem Engel erfahren, er solle den Sitz Gabriels einnehmen (Wetzel/Melanchthon, Nr. 391) – und dann zum Ausleger der Offenbarung Gottes werden, wie es nach Dan 8, 16 vorgesehen sei. Hier ist zu erkennen, dass Storch offenbar – zumindest nach Melanchthon – eine personal-biographisch konzipierte Legende entfaltet hat, um sich einen eigenen und zugleich sehr speziellen Platz im endzeitlichen Geschehen zuzuschreiben und entsprechend zu handeln. Seine Überzeugung, als endzeitlicher Prophet zur Predigt und zur Tat gerufen zu sein, erscheint dabei mehr als deutlich.

Melanchthon

6.2.2 Thomas Müntzer

In seiner Zeit als Pfarrer in Zwickau (1520/21) hatte auch der Prediger und spätere Bauernführer Thomas Müntzer Kontakt zu den „Zwickauer Propheten", insbesondere zu Nikolaus Storch, dem Müntzer offenbar ein hohes Maß an Belesenheit und Auslegungskraft attestierte (Wappler 1966, 30). Doch die inhaltliche Nähe ist ebenso offenkundig, denn auch Müntzer hat schon in seiner Zwickauer Zeit die besondere Rolle der Laien betont und der Trennung zwischen „Gottlosen" und „Auserwählten" das Wort geredet (Goertz 1993, 12). Ebenso hat Müntzer die Erfahrung des Glaubens (*experientia fidei*) unterstrichen, was bedeutet, dass die Weisungen und Autorität Gottes auch direkt – also ohne den Weg über die Heilige Schrift – aufgenommen werden könnten. Diese Art der Pneumatologie ist für Müntzers Theologie im Folgenden leitend geworden

Müntzer und die Zwickauer Propheten

und bezeichnet die vollständige Hingabe des Menschen an das Wirken des Heiligen Geistes. Es geht also um ein unmittelbares – und damit von außen kaum nachprüfbares – Geistesgeschehen (Goertz 2015, 66 f., 73), dem unmittelbar Autorität zugesprochen wird.

Endzeit und Auserwählte

Darüber hinaus verstand Müntzer die Zeit des reformatorischen Geschehens ebenfalls als Endzeit: Jetzt galt es, den teuflischen Verführungen entgegenzutreten, das Unkraut vom Weizen zu trennen und die Ernte einzufahren, denn nun würden die Machenschaften des Teufels durch das reformatorische Geschehen aufgedeckt und entlarvt werden. Konkret hieß das für ihn, die Trennung zwischen „Gottlosen" und „Auserwählten", den geistbegabten Laien, herbeizuführen und die „Gottlosen" und damit die „Handlanger des Teufels" (Löhdefink 2016, 187) endgültig zu vernichten. Gemeint waren hiermit sowohl Geistliche als auch weltliche Herrschaften, welche der Teufel gebrauchte, um seine Macht zu bewahren. Dann sollte das Gericht Gottes kommen und das Friedensreich anbrechen.

Deutlich wird dies bereits im Prager Manifest (1521), in dem Müntzer wortgewaltig die Kirche kritisiert, sie „zerknirscht" und „geplagt" (Müntzer 1521, 426) sieht und eine „neue apostolische Kirche" in Böhmen erwartet (Müntzer 1521, 427). Diese Entwicklung ist eng mit seiner Gerichtsapokalyptik verbunden, in der er sich selbst zudem eine aktive Rolle zuweist. Und auch hier leuchtet die Bedrohung durch „den Türcken" auf, denn dieser werde einfallen, so dass dann der „Endchrist" regiere und der finale Kampf zwischen Gott und „Antichrist" beginnen würde. Doch anschließend – und dies meint: nach dem Sieg Gottes – werde es das Reich der Auserwählten geben (Goertz 2015, 92 f.).

Obrigkeit in der Endzeit

Im endzeitlichen Kampf war nach Müntzer zunächst die Obrigkeit sehr gefordert. Diese wollte er gewinnen, hier eine aktive Rolle einzunehmen. Konkret hielt er es für ihre Aufgabe, durch den Gebrauch des Schwertes – also mit Gewalt – für die Trennung zwischen „Gottlosen" und „Auserwählten" zu sorgen. Stellten sie sich nicht in dieser Weise in den Dienst Gottes, mussten sie um ihre Stellung und damit um ihre Macht fürchten. Dies macht insbesondere Müntzers Fürstenpredigt (Müntzer 1524) deutlich, von der er hoffte, dass dadurch Kurfürst Friedrich von Sachsen und dessen Bruder Johann in der „gefährlichen Zeit" und in den „bösen Tagen" (Müntzer 1524, 306) am göttlichen Heilsplan für eine „reyne christenheit" mitarbeiten (Müntzer 1524, 303 und 315–319) und sogar Müntzers Bund beitreten würden. Dies hieße dann, zusammen mit den „Auserwählten" Gewalt auszuüben, denn „die gottlosen haben kein recht zculeben" (Müntzer 1524, 321), weil sie der Reinigung und Erneuerung der Kirche am Ende der Zeiten entgegenstünden.

Doch Müntzer musste feststellen, dass die Obrigkeiten seinem Aufruf keineswegs folgten, sondern eher daran interessiert waren, das reformatorische Geschehen zur Festigung ihrer eigenen Macht zu nutzen. Konsequenterweise wandte er sich anschließend gegen sie und vermeinte, in den Bauern neue Träger seiner Bewegung gefunden zu haben. Im Bauernkrieg sah er nun die entscheidende Auseinandersetzung, in der Gott ihn und seine „Auserwählten" nicht nur zum Handeln aufrufen, sondern diese auch zurüsten und zum Sieg führen würde (Löhdefink 2016, 190).

Letztlich schloss sich Müntzer also nach seiner Flucht aus Allstedt (hier war er seit 1523 Pfarrer und hier hat er auch die „Fürstenpredigt" gehalten) und seiner Anstellung als Pfarrer in Mühlhausen, wo es ihm möglich wurde, im März 1525 den „Ewigen Rat" zu gründen, dem Bauernaufstand in Thüringen (Beginn April 1525) an. Er führte den Frankenhausener „Haufen" der Bauern in die Schlacht gegen die Truppen des sächsischen Kurfürsten und des hessischen Landgrafen. Dass die Bauern in dieser Schlacht unterlagen, ist auch darauf zurückzuführen, dass sich wichtige Städte wie Eisenach oder Nordhausen nicht dem „Ewigen Rat" und damit auch nicht den sozialpolitischen und zugleich endzeitlich konnotierten Forderungen Müntzers angeschlossen haben. So blieben die Bauern weitgehend auf sich gestellt, zogen aber dennoch in die Schlacht. Am Ende wurde Müntzer verhaftet und am 27. Mai 1525 hingerichtet.

Bauernkrieg

6.3 Quellen und Vertiefung

6.3.1 Hans Hut

An der Schlacht von Frankenhausen hatte auch der ehemalige Buchhändler und spätere Täuferführer Hans Hut (1490–1527) teilgenommen, der nicht nur Thomas Müntzer gekannt hat, sondern zudem wie er auch davon ausgegangen war, dass er gerufen sei, sich unmittelbar am endzeitlichen Geschehen zu beteiligen und den „Auserwählten" zum Sieg zu verhelfen. Hut hatte Müntzer wohl spätestens im September 1524 kennengelernt, als sich dieser nach seiner Flucht aus Mühlhausen für eine Weile bei Hut in Bibra aufgehalten hat. Zudem hatte der Buchhändler Hut bei dieser Begegnung offenbar Müntzers Manuskript von der „Ausgedrückten Entblößung" erhalten, um es zu publizieren (Goertz 2007, 193–197).

Vor diesem Hintergrund ist es verständlich, dass die Hinrichtung Müntzers und Heinrich Schwertfegers eine wichtige Zäsur für Hans Hut war. Er selbst konnte nach der Schlacht unter ungeklärten Umständen fliehen (Seebaß 2002, 189). Unmittelbar danach begann sein rastloses Leben, das ihn quer durch Franken, Österreich und schließlich nach Augsburg und dort 1527 in den Tod führte.

Hut und Müntzer

Hans Hut hat Müntzers Weg weitergeführt und ihm doch eine eigene Note gegeben: Auch ihm ging es darum, „das eigene Programm im Zusammenhang eines Volksaufstandes mit Gewalt durchzusetzen" (Seebaß 2002, 342). Allerdings benötigte er dazu nicht mehr die aufrührerischen Bauern, denn diese hatten nach seinem Verständnis nur ihre, aber nicht Gottes Ehre im Blick gehabt, als sie den Aufruhr betrieben und sich gegen die Obrigkeit erhoben hatten (Seebaß 2002, 538). Anders konnte Hut es sich nicht erklären, dass die Bauern die Schlacht gegen die Obrigkeit verloren hatten. Nun galt es also, eine neue Gruppe zu finden, um in den endzeitlichen Kampf einzugreifen und das Kommen des Reiches Gottes zu unterstützen. Nachdem Hut vom Täuferführer Hans Denck (um 1500–1527) die „Glaubenstaufe" empfangen hatte und damit als Erwachsener vermutlich erneut getauft worden war, zeichnete sich für ihn ab, dass täuferische Gruppen – zumindest die, die ausgeprägte eschatologische Vorstellungen hatten und bereit waren, diese mit Gewalt durchzusetzen – den Platz der Bauern im endzeitlichen Geschehen einnehmen könnten und sollten.

Von Müntzer zu den Täufern

Den Weg Müntzers mit den Täufern fortzusetzen, hieß dann konkret, im Wissen um ein Leben in den letzten und gefährlichen Zeiten die eigene Erwählung und die Kraft des Heiligen Geistes zu betonen, der sich auch ohne Rückbezug auf die Heilige Schrift zu offenbaren vermochte. Auf dieser Grundlage galt es, zunächst das eigene Leiden durch Verfolgung anzunehmen, die Geistlichen als überheblich und unwissend abzulehnen, schließlich selbst das Schwert in die Hand zu nehmen und die „Gottlosen" und „Auserwählten" voneinander zu scheiden und insgesamt also einen konzisen Fahrplan für die letzte Zeit vorzulegen, in dem die Ausübung von Gewalt eine signifikante Rolle spielte (Grochowina 2017, 41–57). All dies hat Hans Hut in zahlreichen Verhören 1527 und in seiner Schrift „Ein Anfang eines rechten christlichen Lebens. (Vom Geheimnis der Taufe)" (Hut 1527) zugegeben und letztlich auch ausführen wollen. Bis in die Begrifflichkeit hinein spiegelt sich dabei seine Nähe zur Programmatik von Müntzer wider.

Die Obrigkeit indes witterte hinter Huts Bemühungen Aufruhr, doch zu einem zweiten Bauernkrieg sollte es auf keinen Fall kommen. Deshalb setzte sie Hut gefangen und verhörte ihn. 1527 versuchte er jedoch, aus der Gefangenschaft zu fliehen, indem er vermutlich Feuer in seiner Gefängniszelle legte. So starb er wohl an Rauchvergiftung, bevor das Ende der Zeiten angebrochen ist, das er auf 1528 datiert hatte.

6.3.2 Quelle: „Ein Anfang eines rechten christlichen Lebens. (Vom Geheimnis der Taufe)"

Die rain forcht Gotes wunsche ich zum anfang götlicherr weisheit allen brüdern und schwestern im Herren, der einen christenheit, der gmein Gotes, der einigen gspns und prauth Christi, die aus bewegung des heiligen geists durch das bannd der liebe vereinigt, und alle, die mit betruebtem hertzen und zermalnem geist verlanngen und hunger haben nach der ernsthaften grechtigkeit des gecreutzigten sun Gotes, und alle, die damit begeren gespeist zu werden, denen wunsch ich gnad und frid im heiligen geist. Amen.

Diweil die letst und aller gfärlichist zeit dieser welt hetz auf uns lanngt, das wir mit sichtigen ougen sehen und erkennen, wie alles, das von anfang durch die patriarchen, phrofeten und appostl geweissagt und verkundigt und geschechen hat sollen, jetzund widerum zum erckh greift und herwider pracht wirt, wie uns Petrus zufor gweissaget hat, über wölchs die ganntz welt (Got erbarms) gantz und gar kein urtl hat, sonderlich die, so andere menschen leren und verstond, ja, wenige wissen dann die affenn, wiewol sy der schrift maister und lerer sein wellen, danoch ist sy inen sibenfeltig verschlossen. [...] Hierum der arm gmein man verfuert und betrogenn und zum aller verderblichisten schaden gefuert wirt. [...]

Darum, meine lieben brüder und schwestern im Herren, wölth ir die urtl Gotes und die zeugknus der heiligen schrift recht lernen, so körth euch nit an das gschrey der geltbrediger, sonder sehent auf die geistarmen, die vor der welt veracht und für schwermer und teufl gescholten und gehalten werden nach dem exempel Christi und seiner appostln. Dieselben hörent! Dann jee niembt mag die warheit erlanngen, er volge dann den fusstapfen Christi und siner außerwölten inn der schul aller truebsal nach und hab zum wenigsten demselbigen (nach dem willen Gotes) nach zefolgenn sich verwilligt inn der rechtfertigung des creutz Christi. [...]

Zum ersten sagt Christus: Geet hin inn die ganntze welt und predigt das ewangelium aller creatur. Hie zeigt der Herr an, wie der mensch inn erkanntnus Gotes und sein selbst komen soll, namlich durch das ewangelium aller creaturen. [...] [Hie] wird nichts anders anzeugt und predigt dann alein Christus, der gecreutzigt, aber nit alein Christus das houpt, sonder der gantz Christus mit allen glidern. Diesen Christus predigen, leren alle creaturen. Der ganntz Christus muß leiden inn allen glidern. [...] Alle prediggerr und bstelte von der welt wissenn nit, was ein ewangelium aller creaturen ist. Es ist inen verborgen und verschlossen darum, das sy nit rain und lauterr Gotes ehr suchen, sonder irn bauch und ehr. [...] [Das ewangelium aller creaturen] ist nichts anders, dan wie ers [= Christus] auslegt, ein kraft Gotes, die selig macht, so darein (nit daran) glouben. Wil man aberr Gotes kraft und gotheit und seines unsichtbarn wesens warnemen bey den werkken (oder creaturn) aller schöpfung von der welt an, su muß man aufmörkken und betrachten, wie Christus dem gmeinen man das himelreich und craft des vaters alweg anzeugt hat inn einer creatur durch gleichnus, durch hantwerckh, in allen wercken, damit die menschen umgon. Den armen, ainfaltigenn hat er nit inn die buecher gewisen [...], sonder hat sy des ewangelium bey den iebungen und irehn arweiten gelert und bezeugt. [...]

Aus solchen gleichnussen soll der mensch mit fleiß warnemen, wie all creatur dens menschen werckh leidenn muß und also durch schmertzen zu irm end komen, darzu sy bschaffen send, das ouch kein mensch zur seligkheit anderst komen mag dann durch leiden und truebsal, die Got an inen wurckt. [...] Die ganntz welt mit allen creaturen ist ein buch, darinn man im werckh sieht alles, was im gschribnen buch glesen wirt, [...] und Christus praucht kein schrift dann allein umb der zarten schriftglerten willen, sy damit zu beweisen. [...]

Gott bevilcht, seine heiligen zu versamlen, die mer achten den pundt [der touff] dann opferr. [...] So macht Got die seinen selig und geschickt alein durch das mitl dises punds der widergeburt und erneuerung des heiligen geists im glouben, den Gotwurckt nach seiner grossen barmhertzigkeit. [...] Also wirt man gwaschen, geheiligt und gereinigt und widerum geboren und ein unsträflich gmein vor Got. Und nit, wie jetz die eidgnossen anthicristi durch die wuchersichtigen, geitzigen schriftglerten anrichten. [...]

Nun wolan, der Herr wirt richten! Ein getreuer, warhafter freund Gotes, der do täglich des Herren warteth und getröst auf in hoft, dem wirt sein hertz gesterckt, das er under dem creutz den willen des Herrn kann tragen.

(Auszug aus: Ein Anfang eines rechten christlichen Lebens, in: Fast/ Seebaß 2007, 164–199.)

6.3.3 Fragen und Anregungen

- Was bedeutet für Hans Hut das „Evangelium aller Creatur" und wie passt sich dies in die Auffassungen der „Zwickauer Propheten" und von Thomas Müntzer ein?
- Welche Rolle spielt bei den Propheten die Gewalt am Ende der Zeit?
- Wer ist der „gemeinen Mann" im endzeitlichen Geschehen und welche Rolle wird ihm zugesprochen? Was heißt dies für seinen Stand im reformatorischen Geschehen?
- Was ist die Kritik an der Kirche – und ist diese als Ausdruck eines Antiklerikalismus zu bewerten?
- Welche Vorstellungen vom Gericht Gottes am Ende der Zeit sind wirkmächtig – und welche Konsequenzen werden daraus gezogen? Überzeugen diese vor dem Hintergrund der Zeit, der lokalen Umstände und der reformatorischen Botschaft?

Lektüreempfehlungen

Goertz, Hans-Jürgen: Thomas Müntzer. Revolutionär am Ende der Zeiten. Eine Biographie. München 2015. *(orientiert an breiterem Lesepublikum, schließt Zusammenhänge und Perspektiven auf)*
Gottfried Seebaß: Müntzers Erbe. Werk, Leben und Theologie des Hans Hut. Gütersloh 2002. *(Standardwerk, mit Quellen zu Hans Hut im Anhang, umfängliche Vertiefung)*
Grochowina, Nicole: Der Täufer ohne Schwert? Hans Huts Sicht auf die Gewaltfrage, in: Thomas T. Müller (Hg.): Umstrittene Empörung. Zur Gewaltfrage der frühen Reformation. Hans-Jürgen Goertz zum 80. Geburtstag. Mühlhausen 2017, 41–57. *(Entwicklungslinien in der Gewaltfrage nachzeichnend, konzentrierte Quellenarbeit)*
Kaufmann, Thomas: Thomas Müntzer, „Zwickauer Propheten" und sächsische Radikale. Mühlhausen 2010. *(Forschung und Quellen fundiert ausleuchtend, insbesondere zu den Zwickauer Propheten)*
Löhdefink, Jan: Zeiten des Teufels. Teufelsvorstellungen und Geschichtszeit in frühreformatorischen Flugschriften (1520–1526). Tübingen 2016.

(konzise Quellenarbeit, fest verankert im Forschungsdiskurs und diesen gestaltend)

Talkenberger, Heike: Sintflut. Prophetie und Zeitgeschehen in Texten und Holzschnitten astrologischer Flugschriften, 1488–1528. Tübingen 1990. *(umfängliche Arbeit mit den Quellen, die Brücke zwischen Spätmittelalter und Früher Neuzeit schlagend)*

Wappler, Paul: Thomas Müntzer in Zwickau und die „Zwickauer Propheten". Gütersloh 1966. *(konzise ereignishistorische Darstellung; mit zahlreichen Quellen angereichert)*

7 Ohne Frauen keine Reformation!

7.1 Ohne Frauen keine Reformation?

„Gerade in der Frühzeit der Reformation boten sich für Frauen aller sozialen Schichten neue Handlungsspielräume. (...) Damals nahmen sich die Frauen die Freiheit, eigene Entscheidungen über ihre Konfessionszugehörigkeit und ihr Engagement für oder gegen die Reformation zu treffen. Der selbst verantwortete Glaube spielte in vielen weiblichen Biografien der Reformationszeit eine erhebliche Rolle" (Schattkowsky 2016, 16).

Die Historikerin Martina Schattkowsky unterstreicht hier nicht nur das Engagement von Frauen in der Zeit des reformatorischen Geschehens, sondern auch die nun entstehenden Handlungsspielräume, die es den Frauen ermöglicht hätten, in Konfessionsfragen eigenständig zu entscheiden. Insgesamt spricht sie vom „selbst verantworteten Glauben", den die Frauen in der Zeit der Reformation hätten leben können und demzufolge auch gelebt hätten.

Eigenverantwortliche Frauen?

Mit diesen Setzungen klärt Schattkowsky vielleicht etwas vorschnell eine schon lange bestehende Debatte innerhalb der Forschung, die sich um solche Fragen rankt wie: Welche Handlungsspielräume ergaben sich ganz konkret für Frauen? Galten diese für alle Frauen oder ist immer nach individuellen Möglichkeiten und Grenzen zu schauen? Was also stellte die reformatorische Theologie an Neuerungen bereit – und wie konnten diese dann Frauen auf allen gesellschaftlichen Ebenen zu einem „selbst verantworteten Glauben" führen? Und konnte ihr Engagement unter den gegebenen Bedingungen überhaupt nachhaltig sein?

Auf einer zweiten Ebene stellt sich die Frage, was mit Frauen passierte, die sich dann tatsächlich im zeitgenössischen Diskurs äußerten, die also Position zum reformatorischen Geschehen bezogen. Kann dies tatsächlich als ein Ausdruck von Freiheit und Eigenständigkeit bewertet werden oder verweisen die Reaktionen, welche die Frauen dann erhielten, nicht eher darauf, dass ein solches Engagement keinesfalls erwünscht war, sie also auf jeden Fall mit Widerstand rechnen mussten (Stjerna 2009)?

Und drittens eröffnet sich die Frage nach den Auswirkungen des Engagements von Frauen auf das zeitgenössische Geschlechterverhältnis, die Geschlecherhierarchie und die Vorstellungen von Weiblichkeit und Männlichkeit. Welche Veränderungen oder Verfestigungen lassen sich daraus ableiten, wenn insbesondere die Idee von Männlichkeit durch Frauen nun herausgefordert wurde, weil sie sich im reformatorischen Geschehen engagierten und dabei das biblische Diktum hinter sich ließen, dass das „Weib in der Gemeinde schweigen" (1. Kor 14, 34) solle (Hendrix 2008)?

Insgesamt wird also deutlich, dass das Engagement von Frauen im reformatorischen Geschehen immer im Spannungsfeld von Anspruch und Tatsächlichkeit und vor dem Hintergrund bestehender Vorstellungen von Geschlechtlichkeit zu verorten ist.

Diese Kontroversen innerhalb der Forschung sind grundlegend, Martina Schattkowsky verschweigt dies ungeachtet ihres klaren Votums nicht, geht aber in ihren Forschungen davon aus, dass die eigenständigen Kompetenzen der Frauen zu würdigen seien, die eben auch und gerade bei ihrem Wirken im Haus sichtbar würden; Engagement innerhalb der „reformatorischen Öffentlichkeit" erscheint also nicht als zwingend erforderlich, um zu einer selbstbewussten Entscheidung über den eigenen Glauben zu gelangen. Eben dieser Blick auf den lebenswirklichen Wandel sei dann, so Schattkowsky weiter, von den weiblichen Rollenmustern zu unterscheiden, die in einer reformatorischen Erinnerungskultur codiert und weitergereicht würden. Doch genau diese Erinnerungskultur habe Konsequenzen, denn hier bilde sich der Druck zur Rollenkonformität und zur Hierarchie mehr als deutlich ab (Schattkowsky 2016, 16).

Reformatorische Erinnerungskultur

7.2 Frauen im reformatorischen Geschehen

7.2.1 Einmischung durch Frauen erwünscht? Luthers Eheverständnis

Kein Geringerer als Martin Luther hat sich in den frühen 1520er Jahren intensiv mit dem Ordensleben auseinandergesetzt und ist dabei – auch vor dem Hintergrund seiner eigenen Ordensbiografie – zum Schluss gekommen, dass das Ordensleben nur von sehr wenige Menschen im Sinne eines besonderen Gottesdienstes gelebt werden könnte. Alle anderen sollten deshalb die Klöster verlassen und Ehen schließen; die Klöster selbst sollten zu Schulen umfunktioniert werden, um so endlich einen Dienst an der Gesellschaft zu erfüllen.

Schulen statt Orden

Und in der Tat haben bis Ende 1523 mehr als 46 Mönche und 33 Nonnen geheiratet, eine jedwede Eheschließung dieser Art wurde von zahlreichen Reformatoren besucht und gefeiert. Doch deutlich mehr Ordensmenschen hatten inzwischen die Klöster verlassen und suchten nun jenseits des monastischen Lebens ihren Platz in der Gesellschaft. Hier wird deutlich, dass die reformatorische Kritik am Ordenswesen und Betonung der Ehe Hand in Hand gingen (Plummer 2012, 133). Daran macht sich gleichsam die Frage fest, ob das neu aufkommende lutherische Eheideal und damit auch das Pfarrhaus mit Hausvater und Hausmutter tatsächlich ein Ort weiblicher Freiheit war, die nun nach dem Ordensaustritt erlangt wurde, oder ob diese Lebensform nicht vielmehr der Domestizierung von Frauen diente, weil so ein hierarchisches Geschlechterverhältnis zementiert wurde, das die Frau dem Mann unterstellte und sie zugleich ins Haus verbannte. Und selbst wenn sie dort herrschaftliche Rechte über dem Gesinde wahrnahm und in unterschiedlichen Fällen auch von einem fast schon egalitären „Ehe- und Arbeitspaar" (Wunder 1992, 89–116) gesprochen werden kann, stellt sich beim Blick auf die Frauen dennoch weiterhin die Frage nach ihrer Freiheit im Glauben und an der Person.

Ehen von Ordensmenschen

Für Martin Luther sprach zumindest auf spiritueller Ebene offenbar nichts gegen die Gleichheit von Mann und Frau. Allerdings hielt ihn dies nicht davon ab, die zeitgenössische Geschlechterhierarchie zu wahren und auf unterschiedlichen Ebenen die Verschiedenheit zwischen Mann und Frau in eine hierarchisierende Ordnung zu bringen.

In dieser Schärfe klang dies in seiner Schrift vom ehelichen Leben aus dem Jahr 1522 noch nicht an. Hier ging es vielmehr darum, dass Mann und Frau in der Ehe dieselben Pflichten und Rechte und mit der Kindererziehung auch dieselbe Aufgabe hätten. Der Mann, so Luther, sei nämlich durchaus in der Lage, Windeln zu waschen und all die Dinge zu tun, durch welche er sonst als „Maulaffen und Frauenmann" verspottet werde. Dienten all diese Werke aber der Weitergabe des Glaubens, freue sich Gott, der nicht darauf schaue, dass hier Windeln gewaschen würden, sondern darauf, dass dies im Glauben geschehe (Luther 1522, 296 f.).

Ehepflichten

Im Traubüchlein von 1529 (Luther 1529, 74–81) präzisiert Luther seine Position dann und erklärt erneut, dass die Ehe ein „weltlich geschefft" (Luther 1529, 74) und kein Sakrament sei – und es innerhalb der Ehe eine Ordnung gebe, die gewahrt werden wollte. Zu dieser Ordnung gehöre es, dass die Männer ihre Frauen liebten wie ihren eigenen Leib. Die Frauen indes seien den Männern untertan, denn der Mann sei das Haupt, so wie auch Christus das Haupt der Gemeinde sei.

Gleichheit der Geschlechter?

Gleichwohl war damit nicht ausgeschlossen, dass es auch weiterhin ein Gleichmaß zwischen den Geschlechtern gab, im Gegenteil: Die Ebenbildlichkeit Gottes galt weiterhin für beide Geschlechter. So macht Luther im Genesiskommentar deutlich, dass Männer und Frauen tatsächlich Miterben der Gnade Gottes seien und sich deshalb in gleicher Weise Hoffnung auf das ewige Leben machen könnten. Diese Wertschätzung für die Frauen ist allerdings brüchig, denn: Die „weibliche Wertschätzung [wurde] [...] durch eine höhere Bewertung des Mannes" geradezu gebrochen (Domröse 2011, 139). Was ist damit gemeint? Luther erklärt, dass Adam das unmittelbare Ebenbild Gottes sei, Eva indes sei aus Adams Rippe gemacht worden, um ihn zu unterstützen. Das heißt: Adam profitierte von der Großzügigkeit Gottes, der ihm eine Frau an die Seite stellte (Karant-Nunn 2008, 170).

Zudem sei Adam auch der Rationalere von beiden, so dass es folgerichtig gewesen sei, dass die Schlange im Paradies sich an Eva und nicht an Adam gewandt hatte. Überdies hätte Adam sich auch nicht von Eva verführen lassen, den Apfel vom verbotenen Baum der Erkenntnis zu essen, sondern vielmehr hätte er sich bewusst dafür entschieden, dies zu tun. Deswegen sei auch die anschließende Strafe für ihn leichter gewesen, während die Frau nun der Macht des Mannes dauerhaft unterworfen sei (Domröse 2011, 140).

Geschlechterhierarchie

Insgesamt leuchtet hier eine Ambivalenz auf: Einerseits kam Luther nicht umhin, die Ebenbildlichkeit beider Geschlechter anzuerkennen, andererseits sollte dies nicht dazu führen, dass sich die Geschlechterhierarchie etwa im Haus umkehre. Solches auch nur zu fordern, hätte dem zeitgenössischen Geschlechterverständnis in eklatanter Weise widersprochen. Das heißt, dass selbst die Frauen, die sich in den reformatorischen Diskurs einmischten, wussten und thematisierten, dass sie bestehende Hierarchien und Vorstellungen in Frage stellten, dies aber um der Sache willen dennoch taten.

7.2.2 Einmischung der besonderen Art: Argula von Grumbach (ca. 1492–ca. 1554)

In den Jahren 1523 und 1524 trat die vermutlich 1492 geborene Argula von Grumbach (Matheson 2014) in der „reformatorischen Öffentlichkeit" (Wohlfeil 1984, 41–57) hervor, weil sie sich im zeitgenössischen Diskurs um das Für und Wider der neuen Lehre einmischte. Konkret engagierte sie sich in einer Auseinandersetzung an der Universität Ingolstadt und ignorierte durch ihr öffentliches Auftreten alle Vorgaben, die für sie qua Geschlecht galten, kurzum: Weder hielt sie sich daran, dass das „Weib in der Gemeinde schweigen" (1. Kor 14, 34) solle, noch gab sie das Bild einer leseunfähigen und bibelunkundigen Frau ab.

In der Auseinandersetzung ging es um den Magister Arsacius Seehofer, der zuvor in Wittenberg studiert und dort einiges von der reformatorischen Lehre aufgenommen hatte, das sich nun in Ingolstadt – einer katholischen Universität, an der auch Luthers Widersacher Johannes Eck lehrte – in seinem Kolleg über das Matthäusevangelium und den Römerbrief widerspiegelte. Die universitären Autoritäten gingen deshalb gegen Seehofer vor, dieser widerrief in 17 Punkten, was er gelehrt hatte, Argula von Grumbach erfuhr davon und stellte sich dann vehement an die Seite des 18jährigen Angeklagten (Kaufmann 2016, 442–444).

Streit in Ingolstadt

Um Seehofer zu unterstützen, schrieb sie nicht nur an die Herren der Universität, sondern fast zeitgleich auch an den bayerischen Herzog Wilhelm IV. (1493–1550) und schließlich auch an den Rat der Stadt Ingolstadt, um deutlich zu machen, dass hier ein Urteil gegen Gottes Wort und Wollen gefällt worden sei. Insgesamt brachte sie acht Briefe auf den Weg, die anschließend allesamt als Flugschriften veröffentlich wurden. Die erste erreichte mindestens 15 Auflagen, mit ihr wurde Argula von Grumbach zur ersten Flugschriftenautorin im reformatorischen Geschehen (Kommer 2013), der zudem großer Erfolg beschieden war.

In diesem Brief thematisiert Argula von Grumbach erstens ihre Einmischung als Frau: Ihr sei klar, dass die Frauen in der Gemeinde schweigen sollten, aber: „Nun ich aber in dyser art kein man sehe der reden will noch darff dringt mich der spruch Wer mich bekennt [den will auch ich bekennen]" (Erbare Fraw 1523, 3v).

Einmischung als Frau

Zweitens verweist sie darauf, dass sie als Laiin zu den Professoren spreche. Dabei macht sie deutlich, dass sie zwar kein Latein lesen könne, aber auch in diesem Fall habe sie Jesu Wort vor Augen, das sie zum Bekenntnis nötige. So nahm sie sowohl das Priestertum aller Glaubenden als auch das Notmandat für Frauen in Anspruch, um ihr Bekenntnis zu formulieren und auf diese Weise den Magister Seehofer zu unterstützen.

Kritik von Argula von Grumbach

Anschließend geht sie zur Kritik über, indem sie zunächst die Universität Ingolstadt darauf hinweist, dass Luther, Melanchthon und mit ihnen alle, die der neuen Lehre anhingen, verdammt würden, ohne dass jemals der Beweis angetreten worden sei, dass es sich dabei nicht um das Wort Gottes handelte. „Hat Euch das christus geleert oder sein Apostel, Propheten oder Evangelisten?" (Erbare Fraw 1523, 3v), fragt sie daraufhin die Vertreter der Universität, um dann zu fordern: „Zeygt mir wo es stet, ir hohen meister!" und polemisch zuzuspitzen: „Ich find es an keynem ort der Bibel, das christus, oder sein Apostel und Propheten, gekerckert, gebrennt oder gemort haben, oder das land verbotten." (Erbare Fraw 1523, 3v-4r) Hier schließt sich dann ihre Belehrung der Professoren aus der Bibel an.

Kritik an Argula von Grumbach

Der Disput mit der Universität Ingolstadt blieb nicht unbemerkt, Kritik ließ nicht lange auf sich warten. Auch ihre Familie war von ihrem Verhalten betroffen: So verlor ihr Ehemann Friedrich von Grumbach (gest. 1529), der im Übrigen ihre Positionen nicht teilte, seine Pflegschaft über ihre Heimat Dietfurt und damit viel Einkommen. Schlimmer war es jedoch, dass er wegen seiner Frau am herzoglichen Hof in Ungnade fiel. Deutlich wurde ihm dies, als er in Landshut von den bayerischen Autoritäten aufgefordert wurde, seine Ehefrau im Zaum zu halten und ihr solche Dinge nicht zu gestatten. Dementsprechend ereiferte sich beispielsweise der bayerische Politiker Leonhard von Eck (1480–1550) in seinem Bericht an Wilhelm IV. vom 11. November 1523 (Eck 1523, II).

Nach ihren Publikationen verliert sich die Spur von Argula von Grumbach in der „reformatorischen Öffentlichkeit". Es lässt sich also nicht nachweisen, ob und wie sie sich weiterhin für die Reformation eingesetzt hat.

7.2.3 Einmischung der anderen Art: Caritas Pirckheimer (1467–1532)

Eine Einmischung anderer Art legte die Äbtissin Caritas von Pirckheimer an den Tag, die seit 1503 dem Nürnberger Klara-Kloster vorgestanden und sich vehement für den Erhalt ihres Klosters eingesetzt hat, wie nicht zuletzt ihre Antwort auf ein Ultimatum zur Schließung des Klosters zeigt. In diesem Text vom 7. Juni 1525 beschreibt sie ausführlich, dass ihre Mitschwestern keine Intention hätten, das Kloster zu verlassen, und dass es dramatische Szenen gegeben hätte, als die Mütter ins Kloster gekommen seien, um ihre Töchter mit Gewalt herauszuholen (Stjerna 2009, 28; Pfanner 1961).

St. Klara war ein Ort des Gebetes und der Wissensaneignung. Willibald Pirckheimer (1470–1530), der Humanist und zugleich Bruder von Caritas, schickte viele Bücher ins Kloster, zahlreiche Humanisten pflegten Kontakt zu Caritas Pirckheimer und eine besondere Freundschaft verband sie mit Propst Sixtus Tucher (1459–1507) in Nürnberg, auch wenn sie ausschließlich Briefe miteinander wechselten. Die Kontakte zu den Humanisten hielten auch, als der Rat der Stadt Nürnberg 1525 forderte, dass die Nonnen von den Gelübden entbunden werden sollten, um dann – so sie es wünschten – das Ordensleben aufzugeben. Caritas Pirckheimer indes dachte überhaupt nicht daran, über die Gelübde zu diskutieren, hatte Christus diese doch gutgeheißen. Deshalb wollte sie auch die Schwestern nur dann aus dem Kloster ziehen lassen, wenn der Rat dies ausdrücklich anordnete (Loewenich 1982, 40).

Kloster St. Klara

War es die Tatsache, dass Caritas Pirckheimer die Schwester des bekannten Humanisten Willibald Pirckheimer war, der noch 1529 eine Schutzschrift für St. Klara herausgegeben hatte, um das Kloster und seine Schwester zu schützen (Loewenich 1982, 28), oder überzeugte ihre eigene Schrift – auf jeden Fall sah sich Philipp Melanchthon veranlasst, sich im November 1525 in Nürnberg zu informieren, wie es um das Kloster stand. Eigentlich war er in die Stadt gekommen, um eine Schule zu eröffnen; nun warf er auch einen Blick auf das Kloster. Nachdem er dessen Situation evaluiert hatte, sorgte er mit dafür, dass das Kloster weiterbestehen konnte, ohne aber neue Schwestern aufnehmen zu dürfen. Zudem durfte die Gemeinschaft auch nicht mehr zur Messe gehen oder die Beichte ablegen, das klösterliche Leben war also wesentlich beschnitten. Dennoch: Die Schwestern ließen sich darauf ein, nur eine einzige Schwester verließ 1528 das Kloster, das 1590 sein Ende fand, als die letzte Schwester starb (Loewenich 1982, 29). Insofern war der Kampf von Caritas Pirckheimer zwar erfolgreich, aber für die Gemeinschaft selbst letztlich nicht nachhaltig, denn diese bestand im 17. Jahrhundert nicht mehr.

Pirckheimer und Melanchthon

7.2.4 Einmischen und leiten: Helena von Freyberg (1491–1545)

Münichau — Helena von Freyberg (Huerbert Hecht 1992, 312–342) ist vermutlich 1527 in die täuferische Bewegung hinein getauft worden und hat anschließend ihren sozialen Status dazu genutzt, die täuferischen Gruppen in ihrem Umfeld zu schützen. Ihr Haus in Münichau (Tirol) mitsamt der Hauskirche hat sie für die Täufer geöffnet – und dies ohne Zustimmung ihres Ehemannes Onophrius, der 1529 den lokalen Behörden erklärte, dass er nichts mit der „lutherischen Sekte" zu tun habe, die sich Täufer nenne.

Konstanz, Tirol — Nachdem die Tiroler Behörden allerdings auf sie aufmerksam geworden waren, musste Helena von Freyberg fliehen, ging nach Bayern, kehrte aber schließlich nach Tirol zurück, kam ins Gefängnis und floh erneut. Um 1530 war sie in Konstanz und hat dort offenbar ein so großes Sendungsbewusstsein an den Tag gelegt, dass der lutherische Prediger von Konstanz, Ambrosius Blarer (1492–1564), in einem Brief von 1532 seinen Bruder Thomas (1499–1567) vor Helena von Freyberg warnte: Sie könne Unruhe in die Stadt bringen, denn sie öffne ihr Haus für Täufer und damit für „Aufrührer". In Konstanz wurde deshalb ihr Eigentum konfisziert und sie aus der Stadt vertrieben. Als Begründung gab der Rat der Stadt an, dass sie die täuferische Gruppe leiten und deren Ideen in der Stadt verbreiten würde. So floh sie weiter nach Augsburg und schließlich wieder nach Tirol.

„Ursacherin" der Täufer — Hier erklärte sie sich einverstanden, sich von der täuferischen Bewegung loszusagen, weigerte sich aber, deswegen ein öffentliches Bekenntnis abzulegen. Dies jedoch war für die lokalen Behörden zwingend, denn inzwischen machten sie Helena von Freyberg dafür verantwortlich, dass es in der Region so viele Täufer gab. In einem Kommuniqué aus Innsbruck vom 21. Januar 1534 heißt es dementsprechend, dass Helena von Freyberg „der widertauffer sect so hoch anhangen, die widertaufften personen, behausst und berherbergt und dero personen, so umb Kitzbühl getaufft und zum tail gericht worden, fürnembsten ursacherin gewest ist." (Mecenseffy 1983, 200 f.). Weil sie also die Ursache allen Übels in der Region – und das heißt: die Leiterin des täuferischen Kreises – sei, müsse sie öffentlich abschwören.

Augsburg — Das aber wollte Helena von Freyberg nicht und floh erneut; dieses Mal nach Augsburg. Auch hier stellte sie ihr Haus für die Täufer zur Verfügung und unterrichtete diese offenbar so gut, dass aus ihren Reihen Hans Jacob Schneider hervorging, der in den 1550er Jahren die täuferische Gemeinschaft in Augsburg dann leiten sollte. Das erlebte Helena von Freyberg jedoch nicht mehr, denn sie starb 1545 in Augsburg.

In Helena von Freybergs Leben gab es ständig Anlässe, sich für die täuferische Bewegung zu engagieren. Diese hat sie wahrgenommen und dabei das getan, was viele Frauen innerhalb der Bewegung auch taten: Häuser für Versammlungen bereitstellen, Unterkunft und Essen geben. Ungewöhnlich war indes, dass sie zudem offenbar auch lehrte. Dies entsprach keineswegs der zeitgenössischen Geschlechterordnung. Auch deswegen hatten wohl die lokalen Behörden zunächst nicht damit gerechnet; fast scheint es so, als wenn eine lehrende Frau für sie undenkbar erschien. Dieses Bild hat sich erst 1534 geändert: Nun war Helena von Freyberg die „Ursacherin" der täuferischen Bewegung rund um Kitzbühel.

7.3 Quellen und Vertiefung

7.3.1 Die Pfarrfrau, die sich einmischt: Katharina Zell (1497–1562)

Die aus einer reichen Handwerkerfamilie stammende Katharina Zell (McKee/I 1999) nutzte den Hinweis auf schweigende Männer und das Notmandat für Frauen, um nach 1524 in Straßburg zu publizieren. Sie tat dies eingedenk ihrer Berufung und selbstbewusst als Pfarrfrau, denn seit Dezember 1523 war sie mit Matthäus Zell (1477–1548) verheiratet, der seit 1518 am Straßburger Münster predigte (McKee/I 1999, 424). Ihre Ehe mit einem ehemaligen Priester verteidigte Katharina Zell 1524 in einer Schrift, trat darin dem Vorwurf entgegen, ihr Ehemann würde an ihr leiden, und rückte ihre Ehe mit dem Tenor explizit in die Nachfolge Christi, dass sich hier diese Nachfolge tatsächlich verwirkliche. Zudem attackiert sie die katholischen Theologen Johannes Cochläus (den sie „Kochlöffel" nennt), Konrad Treger und Thomas Murner scharf, weil diese gegen die lutherische Lehre stünden. Doch dabei beließ Katharina Zell es nicht, sondern ging in ihrer Schrift weit über die Verteidigung der Ehe hinaus, indem sie sich mitten im reformatorischen Diskurs als kritisches, meinungsstarkes und zugleich kompetentes Gegenüber der großen Herausforderer Luthers platzierte. Mehr als deutlich wurde dabei, dass sie nicht gedachte, dem potentiell erwünschten Bild der angepassten und schweigenden Pfarrfrau zu entsprechen.

Verteidigung der Ehe

Katharina Zell als starkes Gegenüber

„Kirchenmutter" Vor dem Hintergrund dieser Ankündigung ist es schon fast folgerichtig, dass gerade diese Schrift dann auch den Rat der Stadt auf den Plan rief: Das „Schmähbüchlein" über die Ehe solle nicht weiter verteilt werden, erklärte der Rat, und Matthäus Zell solle zudem auf seine Frau einwirken, dass sie solche Schriften künftig unterlasse. Daran hielt sich Katharina Zell allerdings nicht. Und so folgten Publikationen von Gemeindeliederbüchern und eine Trostschrift. Hinzu kamen umfängliche Korrespondenzen mit Zeitgenossen, bevor sie dann 1557 eine große Auseinandersetzung mit einem weiteren Prediger am Münster, Ludwig Rabus (1523–1592), führte. Hier überschritt sie erneut und deutlich die Grenzen, die ihr das „role model" der Pfarrfrau gebot, indem sie sich als „Kirchenmutter" stilisierte (McKee/I 1999, 465–476; Kaufmann 2016, 446 f.). Letzteres war durchaus zutreffend, lebte sie doch nicht nur in einem weitgespannten Beziehungsnetz, sondern setzten sich auch für den Spiritualisten Caspar von Schwenckfeld (1490–1561) ein, besuchte den Täufer Melchior Hoffmann (um 1495–ca. 1545) im Gefängnis, zeigte sich in theologischen Fragen wach und in ihrem reformatorischen Glaubensverständnis kenntnisreich (McKee/I 1999, 266–273) – und hielt natürlich auch 1548 die Rede bei der Beerdigung ihren Mannes. Katharina Zells Einmischung in das reformatorische Geschehen war also nachhaltig und signifikant – und entsprach damit offensichtlich auch ihrem Selbstverständnis als „Kirchenmutter".

7.3.2 Quelle: Entschuldigung Katharina Schützinn/ für M. Matthes Zellen/iren Eegemahel/ der ein Pfarrher und dyener ist im wort Gottes zu Straßburg. Von wegen grosser lügen uff jn erdiecht

So kann ich [..] mich in meiner conscientz nit entschuldigen und bereden / as ich darzu [i.e. zu den Vorwürfen gegen sie und ihren Mann, d. Verf.] schweigen sol / als ich bißher / über so grosse teufelische lügen von mir außgegeben und gesagt seind worden / thon hab / ja jn sleber auch nit in disem / denn eim Christen gezimpt wol unnd hort zu / zu leyden / aber nitgar zu schweigen / das dann ein halb bekennen ist / und ich wol gesehen hab / was mein zu vil gedult than hat / nemlich eben das / so ich also gar nit versprochen hab / er grossen lügenhafftigen schmach / so mir gescheen / das gut und boß dardurch sind arwanig worden. [...] Auch schreib ich in disem und anderen den boßen / jnen zu einer schand / so sy also ungefuge Ryßen lügen haben erdacht / Unnd aber darin erfunden werden als lügenhafftig das sy sich mussen schamen. [...]

Da ich die Ee und die hurey gegeneinander auß gotlicher geschrifft gehalten hab. [...] Die erst / Bapst und Bischoff / und jr gesind / Vicarien und jr mitgesellen hebent nit so vil geltz zu huren zinß uff von eeleutten als von huren und buben. So ein pfaff ein eeweyb hatt / helt er sich wie ein andrer redlicher frummer burger / und gibt den Bischoffen kein zinß darvon / dann gott hats jm fry geben. (...) Die ander ursach ist / sollten die pfaffen eewyber haben / so dörfften sy nimmern also ein umb die ander geben / wie sy mit den metzen thun / eine ußschlagen / die ander innemen / dann Paulus sagt / Ein bischoff soll sin ein man einß weybß. [...]

Meinstu das mir diese asch nit auch anlige / das ich sihe wie vil selen bißher und noch / also dem teuffel sind worden / Welchs auch ein ursach ist gsein / das ich die pfaffen Ee hab helffen uffrichten / Und die erst in Straßburg mit gots hülff hab zu wegen bracht da ich dannocht nach willens was überal kein man zu nemen. Da ich aber sahe die grosse forcht unnd wutenden widerstand auch die groß hurey / Hab ich selber einen genommen / damit ich meint allen Christen ein hertz und weg zu machen / als ich auch hoff ist gescheen. [...] Welche ursachen dann auch meim Eegemahel / so weyt ich erfaren hab / [...] bewegt haben / Das er gootes eer / sein und aller bruder heyl gern auffgerichtet, solche Ee hat angefangen. [...] So haben sy [= die Neider der Ehe] (...) grosse teufflelische lügen uff jn erdacht und geredt / und in alle landt auß geschrieben. Zum ersten gesagt / Jch sey von im gelauffen / Das darff kein antwort. [...]Zum anern sagten sy / Er hat sich selber erhencket vor leyd das er mich genommen het / arff anch mynder anwort. [...]

Sither ich sin fraw bin gesin do will ich jn vertretten und min eer / lyb / und leben für jn setzen / das jm soliche lügner gewaltigklich unverdient on alle ursach also widerstreben / und jn verliegen. [...] Also nem man auch vor gutt von mir / ich beger nit dz man mich hoer als Eilzabeth oder Johannes den teuffer / oder Nathan den Propheten / der David sein übel anzeiget noch als einichen Propheten / sunder nur als den esel / den doch der falsche Prophet Balaam hoert / dann ich doch nit anders beger dann das wir mochten selig miteinander werden / Das helff uns gott durch Christum seinen lieben sun. AMEN.

(Auszug aus: Entschuldigung Katharina Schützinn [...],
in: McKee II 1999, 21–47.)

7.3.3 Fragen und Anregungen

− Inwiefern brachte das reformatorische Geschehen neue Handlungsspielräume für Frauen? Wo wurden diese Handlungsspielräume aber auch eingegrenzt?

- Wie legitimierten die Frauen ihr Engagement in der frühen Phase der Reformation?
- Wie erklärt es sich, dass sich das Engagement der Frauen weitgehend auf die Zeit der 1520er Jahre beschränkt hat?
- Diskutieren Sie die These, dass das lutherische Eheideal zu einer Domestizierung der Frauen geführt habe.
- Wäre das reformatorische Geschehen ohne Frauen denkbar?

Lektüreempfehlungen

Kommer, Dorothee: Reformatorische Flugschriften von Frauen.
　Flugschriftenautorinnen der frühen Reformationszeit und ihre Sicht von Geistlichkeit. Leipzig 2013. *(umfängliche Darstellung, Vertiefung an einem Themenbeispiel, zeigt die Breite der Publikationstätigkeit)*

Matheson, Peter: Argula von Grumbach. Eine Biographie. Göttingen 2014. *(Grundlagenwerk, zugänglich geschrieben)*

McKee, Elsie Anne: Katharina Schütz Zell. Bd. 1: The Life and Thought of a Sixteenth-Century Reformer. Leiden, Boston, Köln, 1999. *(umfassendes Grundlagenwerk, Vertiefung von Zells theologischen Themen und Auseinandersetzungen)*

Plummer, Marjorie Elizabeth: From Priest's Whore to Pastor's Wife. Clerical Marriage and the Process of Reform in the Early German Reformation. Burlington, Farnham 2012. *(größere Perspektivierung, quellengesättigt, fest verankert in der Geschlechtergeschichte)*

Schattkowsky, Martina (Hg.): Frauen und Reformation. Handlungsfelder, Rollenmuster, Engagement. Leipzig 2016. *(Vertiefende Aufsatzsammlung, bisweilen optimisch in der Bewertung, mehr Frauen- als Geschlechtergeschichte)*

Snyder, C. Arnold; Huebert Hecht, Linda A. (Hg.): Profiles of Anabaptist Women. Sixteenth-Century Reforming Pioneers. Waterloo/Ontario 1996. *(zahlreiche Biographien und Kapitel zu einzelnen Frauengruppen, quellengesättigt, von einschlägig Forschenden verfasst).*

8 Stadt und Reformation

8.1 Ohne Städte keine Reformation?

„The reformation was an urban event" (Dickens 1974, 183). Dass es sich bei der Reformation primär um ein städtisches Phänomen gehandelt habe, hat der der englische Historiker A. G. Dickens bereits 1974 festgehalten. Städte waren für ihn Orte der Bildung, des Austausches, aber auch der potentiellen Radikalisierung; hier kamen also unterschiedliche Strömungen zusammen, die vom jeweiligen Magistrat erkannt und dann mit Blick auf die politische Situation jenseits der Stadtgrenze bewältigt werden mussten.

Zudem waren Städte wie Wittenberg, Nürnberg, Zürich, Genf, Augsburg nicht nur Großstädte in der Frühen Neuzeit, die um die 30.000 Einwohner umfassten und in denen sich vielfältiges Leben und selbstredend auch die damit einhergehenden Konflikte entfalten konnten, sondern sie waren zugleich auch wegen ihrer nicht zu unterschätzenden Wirtschaftskraft eine wichtige politische Größen – auch wenn insbesondere die oberdeutschen Reichsstädte beständig darauf verwiesen, dass sie zumindest auf dem Reichstag deutlich hinter den Territorialherrn zurückstehen müssten (Rabe 1989, 96).

Dass sich die Reformation gerade und zuerst in Städten entfaltet hat, ist deshalb ein bis heute weitgehend unwidersprochenes Diktum. Die Forschung hat zudem deutlich gemacht, dass nicht nur fast alle maßgebenden Theologen der ersten Generation Stadtbürger waren, sondern sie hat ebenso betont, dass sich gerade in den Reichsstädten eine „verdichtete Sakralgemeinschaft" (Hamm 1996, 81) abgebildet habe (Ehrenpreis/Lotz-Heumann 2002, 37 f.), die in besonderer Weise das reformatorische Geschehen zu fördern oder auch zu bremsen vermochte. Zugleich konnte hier aufgrund der ebenfalls verdichteten Kommunikationssituation (Druckerpressen, Buchmarkt, zahlreiche Orte der Begegnung, um mündlich Nachrichten weiterzugeben) die „reformatorische Öffentlichkeit" in besonderer Weise ausgestaltet werden.

Städte als „verdichtete Sakralgemeinschaft"

Damit deutet sich an, dass die Bedeutung der Städte für die Reformation auch und gerade daher rührt, dass hier die Erstauseinandersetzung mit der neuen Lehre stattfand, denn hier mussten die städtischen Magistrate als Erste auf die Impulse reagieren, die sich in der verdichteten Kommunikation ihrer Städte entfaltet haben – und bei denen nicht nur die Neuerungen auf dem religiösen Feld, sondern auch mögliche Unruhen innerhalb der Stadt (bis hin zu handfesten Machtkonflikten und Aufruhr, welche die Herrschaft destabilisieren konnten) bedacht werden mussten, kurzum: Für die Städte ging es schon früh um eine konzise Beurteilung der Lage, der Träger der reformatorischen Botschaft und anschließend auch um eine Konsensbildung innerhalb ihrer Mauern, die unbedingt die Impulse einschließen musste, die von der Gemeindereformation – so vorhanden – ausgingen. Somit war die Reformation nicht nur ein „urban event", sondern als solches zugleich auch sehr heterogen, weil sich das reformatorische Geschehen immer in Abhängigkeit vom jeweiligen Kontext der Stadt entfaltete.

Stadt als corpus christianum

Die Rede von der von der Reformation als städtischem Ereignis und damit auch von der „verdichteten Sakralgemeinschaft", die zunächst nur die spätmittelalterliche Stadt hat beschreiben sollen, zeigt, welche Herausforderungen und welche Möglichkeiten konkret für die städtischen Obrigkeiten auch im reformatorischen Geschehen bestanden: Bürgertum und Kirche waren hier auf engstem Raum zu finden. Also trafen hier auch unterschiedliche Reformerwartungen aufeinander und mussten ausgehandelt werden. Dies setzte sich im reformatorischen Geschehen fort – und dies geschah zumeist vor dem Hintergrund des Wunsches, in einer geeinten Stadt unter Gottes Wort in Frieden zu leben (Hamm 1996, 81); im Grunde ging es also darum, sich in der Stadt „als *corpus christianum* im kleinen zu verstehen" (Kaufmann 2016, 421) und entsprechend zu leben. Deshalb nahmen auch die Magistrate je nach Möglichkeit die nun einsetzende Sakralisierung aller Lebensbereiche auf und sahen es als ihre Aufgabe an, Regelungen und Normierungen zu erlassen, die dazu verhalfen, die reformatorische Botschaft umzusetzen, ohne dabei die Herrschaftsverhältnisse in der Stadt zu destabilisieren oder gar umzukehren und sich somit selbst zu gefährden (Hamm 1996, 81). Konkret hieß dies, dass der jeweilige Magistrat oder Rat nun neue Aufgaben übernahm, nachdem die ehemaligen geistlichen Autoritäten dies nicht mehr taten oder tun sollten: Armenfürsorge, kirchliches Leben, Schulwesen und Eherecht mussten nun ebenso neu gestaltet werden wie die Verwaltung, die – letztlich auch zur besseren Kontrolle der Untertanen (Rabe 1989, 95) – deutlich auszubauen war. Heikel war dabei insbesondere die Personalpolitik, denn die neu zu bestellenden evangelischen Prediger sollten die Reformationsprozesse unterstützen, nicht aber die Autorität des Rates durch eigenmächtiges Sendungsbewusstsein untergraben. Kamen sie aus dem Kreis der regierenden Eliten oder wurden durch den Rat und in Absprache mit der Gemeinde eingesetzt, war dies unproblematisch, weil alle entscheidenden Akteure an diesem Prozess beteiligt waren. Schlugen sie sich aber dezidiert auf die Seite einer der Gruppen, die im reformatorischen Geschehen vehement politische Partizipationsrechte einforderten, und hielten entsprechende Winkelpredigten, galten sie nicht mehr als verlässliche Träger der magistralen Reformation und mussten entsprechend zurückgedrängt werden. Dies haben beispielsweise die Täufer in den Städten erfahren. Zunächst waren sie zumeist Prediger der neuen Lehre und damit durchaus anerkannt gewesen, sind dann aber einen eigenen Weg gegangen und wurden deshalb häufig vertrieben.

Gleichwohl ist festzuhalten, dass Letzteres in den Städten nicht die Regel war, sondern hier vielmehr das Zusammenspiel von neuen Predigern, Rat und Gemeinde zum Erfolg der beginnenden Reformation beigetragen hat (Ehrenpreis/Lotz-Heumann 2002, 34). Dies allerdings brachte nicht zuletzt den Predigern den Vorwurf ein, zu eng mit der Obrigkeit verbunden zu sein – und so die Interessen derer, die nicht zur Obrigkeit gehörten, gar nicht mehr wahrzunehmen. Diesem Vorwurf sah sich beispielsweise Ulrich Zwingli in Zürich gegenüber, dem die Täufer vorwarfen, mit dem Rat gemeinsame Sache zu machen und dadurch die Anliegen der Reformation zu verschleppen und somit zu gefährden (Kaufmann 2016, 407). Nicht zuletzt diese vehement vorgetragene Kritik macht deutlich, wie unverzichtbar die Städte für den Verlauf des reformatorischen Geschehens waren, denn was hier entschieden wurde, wirkte weit über die Städte hinaus.

Prediger und Obrigkeit

8.2 Stadt, Reich, Reformation

8.2.1 Städte in der Frühen Neuzeit

Das Bild der Städte im Heiligen Römischen Reich Deutscher Nation war disparat: Städte, die mindestens 10.000 Einwohner umfassten, gab es um 1500 ungefähr 26, 1550 waren es 30, 1600 bereits 33. Ein signifikanter Anstieg ist erst nach 1750 zu beobachten. Anders sah es mit Städten zwischen 2000 und 10.000 Einwohnern aus: Hier gab es um 1500 gut 175 bis 200 (im Vergleich: um 1800 waren es etwa 400). Einige hunderte Städte indes hatten 1000 bis 2000 Einwohner, während knapp 3000 Städte um 1500 nur bis zu 1000 Einwohner zählten. Insgesamt ist somit im Alten Reich um 1500 von gut 3500 Städten auszugehen (Schilling 1993, 3 und 5).

Reichsstädte Eine besondere Rolle spielten die Reichsstädte, denn diese bildeten nicht nur einen eigenen Stand auf dem Reichstag, sondern waren auch reichsunmittelbar, unterstanden also nicht der territorialen Jurisdiktion. Von ihnen gab es ungefähr 65, die schwerpunktmäßig zum Schwäbischen Kreis gehörten, also im Südwesten des Reiches lagen. Diese Region kann geradezu als die „eigentliche Reichsstädtelandschaft Deutschland" bezeichnet werden (Rabe 1989, 94). Gleichwohl war der Status einer Reichsstadt nicht unumstritten, im Gegenteil: Im Spätmittelalter und in der Frühen Neuzeit war der Kampf um die Unabhängigkeit der Städte noch keineswegs beendet. So fanden sich beispielsweise Trier und Mainz erneut unter bischöflicher Herrschaft wieder, während sich etwa Soest der kurkölnischen Stadtherrschaft entziehen konnte, dann aber unter den Herzog von Kleve-Jülich-Berg fiel (Rabe 1989, 96).

Einige Reichsstädte hatten zudem umfänglichen Territorialbesitz (beispielsweise Straßburg, Ulm, Nürnberg), so dass sich hier zahlreiche Beziehungen zwischen Stadt und Land entfalten konnten (Kaufmann 2016, 55 f.). Dies hatte zur Folge, dass sich ihre Politik kaum wesentlich von der Politik einer Territorialherrschaft unterschied, was sich auch in der städtischen Verfassung widerspiegelte (Rabe 1989, 96).

Stadtrat Mit Blick auf die innere Ordnung der Städte ist festzuhalten, dass hier der Stadtrat von herausragender Bedeutung war. Ihm und damit auch dem einen oder den zwei Bürgermeistern an der Spitze kam eine umfängliche Entscheidungskompetenz zu, die allerdings in den ersten Jahrzehnten des 16. Jahrhunderts mit einer Welle von Kritik und „politischem Partizipationsstreben" (Rabe 1989, 95) derer konfrontiert wurde, die sich durch die städtische Verfassung nicht hinreichend beachtet sahen. Soziale Spannungen und Partizipationskrisen hat es in den Städten immer gegeben, nun aber – im ausgehenden Spätmittelalter – erschien der Druck besonders groß zu werden. Dies erklärt auch, warum sich nun an unterschiedlichen Orten Ausschüsse gründeten, die den Rat und insbesondere seinen Umgang mit Finanzen kontrollieren sollten. Ebenso stand die Frage im Raum, den Rat selbst neu aufzustellen und so breitere Schichten der Stadtbevölkerung einzubeziehen (Rabe 1989, 95).

In dieser Spannung zwischen „Herren" und „Untertanen" wurde mit Beginn der Frühen Neuzeit auch das reformatorische Geschehen verhandelt. Dabei stellten sich die Fragen nach dem Herrschaftsverständnis des Rates und dem Partizipationswillen der Stadtbevölkerung noch einmal neu, denn während Erstere ein „kräftiges stadtherrschaftliches Kirchenregiment" (Rabe 1989, 95) aufbauen wollten, fanden sich bei Letzteren durchaus auch Tendenzen, den Rat als solchen in Frage zu stellen.

8.2.2 Stadtpolitik und Reich am Beginn der Reformation

Stadtpolitik war ohne den Blick auf das Territorium und das Reich nicht denkbar, denn Entscheidungen auf dem einen Feld hatten immer auch Konsequenzen auf den anderen Ebenen. Wenn also beispielsweise auf dem zweiten Nürnberger Reichstag (1522/23) die Einigung erzielt wurde, dass das Evangelium von den Kirchen approbiert und dann gepredigt werden sollte, und erstmals auch festgehalten wurde, dass das Wormser Edikt (1521) in seiner bestehenden Weise nicht umgesetzt werden könne, hatte dies für manche reformationsgesinnte Stadt durchaus ganz konkrete Folgen. Schließlich konnten nun proreformatorische Kräfte in den eigenen Reihen gefördert werden, um so weitere Schritte in diese Richtung zu gehen, ohne deswegen um die eigene Autonomie fürchten zu müssen. Analog dazu hatte auch der Beschluss auf dem ersten Reichstag von Speyer (1526) seinen Einfluss auf die Religionspolitik der Städte, denn nun wurde es möglich, in Fragen der Religion so zu agieren, wie die Städte es vor Gott und dem Kaiser würden verantworten können (Kaufmann 2016, 369–372).

Stadt und Reichspolitik

Zum Blick über den städtischen Tellerrand hinaus gehörte es aber auch, Bündnisse und Schutzverträge einzugehen, um so im Notfall von mehreren – ebenfalls reformatorisch gesinnten – Nachbarn verteidigt zu werden. Der Brief vom Ulmer Städtetag 1524 (vgl. Kap. 8.3) ist ein Ausdruck dieser forcierten Zusammenarbeit gerade unter den oberdeutschen Städten. Unter dem Schutz der jeweiligen Nachbarstädte gelang es dann beispielsweise Konstanz, Reutlingen, Memmingen und anderen oberdeutschen Reichsstädten, die Reformation einzuführen, obwohl die Reichsstädte

Schutzbündnisse

im Habsburger Herrschaftsbereich lagen (Kaufmann 2016, 416). Wie wichtig diese Schutzbündnisse waren, zeigt sich auch daran, dass sich erst mit der Gründung des Schmalkaldischen Bundes im Dezember 1530 mehr Städte und Territorien dem reformatorischen Geschehen anschlossen. Gleichwohl zeichnete sich in diesem Zusammenhang auch eine neue Gewichtung ab: Die Städte wurden in ihrer Bedeutung nun sukzessive von den Landesfürsten abgelöst, die das reformatorische Geschehen zunehmend nach ihren Vorstellungen gestalteten (Hamm 1996, 115).

Doch ungeachtet der Zusammenarbeit untereinander und dem gemeinsamen Bestreben, den Gehorsam gegenüber Gott und Kaiser gemeinschaftlich abzuwägen und dann entsprechend zu handeln, bedeutet dies nicht, dass der Verlauf der Reformation in den einzelnen Städten auf einen einheitlichen Nenner zu bringen wäre. Das Gegenteil ist der Fall: Zwar wird es in allen Städten irgendwann darum gegangen sein, die Armenfürsorge aufzubauen, einen volkssprachlichen Gottesdienst, das Abendmahl in beiderlei Gestalt sowie eine Kirchen- und Schulordnung einzuführen. Auch ging es immer um die Messe, die durch den evangelischen Gottesdienst und die evangelischen Predigt ersetzt werden sollte. Aber letztlich entschieden sich all diese Fragen an dem jeweils eigenen Blick der Städte auf die Politik im Reich, im Territorium und auf die Akteure (Handwerker, Bauern, Bürgerliche) sowie auf die Möglichkeiten und Grenzen (Druckerpresse, schon bestehende Machtkämpfe, Aufruhrgefahr, Reichsunmittelbarkeit, Stärke des örtlichen Domkapitels) in der eigenen Stadt. Das heißt, dass es jeweils unterschiedliche Strategien bei der Einführung der Reformation brauchte, die Robert W. Scribner als Manipulation, opportunistischem Verhalten, militantem Druck und Schaffung evangelischer Solidarität zusammenfasst (Scribner 2002, 193–199). Vor diesem Hintergrund lassen sich frühere und spätere Entscheidungen für die Einführung der evangelischen Predigt oder gar von Kirchen- und Schulordnungen ebenso beschreiben wie die besonderen Herausforderungen in den freien Reichsstädten oder eben in Landstädten mit und ohne Hochstifte.

8.2.3 Das Beispiel Zürich

Zürich ist das erste Beispiel einer „autonomen Stadtreformation" (Kaufmann 2016, 392). Damit ist gemeint, dass die Reformation vom Rat selbst, nicht aber von einem Landesherrn – wie etwa in Sachsen und damit in Wittenberg – durchgeführt wurde.

Die Autonomie des Rates wird nicht zuletzt dadurch deutlich, dass er im Juli 1522 eigenständig eine Disputation zwischen dem Zürcher Prediger Ulrich Zwingli und Vertretern der in Zürich lebenden Bettelorden veranstaltet hat. Ziel der Disputation war es, die Predigtstörungen und Unruhen sowie die Kritik gegen die Bettelmönche aufzugreifen und zu lösen. Dabei attestiert der Kirchenhistoriker Thomas Kaufmann Zwingli großes Geschick, legte dieser doch dem Rat nahe, das Kirchwesen gänzlich eigenständig zu gestalten – und deshalb auch bei der Disputation zu einer eigenen und zugleich rechtskräftigen Lösung zu kommen (Kaufmann 2016, 398). Dies geschah auch: Am 21. Juli 1522 entschied der Rat, dass die Ordensangehörigen nur noch das Evangelium, die Schriften von Paulus und die der Propheten predigen sollten. Die Bibel allein sollte also die Grundlage der Predigt sein. Das heißt: die Schriften der Kirchenväter hatten nun keinen Raum mehr. Damit hat der Rat entsprechend Zwinglis Aufforderung gehandelt und sich „als richterliche Instanz in einer kirchlichen Lehrfrage betätigt" (Kaufmann 2016, 399) und somit im Grunde den Boden für seine autonome Magistratsreformation bereitet.

„Autonome Stadtreformation"

Diese Entwicklung konnte allerdings dem Bischof von Konstanz kaum gefallen, dem weite Teile der Schweiz – darunter der Kanton Zürich – unterstanden und der nicht gewillt war, die neue Lehre in seinen Gebieten zu dulden. In dieser Situation machte der Zürcher Rat einen weiteren Schritt in Richtung autonomer Stadtreformation, indem er zum 29. Januar 1523 die Geistlichen der Stadt und der Zürcher Landschaft zu einer Disputation einlud, die nichts Geringeres als die Frage klären sollte, welche Lehre der Bibel am ehesten entsprechen würde. Die Einladung selbst erscheint noch nicht als großes Problem, wohl aber die dahinterstehende Absicht des Rates, diese Entscheidung selbst zu fällen und so eine grundsätzliche, die Religion betreffende Richtung vorzugeben. Vor diesem Hintergrund war es dann letztlich auch konsequent, dass die Disputation im Rathaus – und damit an einem weltlichen Ort – stattfand und sich ein Laiengremium (der Rat der Stadt Zürich) anschickte, über die Rechtmäßigkeit der unterschiedlichen Lehren zu entscheiden (Kaufmann 2016, 401). Gleichwohl war damit die Entscheidung schon vorgegeben, die dann zum Abschied auch

Kritik aus Konstanz

offiziell verkündet wurde: Zwingli sollte seine Lehrtätigkeit weiterführen und alle anderen Geistlichen sollten sich ebenfalls darauf konzentrieren, das zu verkündigen, was in der Bibel stünde.

Auch wenn alle Formulierungen des Abschieds vorsichtig sind und letztlich auf Vorläufigkeit zielen, wird darin nicht nur deutlich, dass hier „eine prinzipielle Tendenzentscheidung zugunsten der Reformation" (Kaufmann 2016, 403) getroffen worden ist, sondern auch, dass alle weiteren Entscheidungskompetenzen – ungeachtet der Schwierigkeiten, die sich daraus ergeben sollten – fortan in der Hand des Rates liegen würden. Dies zeigte sich schließlich im weiteren Verlauf des Jahres 1523, als nach einer zweiten Disputation die Reformation nun auch offiziell eingeführt wurde.

8.2.4 Reichspolitik und Stadt: Streit ums „Wormser Edikt"

Wormser Edikt 1521

Neben den Auseinandersetzungen zwischen Kaiser und Reichsständen und damit auch den Reichsstädten um Partizipationsrechte und Reichsreform wurde zwischen 1521 und 1529 die Durchführung des Wormser Edikts zu einem immer wichtigeren Streitpunkt (Schmidt 1986, 42–45).[1] Erlassen am 26. Mai 1521, wurde diese Antwort auf Martin Luthers Auftreten vor dem Wormser Reichstag gerade für die Städte zu einer großen Herausforderung, in denen sich die reformatorische Bewegung schon erkennbar formiert hatte. Denn durch die Reichsacht, die nun ausgesprochen wurde, sollte Luther sämtliche Unterstützung entzogen werden, ja, er galt fortan als „vogelfrei" und damit als recht- und schutzlos den Gefahren des Lebens und der Natur ausgesetzt. Doch damit nicht genug: Alle – und hier verschärfte sich die Problematik für reformationsgesinnte Städte, Magistrate und Menschen –, die direkt oder indirekt Luther unterstützten oder der neuen Lehre anhingen, sollten ebenfalls sanktioniert werden. Allerdings ist hier gleichsam anzufügen, dass die Umsetzung des Wormser Edikts nicht problemlos möglich war. Dies milderte die unmittelbare Gefahr etwas.

---

[1] Heinrich Richard Schmidt betont zudem, dass die Stände die *causa Lutheri* zunächst unterschätzt hätten. 1521 seien diese weit von einer korporativständischen Religionspolitik entfernt gewesen. Vgl. Schmidt 1986, 42–45.

Druckerstädte wie Augsburg und Nürnberg werden also durchaus zur Kenntnis genommen haben, dass auch die Schriften Luthers nun vernichtet werden, während neue Publikationen durch eine strenge Zensur gehen sollten. So sollte gewährleistet werden, dass der inzwischen schon recht große und damit auch unkontrollierbare Markt für Druckerzeugnisse nicht mehr dazu beitrug, die reformatorische Botschaft weiterzutragen (Schmidt 1986, 45–48). Doch die praktische Umsetzung dieser Entscheidung war kaum möglich.

Die Bestimmungen des Wormser Edikts stellten dennoch die städtischen Autoritäten vor schwierige Fragen, denn sie mussten nun noch deutlicher zwischen der Gefahr durch katholische Nachbarn und dem Kaiser (so sie eine reichsunmittelbare Stadt waren), dem Wunsch der eigenen Bevölkerung und den Interessen derer changieren, die in ihrer Stadt die reformatorische Botschaft entweder kategorisch ablehnten, wie es nicht selten das Domkapitel oder Ordensgemeinschaften taten,[2] oder diese nachhaltig unterstützten (Bürgertum, Stadtobere, breite Teile der Bevölkerung).

Dies alles führte sie zumeist zu dem Schluss, das Wormser Edikt nicht durchsetzen zu können, wie zahlreiche Städte 1524 auf dem Reichstag von Nürnberg dann auch deutlich machten. Insofern ist der Beschluss vom ersten Reichstag in Speyer (1526), dass jeder Stand fortan mit der Reformation so umgehen sollte, wie er es bis zum Zustandekommen eines Konzils vor Gott und dem Kaiser meinte, verantworten zu können, als eine Art Freibrief zu verstehen, nicht dem Kaiser und seiner Politik, sondern den Gegebenheiten vor Ort das Prä zu geben und dementsprechend zu handeln (Kaufmann 2016, 371). Dass Kaiser Karl V. dies nicht dulden wollte, wurde spätestens beim zweiten Reichstag von Speyer (1529) deutlich, als er und die katholischen Stände auf die Durchsetzung des Wormser Edikts und damit die Rückführung zahlreicher Neuerung in Städten und Territorien drangen.

Keine Chance auf Durchsetzung des Edikts

Doch 1529 hatten sich die Zeiten sehr geändert, die Reformation hatte inzwischen in zahlreichen Städten und Territorien Fuß

---

2 Gleichwohl ist die Gegenüberstellung von Klerus und Laien bisweilen auch zu einfach gedacht, weil Ordensgemeinschaften wie in Braunschweig oder Frankfurt am Main durchaus auch die Einführung der Reformation unterstützten. Vgl. Scribner 2002, 182f.

gefasst und eine Rückkehr auf den Stand von 1521 hätte für ein gehöriges Maß an Unruhe unter der Bevölkerung und sicher dann auch an Machtverlust für die Magistrate gesorgt. Insofern entschieden sich zahlreiche Stände für eine Vorwärtsverteidigung und legten 1529 die „Protestation von Speyer" vor, mit der sie – im Sinne eines Rechtsaktes – der Aufhebung des Reichstagsabschieds von Speyer (1526) widersprachen. Neben großen Territorien wie Kursachsen, Hessen und Brandenburg-Ansbach unterzeichneten auch 14 Städte diese Protestation – ein Indiz dafür, wie sehr sich die Reformation gerade in der „verdichteten Sakralgemeinschaft" der Städte bereits etabliert hatte. Zudem wurde dadurch auch klar, dass fortan eine Gewissensfrage nicht mehr durch simple Mehrheitsverhältnisse entschieden werden sollte (Kaufmann 2016, 372), die Zeiten hatten sich in der Tat verändert.

8.3 Quellen und Vertiefung

8.3.1 Die Städte und das Wormser Edikt

Im April 1524 ist bereits deutlich geworden, dass das Wormser Edikt insbesondere in den Städten nicht durchsetzungsfähig war, so dass diese sich zum Protest gegen diesen Beschluss geradezu genötigt sahen (Kaufmann 2016, 374). Deutlich in Sprache gebracht haben diesen Protest die reformationsgesinnten Reichsstädte Oberdeutschlands, die im Dezember 1524 auf dem Ulmer Städtetag zusammengekommen sind. Dazu lagen ihnen mehrere Gutachten vor, und Nürnberg hatte hieran einen wesentlichen Anteil, denn aus einer Stellungnahme von Lazarus Spengler, dem einflussreichen Nürnberger Ratsschreiber, vom 26. Oktober 1524 geht hervor, dass er dem Nürnberger Rat intensiv nahegelegt hatte, Loyalität gegenüber dem Kaiser zu bekunden, aber gleichzeitig die Weisungskraft des Wortes Gottes deutlich zu unterstreichen (Hamm 2004, 201). Dies erscheint insbesondere vor dem Hintergrund wichtig, dass Kaiser Karl V. noch im Sommer 1524 betont hatte, das Wormser Edikt durchsetzen zu wollen, die Städte hier also politisch weise agieren mussten.

Mit ihrem Brief von 1524 an Kaiser Karl V. folgten die unterzeichnenden oberdeutschen Städte der Spur des Nürnberger Rats, denn sie erklärten, dass der Kaiser ihre Loyalität besäße, solange es um Leib und Gut ginge, aber bei allen Fragen, die ihr Seelenheil beträfen, schuldeten sie Gott mehr Gehorsam. Damit war klar, dass mit einer raschen und unwidersprochenen Umsetzung des Wormser Edikts zumindest in diesen Städten kaum mehr zu rechnen war. Bezogen auf die wichtige Position des Kaisers innerhalb der spätmittelalterlichen und nun frühneuzeitlichen Gesellschaft nennt Thomas Kaufmann dies „eine Art Säkularisierungsschub" (Kaufmann 2016, 417), da die Loyalität zum Kaiser nun keine uneingeschränkte mehr war.

8.3.2 Quelle: Schreiben des Ulmer Städtetags an Kaiser Karl V.

[...] ist unverborgen, waß manigfaltiger irrsalen sich bißher deß heiligen göttlichen worts und unsers glaubens halber an vil orten gemeiner chrisitenheit, zuvor aber deutscher nation halber zugetragen, [...] wie auch die offentlichen unser mißgönner und widerwertigen beschuldigungen unwidersprechenliche gezeuggknus geben, als ob wir zum teil von der heiligen christlichen kürchen abgetreten, unseren rechten glauben verlassen, darzu E. Kay. mt. geboten ungehorsam und nit allein der lutterischen verboten lehr und sect, wie man dem namen gibt, sunder auch andern unchristlichen hievor verdambten irrsaln anhengig sein sollen. [...]

So geben wir derselben E. Kay. mt. in aller underthenigkeit einmietiglich zu erkennen, daz unser gemüeth, will und mainung nit gestanden oder noch ist, Lutters persohn oder lehr, zuvor wo die dem wort Gottes und heiligen euangelio entgegen sein solt, in einig weg zu verthedingen, dero auch nit anzuhangen; dann wir achten Lutter für einen mentschen, der gleich andern irren mag; wir sein auf gedachten Luttern oder einen andern mentschen nit getauft, sol haben dieselben für uns nit gelitten, für uns auch unsere schulden und sich nit bezalt oder getragen. Aber Gott den allmechtigen bekennen wir für unsern schöpfer und das haubt seiner christlichen kürchen, der uns durch den todt seines einigen geliebten sons Jesu Christi hat geseeliget, des wort und euangelio wir auch [...] wellen anhangen. [...] Neben dem erkennen wir E. Kay. mt. under allen zeitlichen gewalten der erden für unsern allergnedigsten rechten, einigen und natürlichen herrn und obern, dem wir auch, sovil unser leib und gut belangt, in allem dem, daz uns immer müglich und träglich ist, alle gehorsame und underthenigkeit mit unverspartem darstrecken unsers leibs, lebens, eher, guts zu leisen urbitig, gehorsam und willig seind. [...]

[Doch ist] daz edict, so E. Kay. mt. neben dens tenden des heiligen reichs auf dem ersten E. mt. gehaltnem reichstag zu Wormbs beschlossen und ußgeen lassen hat, in mehr dann einem punct so beschwerlich gestelt, daz unsers unzweifenlichen achtens und wie die offenbaren thaten und geschichten des unwidersprechliche anzeigung geben, keinem reichsstand, zuvorderst aber gemeinen frei- und reichsstetten müglich sein würt, dem seines inhalts zu geleben oder volg zu thun, sie wolten dann bei ihren underthonen, die deß lautern wort Gotts begierig sein und sich on scheuhen öffentlich hören lassen, ir leib und leben darüber zu lassen, beschwerliche aufrurn, ungehorsam, zertrinung erbarer christlicher policeien, dazu einem untreglichen unüberwindtlichen nachteil und gevahr irer regierung, leibs und güeter, dazu ein gantzes unwiderbringlichs verderben gewarten. [...]

E. kay. mt. und menigelich werde auß diser unser underthenigen anzeigung sovil vermerckhen, daz je unser gemüeth zu einicher zertrinung christlicher einigkeit, abfall und ungehorsam oder widerspennigkeit der heiligen christlichen kürchen und unser ordenlichen oberkeit, wie uns unsere mißgonner bißher dargeben haben, garnit gericht ist.

(Auszug aus: Brief an Kaiser Karl V. [...], in: Pfeiffer 1968, 308–310.)

8.3.3 Fragen und Anregungen

- Welche Position nimmt der Ulmer Städtetag zur Reformation ein – und wie begründet er seine Entscheidung gegenüber dem Kaiser?
- Welchen Herausforderungen standen die städtischen Magistrate gegenüber, wenn in der Bürgerschaft gefordert wurde, die evangelische Predigt einzuführen?
- Wird in den Städten und gegenüber den Territorien und dem Kaiser das Problem des Gehorsams gelöst?
- Diskutieren Sie die These, dass die Reformation ohne die Städte nicht zum Erfolg gekommen wäre.

Lektüreempfehlungen

Hamm, Berndt: Bürgertum und Glaube. Konturen der städtischen Reformation. Göttingen 1996. *(Schwerpunkt Nürnberg und Lazarus Spengler, gut lesbare Einzelfallstudie mit Verortung im Forschungsdiskurs)*
Kaufmann, Thomas: Geschichte der Reformation in Deutschland. München 2016. *(umfängliche, vertiefte Forschung, Grundlagenwerk)*
Schilling, Heinz: Die Stadt in der Frühen Neuzeit. München 1993. *(enzyklopädischer Überblick und Forschungsdiskurse, hilfreich für Einführung in Fragestellungen)*
Schmidt, Heinrich Richard: Reichsstädte, Reich und Reformation. Korporative Religionspolitik, 1521–1529/30. Stuttgart 1986. *(vertiefende Quellenarbeit an Einzelbeispielen, Forschungsdiskurs gestaltend)*

9 Reichstag 1530: Zeit zu bekennen

Abb. 5: Abbildung Welcher Gestalt vor dem großmächtigsten Keyser Carln dem V. ufm Reichstag zu Augspurgk im Jahr Christi MDXXX den XXV Tag des Brachmonats Churfürst Iohans zu sachsen, Margkgrave Georg zu Brandenburgk-Ahnspach, Herzog Ernst zu Lüneburgk, Landgrav Philip zu Hessen, Fürst Wolf zu Anhalt und die Freyen Reichsstäte Nürnbergk und Reutlingen, ihres rechten uhralten, in den Schrifften der Propheten und Aposteln begrundvestigten, und in ihren Landen und Gebieten wieder aufgerichteten evangelischen Glaubens Bekäntnüs gethan, und solchs in teutscher und lateinischer Sprache mit aller Freudickeit underthänigst überreicht haben. Kupferstich (Johann Dürr, 1630), in: Wolfgang Harms (Hg.): Deutsche illustrierte Flugblätter des 16. und 17. Jahrhunderts. Die Sammlung der Herzog August Bibliothek in Wolfenbüttel. Bd. 2: Historica. München 1980, 378.

9.1 Augsburger Bekenntnis (1530)

Das Gedenkblatt aus dem Jahr 1630, das oft nachgedruckt wurde, wirbt für die Jubiläumsfeierlichkeiten in Wittenberg, bei welcher der Übergabe der *confessio Augustana* 100 Jahre zuvor gedacht werden sollte. Diese Feier war besonders wichtig, geschah sie doch in einer Zeit der Anfechtung für die Augsburger Konfessionsverwandten: 1629 hatte Ferdinand II. das auf eine umfassende Rekatholisierung zielende Restitutionsedikt erlassen, zudem befand sich das Heilige Römische Reich deutscher Nation mitten in den Auseinandersetzungen und Wirren des Dreißigjährigen Krieges (1618–1648). Gleichwohl ging es bei dem Gedenkblatt neben der Einladung auch um die Ausgestaltung einer lutherischen Erinnerungskultur und um Unterweisung, denn durch den intensiven Blick auf Johann Dürrs Kupferstich sollten die Lutheraner zu ihrer eigentlichen Bekenntnisgrundlage zurückgeführt werden. Und so zeigt der Stich die protestantischen Fürsten und Städtevertreter, gekennzeichnet durch die Wappen zu ihren Füßen, die Kaiser Karl V. (zentral in der Mitte) mit einer Schwurgeste gegenüberstehen und ihm auf dem Reichstag von Augsburg (1530) die *confessio Augustana* übergeben. Um die Säulen neben Karl V. windet sich das *„plus ultra"*, die Devise auf seinem spanischen Wappen.

Für die Unterweisung indes sind die Darstellungen im Hintergrund wichtig: Auf der rechten Seite ist neben dem Abendmahl in beiderlei Gestalt, der Predigt von der erhöhten Kanzel, dem Fokus auf den Gekreuzigten, der in enger Beziehung zu Gottvater abgebildet wird, auch die Taufe zu erkennen. Und selbst der Gesang im Gottesdienst wird durch eine Gemeindegruppe gezeigt, in deren Mitte ein Notenpult steht. Die Bedeutung der Sakramente (Abendmahl und Taufe) ergibt sich erstens daraus, dass nur diese beiden dargestellt werden. Zweitens wird das Abendmahl in besonderer Weise betont, weil ein Blutstrahl aus der Seitenwunde des Gekreuzigten direkt in den Abendmahlskelch trifft, hier also Jesu Einsetzungsworte des Abendmahls konkret abgebildet werden, während zugleich dadurch auch die erlösende Tat Christi am Kreuz betont wird. Auf der linken Seite (oben) wird eine Ehe geschlossen.

Insgesamt sind auf dem Flugblatt die wesentlichen Themen der lutherischen Lehre ins Bild gesetzt, auch wenn die theologischen Unterschiede zur katholischen oder reformierten Lehre nicht akzentuiert werden. Dies war die Transferleistung, welche die Betrachter des Bildes zu leisten hatten, wobei die belehrenden Texte und Namen im Bild allerdings helfen sollten (Koerner 2017, 37–41; Marsch 1980).

9.2 Der Augsburger Reichstag (1530)

Der Reichstag in Augsburg (1530) wurde von zwei großen Themen beherrscht: der Krieg gegen das Osmanische Reich und die

Religionsfrage im Alten Reich. Als Kaiser Karl V. am 21. Januar den Reichstag ausschrieb, konzentrierte er sich allerdings sehr auf den ersten Punkt und schilderte breit die Kämpfe mit dem „Erbfeind" – also „dem Turcken" –, der den „heiligen christlichen Glauben und Namen" durch seine „große Macht" gefährde. Diesem, so der Kaiser weiter, müsse nicht nur das Erzherzogtum Österreich, sondern auch die ganze „Teutsche Nation" mit aller Kraft entgegentreten. Und mehr noch: Als „Haupt der Christenheit" stelle sich Karl V. diesem, denn es seine Aufgabe, die Wohlfahrt des Reiches zu sichern (Johann von Sachsen 1530, 8). Persönlich wolle der Kaiser nun – nach der Befriedung Italiens und nach seiner Kaiserkörnung in Bologna am 24. Februar 1530 – auf dem Reichstag in Augsburg erscheinen, um mit den Ständen zu beschließen, wie die Gegenwehr gegen „die Türken" und damit die Rettung des Alten Reiches aussehen könnte (Kaufmann 2008).

Kampf gegen den „Erbfeind"

Erst nach diesem ausführlichen Nachdenken über „den Türken" führt Karl V. in seiner Ausschreibung für den Reichstag an, dass auch die „Irrungen" und der „Zwiespalt" in der Religion auf dem Reichstag zur Sprache kommen sollten, um einen Vergleich zwischen den Parteien zu finden. Doch die vergleichsweise kurze Abhandlung dieses Punktes macht deutlich, worauf sein eigentlicher Fokus lag (Johann von Sachsen 1530, 2–9); offenbar schien es ihm schwer vorstellbar zu sein, was sich seit 1521 im Reich ereignet hatte, so dass er vermutlich immer noch davon ausging, die strittige Religionsfrage relativ schnell klären zu können.

Irrungen in der Religion

9.2.1 Streit um Religion bis zum Reichstag (1530)

Ob es jedoch in Augsburg zu einem Vergleich zwischen den Religionsparteien kommen konnte, war mehr als fraglich, denn während Karls Abwesenheit hatte sich die Religionsfrage im Reich zugespitzt. Streitpunkt war und blieb die Durchsetzung des Wormser Edikts von 1521, gegen das sich zahlreiche Stände gewandt und mit Karls Bruder Ferdinand 1526 auf dem Reichstag in Speyer die Lösung gefunden hatten, Neuerungen so zu handhaben, wie sie dies vor Gott und dem Kaiser verantworten könnten (Decot 1997, 20–27).

Doch bereits auf dem zweiten Reichstag in Speyer (1529) setzte Ferdinand auf Geheiß seines Bruders Karl und im Zusammenspiel mit den katholischen Reichsständen durch, dass der

Protestation

Beschluss von 1526 aufgehoben wurde. Die reformatorisch gesinnten Reichsstände protestierten dagegen, indem sie formell Rechtsmittel (Protestation) einlegten und damit deutlich machten, dass es in Gewissenfragen keine Mehrheitsentscheidung geben dürfe. Rechtswirksam wurde dies jedoch nicht, weil Ferdinand die Protestation schlicht ignorierte – sie beschränkte sich also letztlich auf einen symbolischen Akt. Ungeachtet dessen ist diese Protestation von Speyer jedoch als „Schlüsseldokument der Reformationsgeschichte" anzusehen (Decot 1997, 372 und 571), denn nun wurde immer deutlicher, dass es fortan andere – wenn nicht gar: neue – Verfahrensweisen brauchte, um die Religionsfrage zu lösen.

„Wiedertäufermandat"

Deutlich geworden war zudem, wie spannungsgeladen und politisch die Religionsfrage inzwischen war. Dies galt im Übrigen nicht nur für die Lutheraner, sondern auch für die Täufer, denn auf demselben Reichstag (1529) wurde das sogenannte „Wiedertäufermandat" erlassen, das ein Edikt des Reichsregiments fortführte und die „Wiedertaufe" reichsweit unter Strafe stellte. Das Reichsregiment hatte 1528 dem Täufertum pauschal unterstellt, „alle Obrigkeit abtun" zu wollen und damit den „Umsturz der Ordnung" herbeizuführen (Mandat 1528, 177). Mit dem Beschluss vom 23. April 1529 wurden nun sowohl die erneute Taufe als auch die Unterbindung der Kindertaufe – wenn also ein Kind gar nicht erst zur Taufe gebracht wurde – mit der Todesstrafe belegt (Mandat 1529, 161–163). Das heißt, dass die reichsweite Verfolgung der Täufer nun legitimiert war – sie erhielt durch dieses Mandat zudem einen neuen Schub (Enns 2017, 204 f.).

9.2.2 Streit um Religion auf dem Reichstag (1530)

Zwar ließ die Vorgeschichte des Reichstags von Augsburg (1530) vermuten, dass es nun zu spannungsgeladenen Auseinandersetzungen um die Religionsfrage kommen würde, doch nahm sich die Ausschreibung des Reichstags durch Kaiser Karl V. in dieser Frage recht moderat aus. Zwar wies er auf die „Irrungen" und den „Zwiespalt" im Alten Reich hin, stellte aber in Aussicht, dass es zu einem Vergleich kommen könnte. Ob dem Kaiser hier allerdings tatsächlich das Bemühen um eine Verständigung zugesprochen werden kann, ist fraglich, schließlich ist auch eine politische Motivation für diese joviale Rede nicht auszuschließen, denn es war klar, dass der Kaiser den Ständen Zugeständnisse in der Religionsfrage machen musste, wenn diese finanzielle Mittel freigeben und ihn so im Kampf gegen die Osmanen unterstützen sollten. Dies mag erklären, warum Karl V. in seiner Ausschreibung des Reichstages eher „ergebnisoffene" (Kaufmann 2016, 578) Formulierungen wählte.

Von dieser Ergebnisoffenheit blieb allerdings mit Beginn des Reichstages in Augsburg nicht viel übrig: Nicht nur, dass Karl V. alle Teilnehmenden noch vor allen Verhandlungen zur Fronleichnamsprozession beorderte, nein, er verfügte auch, dass alle bei der Eröffnungsmesse kommunizieren sollten. Dies wäre der uneingeschränkten Zustimmung zur katholischen Lehre gleichgekommen, so dass es kaum verwundert, dass genau diese Aufforderungen von den evangelischen Ständen unterlaufen wurden.

In der Religionsfrage legten die evangelischen Stände schließlich am 25. Juni 1530 die *confessio Augustana* vor, ihr Lehrbekenntnis, welches ursprünglich ein kursächsisches Bekenntnis hatte werden sollen, nun aber von Hessen und anderen Territorien und Städten unterstützt wurde. Als Antwort erfolgte am 3. August die *confutatio confessionis Augustanae*, die Widerlegung, welche im moderaten Ton, aber mit inhaltlicher Schärfe insbesondere die reformatorischen Neuerungen wie Laienkelch und Priesterehe zurückwies (Kaufmann 2016, 581–595). Dies wiederum provozierte mit der *Apologia confessionis Augustanae* eine Gegenschrift, die nun insbesondere die Rechtfertigung breiter entfaltete (Peters 1997, 101–309).

Confessio Augustana

Nun bewahrheiteten sich zudem sämtliche Befürchtungen der evangelischen Reichsstände, denn der in Ausschreibung des Reichstags noch so zugewandt formulierende Kaiser hatte offenbar nicht die Absicht, in einem längeren Aushandlungsprozess einen Vergleich zu suchen, sondern stellte sich stattdessen hinter die *confutatio*. Allerdings schloss das für ihn nicht aus, für ein Konzil zu werben, um die Streitigkeiten letztlich doch im Gespräch zu überwinden, aber – so der Kaiser in seinem entsprechenden Aufruf an Papst Clemens VII. – bis zu einem festen Termin für das Konzil sollten die evangelischen Stände von ihren Positionen abstehen (Kaufmann 2016, 598 f.); anders sei der Friede nicht zu gewährleisten. Vor diesem Hintergrund war klar, dass der Reichstag von Augsburg nicht zur Beruhigung, sondern eher zur Verschärfung der Religionsfrage beitragen würde, auch wenn nun versucht wurde, den Streit im neu eingesetzten Vierzehner- und Sechserausschuss

Confutatio und Streit

Ausschüsse

konstruktiv zu bearbeiten (Immenkötter 1997, 10–19). Im – zuerst einberufenen – Vierzehnerausschuss verhandelten deshalb je sieben Vertreter der beiden Konfessionen (darunter jeweils zwei Fürsten, zwei Juristen und drei Theologen), im Sechserausschuss trafen für die kurze Zeit vom 24. bis zum 28. August 1530 der kölnische Kurkanzler Johann Maier von Eck, der badische Kanzler Hieronymus Vehus und Johannes Eck für die katholische Fraktion auf die evangelische Gruppe, bestehend aus dem sächsischen Kanzler Georg Brück, den brandenburgischen Kanzler Sebastian Heller und Philipp Melanchthon (Förstemann 1833, 290 f.). Es war klar, dass beide Ausschüsse einen Vorschlag zur Einigung machen sollten, doch lag das Problem darin, dass der Kaiser das Richteramt für sich beanspruchte. Die Hoffnungen von evangelischer Seite werden dementsprechend gering gewesen sein, mussten sie doch für einen Erfolg den Kaiser für sich gewinnen, der immer wieder betont hatte, dass das Wormser Edikt von 1521 umzusetzen sei.

9.2.3 Weitere Bekenntnisse 1530

Auf dem Reichstag von Augsburg sind jedoch noch zwei weitere Bekenntnisse vorgelegt worden: die von Ulrich Zwingli als Privatbekenntnis verfasste *Fidei ratio* und die *Confessio Tetrapolitana*, das Bekenntnis der vier Städte Memmingen, Lindau, Konstanz und Straßburg, dem ursprünglich noch Kempten und Isny beitreten sollten, die sich dazu aber schließlich nicht entscheiden konnten (Moeller 1969, 22). Dass unterschiedliche Gruppen sich geradezu genötigt sahen, Bekenntnisse vorzulegen, zeigt, wie dringlich erforderlich es nun erschien, ein jeweils eigenes Bekenntnis zu formulieren und sich so mutig in die Auseinandersetzung um die Wahrheit zu begeben. 1530 schien der Augenblick zu sein, genau dies zu tun, denn erstens hatte der Kaiser bei der Eröffnung des Reichstages von den Ständen explizit verlangt, Bekenntnisse vorzulegen, und zweitens war klar, dass der Kaiser in der Religionsfrage nun wohl ein nachhaltiges Machtwort sprechen würde (Moeller 1969, 19).

Fidei ratio

Die am 3. Juli 1530 fertiggestellte und bereit am 8. Juli 1530 übergebene *Fidei ratio* ist deswegen als Privatbekenntnis von Zwingli zu verstehen, weil es nicht gelang, in der Kürze der Zeit den Zürcher Rat dazu zu bewegen, sich diese Rechtfertigung des Glaubens zu eigen zu machen und zu unterstützen. Dementsprechend spricht

Zwingli in dieser Schrift auch durchweg in der ersten Person, es ist in der Tat sein Glaubensbekenntnis, von dem er nicht beanspruchte, dass es Rechenschaft über den Glauben in Zürich oder überhaupt in den reformierten Gebieten der Schweiz ablegte.

In insgesamt 12 Artikel erklärt Zwingli, was seinen Bekenntnisgrund ausmachte: So verhandelt er Gott und die beiden Naturen Jesu, Gottes Ratschluss, die Versöhnung durch Jesus Christus, die Sünde, die Frage nach der Zugehörigkeit von Kindern zur Kirche, die Kirche an sich, ihre Zeremonien, die zwei Sakramente Taufe und Abendmahl, die Predigt, die Obrigkeit und die letzten Dinge (Zwingli 1530, 26–57). Insbesondere die Frage nach dem Abendmahl bedenkt er dabei ausführlich – was nicht verwundert, lag doch die Auseinandersetzung mit Martin Luther auf dem Marburger Religionsgespräch erst knapp ein Jahr zurück. Da es hier zu keiner abschließenden Einigung gekommen war, lag es nun nahe, noch einmal die eigene Position zum Abendmahl klar zu akzentuieren.

Allerdings war dieser Schrift auf dem Augsburger Reichstag kein besonderer Erfolg beschieden, sie wurde nicht einmal vorgelesen, galt also nicht als satisfaktionsfähig. Zudem machten weder Melanchthon noch Luther ein Hehl daraus, dass sie die hier benannten Positionen nicht teilten, es also noch ein weiter Weg zu einem gemeinsamen Bekenntnis sein würde. Da nützte es auch nicht, dass der Straßburger Theologe Martin Bucer (1491–1551) deutlich versöhnlicher im Ton festhielt, dass gerade der Artikel zum Abendmahl durchaus die Grundlage für ein erneutes Gespräch mit den Lutheranern sein könnte (Freudenberg/Plasger 2005, 28). Doch auch von Zwinglis Seite war es fragwürdig, ob sein Bekenntnis zu einer Verständigung führen sollte: Zu klar und sprachlich scharf setzte er sich von den Lutheranern, der katholischen Kirche und im Übrigen auch von den Täufern ab.

Reaktionen auf die Fidei ratio

Die *Confessio Tetrapolitana* wurde fast zeitgleich mit der *Fidei ratio*, nämlich am 9. Juli 1530, übergeben. Als Bekenntnis von vier wichtigen oberdeutschen Reichsstädten entfaltete sie kirchenpolitisch deutlich mehr Relevanz als Zwinglis Rechenschaft vom Glauben. Das ist nicht zuletzt daran zu erkennen, dass auf sie mit einer Widerlegung geantwortet wurde, die am 25. Oktober 1530 verlesen wurde (Kaufmann 2016, 597 f.). Die Verfasser der *confessio*, die Straßburger Theologen Martin Bucer und Wolfgang Capito (1478–1541), konnten bei ihrer Arbeit auf die *confessio Augustana* zurückgreifen, Philipp von Hessen hat diese ihnen

Confessio Tetrapolitana

zugesandt – und es ist erkennbar, dass deren Gedanken und Lehrformulierungen mit Ausnahme der Passagen zum Abendmahl zu einer wichtigen Quelle der *confessio Tetrapolitana* geworden sind (Kaufmann 2016, 598).

In den 23 Artikeln des Bekenntnisses sticht besonders die Passage zum Abendmahl (Artikel 18) hervor, die „bewusst unscharf" (Kaufmann 2016, 598) erscheint, indem hier die Realpräsenz und damit das Abendmahlsverständnis der Lutheraner nicht attackiert und allein darauf verwiesen wird, dass die Glaubenden im Abendmahl von Christus gespeist würden und daraus leben sollten. In dieser sehr zurückhaltenden Formulierung leuchtet die Möglichkeit für eine vermittelnde Position zwischen der Abendmahlslehre Luthers und Zwinglis auf. Dies war auch notwendig, denn die Vorlage der unterschiedlichen Bekenntnisse auf dem Reichstag von Augsburg hatte mehr als deutlich gemacht, wie heterogen – wenn nicht gar zerstritten – die reformatorischen Bewegung letztlich zu diesem Zeitpunkt war.

9.3 Quellen und Vertiefung

9.3.1 Die *confessio Augustana* (1530)

Vorrede

Die *confessio Augustana* (Slenzka 2013, 31–99) besteht aus insgesamt vier Teilen: Sie beginnt mit der Vorrede, die der sächsische Altkanzler Gregor Brück gegen Ende April 1530 – also noch vor der Ankunft in Augsburg – verfasst hat. Jovial im Ton, das Ziel ausgebend, Zwietracht in Religionsfragen zu beheben, und gewürzt mit mehreren Ergebenheitsadressen an Kaiser Karl V. liest sich diese nicht wie eine kämpferische Konfessionspolemik. Gleichwohl wird deutlich gesagt, dass nun ein Bekenntnis vorgelegt werde, zu dem es aus Reihen der Kurfürsten, Fürsten und Stände Zustimmung gebe, und der Kaiser solle diese Beschreibung der Lehre nicht nur zur Kenntnis nehmen, sondern auch zum Anlass, den Papst weiterhin um ein Konzil zu bitten.

Entstehung

Die beiden anderen Teile sind von Philipp Melanchthon verfasst worden, der sich spätestens nach der Ankunft in Augsburg vor der Aufgabe sah, auf die just verfassten „404 Artikel" (404 Artikel 1530, 99–153) von Johannes Eck mit einer Apologie zu reagieren. Dies war insbesondere deswegen wichtig, weil Eck in dieser Schrift aus seiner Sicht 404 Irrtümer der Lutheraner zusammengetragen hatte, zu denen sich Melanchthon nun unbedingt verhalten musste.

Martin Luther, der in dieser Zeit auf der Veste Coburg war, konnte dies nur aus der Ferne begleiten, ließ aber den sächsischen Kurfürsten Johann Friedrich in einem Brief wissen, dass er an der dann von Melanchthon übersandten Schrift nichts verbessern oder ändern wolle. Zudem würde sich dies auch nicht schicken, „denn ich so sanfft und leise [wie Melanchthon] nicht tretten kan" (Luther/Kurfürst Johann 1530, 319 f.).

Im ersten Hauptteil (Art. 1–21) trägt Melanchthon die „Summa der Lehre" zusammen. Dabei bilden die ersten 13 Artikel zwei Blöcke, in denen zunächst das Evangelium von Christus, dann die Sakramente ausführlicher behandelt werden. Beide Blöcke umrahmen Artikel VII, der die Kirche als Gemeinschaft der Glaubenden bedenkt – eine Gemeinschaft, die gleichermaßen auf Wort und Sakrament fußt. Auf diese Weise steht dieser Artikel im Zentrum des Bekenntnisses (Slenzka 2013, 35 f.). *Teil I: Summa*

Der zweite Teil setzt sich mit „Missbräuchen" in der Kirche auseinander und basiert weitgehend auf den „Torgauer Artikeln" (Förstemann 1833, 66–108), ein immer noch undurchsichtiger Textbestand, der sich gutachterlich mit kirchlichen Zeremonien auseinandersetzt und vermutlich von Martin Luther, Philipp Melanchthon und Johannes Bugenhagen erarbeitet worden ist. *Teil II: Missbräuche*

Ursprünglich sollte nur dieser zweite Teil der *confessio* auf dem Reichstag in Augsburg zur Diskussionsgrundlage werden, aber nachdem Johann Eck seine „404 Artikel" vorgelegt hatte, war klar, dass es nun auch theologische Lehrartikel von Seiten der reformatorisch gesinnten Partei geben musste. So entstand der erste Teil der *confessio Augustana*, zu dem die „Schwabacher" und „Marburger Artikel" (beide 1529) herangezogen wurden (Leppin 2014, 37–47).

Der Übergang zwischen dem ersten und zweiten Teil wird durch eine Passage markiert, die erklärt, dass dieses Bekenntnis nicht nur dem Missbrauch des göttlichen Namens widerstehen solle, sondern es solle auch verhindern, dass die Kinder und Nachfahren eine andere als die „reine Göttliche wort Christelicher wahrheit" (Anzeigung 1530, C/v) erbten.

Im Schlussteil wird gebündelt, dass mit dieser Schrift die Hauptartikel der Lehre vorlägen – und die Unterzeichnenden sehr bereit seien, schriftlich weitere Auskünfte über ihren Glauben zu geben.

9.3.2 Quelle: Vorrede zur *confessio Augustana*

Aller Durchleuchtigester, Grossmechtigester, unuberwindlicher Keyser, Aller gnedigester Herr! Als Ewer Key. Maiest. verschiner zeit einen gemeinen Reychstag allher gen Augsburg gnediglich ausschryben mit anzeygung und ernstlichem beger, von Sachen unsern und des Christenlichen namens Erbfeind den Tuergken, betreffend, und wie dem selben mit beharrlicher hülff stattlich widerstanden, auch wie der zwyspalten halber ynn dem heiligen glauben und der Christenlichen Religion gehandelt moege werden, zu rathschlagen und Fleiss anzekeren, alle eines yetlichen gutbeduncken, opinion und meinung zwischend uns selbst ynn lieb und guetigkeit zu hoeren, zu verston und zu erwaegen und die selbigen zu einer Christenlichen wahrheit zebringen und zu vergleichen alles so zu beyden teylen mit Recht auffgelegt oder gehandelt were, abzethun und durch uns alle ein einiche und ware Religion anzenemen und zehalten. Und wie wir alle unter einem Christo sind und streytend, also auch alle ynn einer gemeinschafft, kirchen und einigkeit zu leben.

Und wir, die undenbenanten Churfuerst und Fuersten samt unser vertruwten gleich andern Churfuersten, Fuersten und stenden darzu erfordert. So habend wir uns darauff der massen erhaben, das wir sonder rum mit den ersten hieher kommen und alsdann auch Ewer Key. Mayest. zu unterthenigster volgthuung beruehrts E. Key. Maiest. ausschreybens und dem selbigen gemeß dieser sachen halb, den Glauben beruerend, one Churfuersten, Fuersten, und stend ins gemein gnedigklich, auch mit hoechstem fleiß und ernstlich begert, das ein yetlicher vermoeg vorbemelts E. Key. Maiest. außschreybens sein gut beduncken, opinion und meinung derselben irrungen, zwispalte und missbreuch halben zu Teutsch und Latin yn gschrifft stellen und uberantwurten söltend; [...] Hierumb und E. Key. Mayest. zu underthenigester gehorsamen uebereichen und uebergebend wir [...] unsers glaubens bekantnus, was und welcher gestalt sy [= die Prediger] aus grund Goettlicher Heiliger geschrifft ynn unseren Landen, Fuerstenthummen, Herrschafften, Stetten und Gebietend predigend, lehrend, haltend und underrichtung thund.

So die andern Churfuersten, Fuersten und stende dergleichen gezwiefachte geschrifftliche ubergebung yhrer Meinung odder opinion yn Latein und Teutsch yetz auch thun werdend, dass wir uns mit yhnen liebten und yhnen gern von bequemener, gleichmessigen wegen underreden und der selbigen so viel der gleichheit nach ymmer moeglich, vereinigen wellen, damit unser beiderseydts als parten geschrifftlich furbringen und gebrechen zwischend uns selbst yn lieb und guetigkeit gehandlet und die selbigen zwyspalten zu einer exnigen waren Religion wie wir alle under einem Christo sind und streytend und yhn bekennen sollend, alles nach laut offgemeles E. Key. Mayest. außschreibens und nach Goettlicher warheyt gefurt moeged werden als wir dann auch Gott den Allmechtigen mit hoechster demut anruffen und bitten wellend, sein Goettlich gnad darzu zu verleyen. Amen.

Wo aber bey unsern herren, freunden und besonder den Churfuersten, Fuersten und dtenden des anderen teyls die handlung dermassen, wie E. Key. Mayest. außschreyben vermag, bequeme handlung under uns selbe yn lieb und guetigkeit der gestalt nit verfarn noch erspriestlich sein wolt als doch an uns mit keinem das mit Gott und gewuessenn zu christlicher eynigkeit dienstlich sein kann odder mag, erwinden soll. Wie E. Key. Mayest. auch gemelte unser Freund, die Churfuersten, Fuersten, Stend und ein yeder liebhabender Christlicher Religion, dem diese sachen furkommend, aus nachuolgendem unserm und den unsern bekandnussen gnediglich, freundtlich und gnugsam worden zuuernemen haben.

Nach dem denn E. Key. Maiest. Vormals Churfuersten, Fuersten und Stende des Reychs gnediglich zuuerston gegeben [...]unsern heiligen glauben belangent [...] bey dem Bapst und [= um] ein Concilium fleyssigen und anhaltung thun woltend. [...] So waere E. Key. Maiest. gnedigs Enbietens zu furderen und zehandlen, das der Bapst solich General Concilium nebent E. Key. Maiest. zum ersten auszeschreyben bewilligen und daran kein mangel erscheinen sollt.

So enbietend gegen E. Key. Maiest. wir uns hiemit yn aller unterthenigkeit und zum uberflus ynn in berurten fal ferner auff ein solich gemein, frey Christenlich Conzilium, darauf auff allen Reychstagen, so E. Key. Maiest. bey ihrer Regierung im Reych gehalten, durch Churfuersten, Fuersten und stende aus hohet und tapffer bewegungen gefloffen, an welches auch zusampt E. Key. Maiest. wir uns von wegen dieser groswichtigesten sachen ynn rechtlicher weis und form verschiener zeit berufft und appelliert haben, der wir hiemet nachmals anhengig bleiben und uns durch diese oder nachuolgend handlung (es werdend denn diese zweyspaltigen dachen endtlich ynn liebe und guetigkeit, laut E. Key. Maiest. ausschreibens, gehoert, erwegen, beygelegt und zu einer Christlichen einickeit vergleicht) nicht zu begeben wussen, daruon wir hiemit offentlich bezeugend und protestieren. Und sind das unser und unsern bekantnus, wie unterschidlich von artikel zu artikel hienach volgend.

(Auszug aus: Anzeigung vnd bekantnus [...] 1530.)

9.3.3 Fragen und Anregungen

- Was ist das Ziel der *confessio Augustana*?
- Wie unterscheidet sich die *confessio Augustana* von den anderen Bekenntnissen, die auf dem Reichstag vorgelegt wurden?
- Welche Handlungsspielräume und Perspektiven eröffnet die Vorrede zur *confessio Augustana*? Sind diese angesichts der Situation um 1530 realistisch?

- Welche Bedeutung hat die *confessio Augustana* für das reformatorische Geschehen?
- Welche Aufgaben hätte ein vom Papst einberufenes Konzil?
- Ist der Augsburger Reichstag von 1530 eine Zäsur innerhalb des reformatorischen Geschehens?
- Wie wird 1530 die politische Situation im Alten Reich eingeschätzt und welche Rolle kommt dem Kaiser dabei zu (in seinem Selbstverständnis und nach Auffassung der reformgesinnten Reichsstände)?
- Wie ist das Zusammenspiel von Kirche und Staat um 1530 zu bewerten?

Lektüreempfehlungen

Immenkötter, Herbert; Wenz, Gunther (Hg.): Im Schatten der Confessio Augustana. Die Religionsverhandlungen des Augsburger Reichstages 1530 im historischen Kontext. Münster 1997. *(Aufsatzsammlung, Themenfelder quellengesättigt bearbeitet)*

Kaufmann, Thomas: „Türckenbüchlein". Zur christlichen Wahrnehmung „türkischer Religion" in Spätmittelalter und Reformation. Göttingen 2008. *(quellengesättigte, die Forschung vertiefende und gestaltende Studie)*

Kaufmann, Thomas: Geschichte der Reformation in Deutschland. Berlin 2016. *(umfängliche, vertiefte Forschung, Grundlagenwerk)*

Koerner, Joseph Leo: Die Reformation des Bildes. München 2017. *(zahlreiche Bildzeugnisse, kurze Verortung und Bewertung)*

Slenzka, Notger: Die Augsburger Konfession, in: Amt der VELKD (Hg.): Unser Glaube. Die Bekenntnisschriften der evangelisch-lutherische Kirche. Ausgabe für die Gemeinde. 6. Aufl. Gütersloh 2013, 31–99. *(Sammlung kommentierter Bekenntnisschriften mit Einführungen und Grundierung des Quellentextes)*

10 Widerstand, Bündnisse, Krieg

10.1 Auf dem Weg zum Krieg: Widerstand und Bündnisse

> Teutschland laß dich nicht erschrecken/
> Du Heyligs Römisch Reych.
> Sein hilff wirdt dir Gott erwecken/
> Allein von seinem wort nicht weych.
> Bey dem laß dir nicht grausen/
> Auff sein wort setz dein mut.
> Und laß den Teuffel maussen/
> Er hat kein Strauß federn hut.
> [...]
> Tröstlich ist unser leyden/
> Weder umb diebstal noch mordt/
> Dich Christum zuuermeyden.
> Darzu dein heyligs wort.
> Die Freyheit unser Väter/
> Halten in gutem Schirm.
> Bewegen diese wetter/
> Auffrur und tödtlich stirm.

Dieser Text (Vrsprung 1546) wurde vermutlich 1546 vom aus Augsburg stammenden protestantischen Dichter und Goldschmidt Martin Schrot verfasst, den Gustav Roethe als „gewaltigen Apokalyptikus" bezeichnet, der mit Vorliebe die Freiheit der deutschen Nation betont und diese von der Knechtschaft durch die „Welschen" abgesetzt hätte (Roethe 1891, 556–558).

Diese Zuschreibung erklärt sich nicht zuletzt daraus, dass in der Schrift von Schrot zahlreiche Bilder aus der Offenbarung des Johannes zu finden sind, welche die Dramatik der zeitgenössischen Situation unterstreichen sollen, denn: In dem Bilderzyklus, der den Text begleitet, geht es um die „Hure Babylon", die auf einem Drachen reitet, während sich im Himmel der Sturm des Niedergangs andeutet. Dieser Sturm – so erzählen es die Bilder – wird von einem Engel entfacht, der dazu einen Mühlstein ins Meer wirft. Insgesamt soll damit das Drama der Zeit deutlich werden, in dem sich der Autor der Flugschrift wähnt: Die Zeichen stehen auf Untergang; und dies ganz konkret, so dass sich der Autor nun mit eindrücklichen Reimen direkt an die „Teutsche Nation" wendet.

Schrot als „Apokalyptikus"

Die „Teutsche Nation" am Ende der Zeit

Und diese Nation ruft er dazu auf, sich nicht von dem Treiben erschrecken zu lassen, das gegenwärtig herrsche, sondern im Vertrauen auf Gottes Wort für die Freiheit einzutreten, die der „Teutschen Nation" seit jeher zu Eigen sei. Doch genau diese Freiheit, von den „Vätern" der Nation erstritten und bewahrt, sah der Autor ganz offensichtlich in Gefahr. Deshalb gelte es nun, sich nicht vor dem Teufel zu fürchten, sondern allen Mut auf das Wort Gottes zu setzen und in den Streit zu ziehen.

Papst als „Antichrist"

Insgesamt ist die Flugschrift also ein Aufruf an die „Teutsche Nation", zur Einigkeit zurück zu finden und sich in aller Schärfe und Klarheit dem Kriegstreiben des „Entchrists" entgegenzustellen (Vrsprung, Aii/v). Dieser „Entchrist" bzw. „Antechrist" sei der Papst, der schon mit dem Ablass „die gantz Welt" (Vrsprung, Aiii/v) betrogen habe (vgl. Kap. 3) und nun versuche, auch Deutschland in den Untergang zu treiben. Die Geschichte, die dies in der Flugschrift eindrücklich illustriert, erzählt von einem Metzger (Papst), der 400 Schafe (deutsche Nation mit ihren gut 400 Territorien) betrügt und allesamt ermordet. Die Schafe indes hätten dem nichts entgegenzusetzen, weil sie zwar eine große Schar seien, aber sich untereinander nicht richtig kennen würden – also getrennt lebten. So könne der Metzger eines nach dem anderen erwürgen (Vrsprung, Aiii/v-Aiiii/r). Wären die Schafe untereinander einig, würde dies sicher nicht passieren. Und so bleibt am Ende der Aufruf, dass die „Teutsche Nation" sich nicht erschrecken lassen, sondern auf Gott vertrauen und bei seinem Wort bleiben solle. Nur dann sei es möglich, dem Teufel zu widerstehen, der das Feuer schon entfacht hätte (Vrsprung, B/v-Bii/r).

In der Flugschrift werden endzeitliche Szenarien (Apokalypse) in Wort und Bild gebraucht, um die prekäre Situation des Alten Reiches zu beschreiben, in dem Krieg auszubrechen drohe. Entsprechend evangelischer Diktion wird der Papst als Schuldiger und Kriegstreiber ausgemacht, vom Kaiser indes wird in der Flugschrift nicht gesprochen. Der drohende Krieg wird also als Religionskrieg verstanden, der zugleich das Potential habe, das Ende der Welt einzuläuten; es sei also unumgänglich, um der „Freyheit der Väter" willen Widerstand zu leisten und in großer Einigkeit für die rechte Lehre einzutreten.

10.2 Bündnisse

10.2.1 Bündnisse vor 1530

Die konfessionelle Situation im Alten Reich war seit den 1520er Jahren durchweg heikel, da bis 1555 keine Konfession jenseits der katholischen reichsrechtlich anerkannt war. Die daraus resultierende Unsicherheit brachte unterschiedliche Regelungen hervor (Reichstage in Worms, Speyer), die allerdings durch die Abwesenheit des Königs und späteren Kaisers im Reich (bis 1529) und die Bedingungen in den einzelnen Städten und Territorien eher interessenorientiert umgesetzt wurden. Letzterem versuchte Kaiser Karl V. einen endgültigen Riegel vorzuschieben, als er im November 1530 die Religionsverhandlungen abbrechen und stattdessen das Wormser Edikt von 1521 wieder vollumfänglich einsetzen ließ (Rabe 1989, 216).

Die bestehende Unsicherheit sorgte dafür, dass parallel zu den Versuchen, die neue Lehre zu präzisieren und in den Territorien zu verankern, nach Bündnispartnern Ausschau gehalten wurde, um sich in der konfessionell (und damit auch politisch) unklaren Situation gegenseitig zu unterstützen – und auch im Falle eines Religionskrieges mit Hilfe rechnen zu können. Diese Bündnisse wurden sowohl auf katholischer Seite als auch zwischen denen geschlossen, die der Reformation anhingen. *Unsicherheit im Reich*

Die Ereignisse des Bauernkriegs brachten ein erstes Bündnis hervor, das allerdings keine längerfristige Perspektive haben konnte, weil es Grenzen hinter sich gelassen hatte, die später durch die Konfessionen klar markiert wurden: So tat sich hier der katholische Herzog Georg von Sachsen (1471–1539) mit seinem Schwiegersohn Philipp von Hessen zusammen. Mit der weiteren Unterstützung durch Heinrich von Braunschweig (1489–1568) schlugen sie im Mai 1525 das Heer der Bauern bei Frankenhausen. Das war die entscheidende Schlacht gegen die Thüringischen „Bauernhaufen", in welcher dann auch der Bauernführer Thomas Müntzer (vgl. Kapitel 5 und 6) gefangengenommen wurde. *Bündnis im Bauernkrieg*

Doch als immer deutlicher wurde, dass Philipp von Hessen eher der lutherischen Lehre zuneigte, endete diese Zusammenarbeit. Fortan wurden Bündnisse nur noch innerhalb der eigenen Religionspartei geschlossen, so geschehen etwa beim „Torgauer *Torgauer Bund*

Bund" (1526), der ursprünglich Hessen und Kursachsen verbunden hat und später erweitert wurde (etwa um Mecklenburg, Anhalt, Mansfeld, Braunschweig-Grubenhagen, Magdeburg). Der „Torgauer Bund" war die erste dezidiert protestantische Vereinigung. In ihm kamen mit Hessen und Kursachsen die zwei wichtigsten Mächte zusammen, welche die Reformation unterstützten. Fortan wollten sich Philipp von Hessen und Kurfürst Johann Friedrich nicht nur einander beistehen, wenn sie wegen ihres Engagements militärisch angegriffen würden, sondern sie wollten einander auch bei der Umsetzung von Kirchenordnungen und damit bei der Etablierung ihres jeweils eigenen landesherrlichen Kirchenregiments helfen. Der Schmalkaldische Bund vom Dezember 1530 (vgl. Kapitel 10.2.2) sollte dieses Bündnis schließlich ablösen.

Dessauer Bund

Der „Torgauer Bund" war im Grunde eine Antwort auf die Gründung des „Dessauer Bundes" (1525). Dies war ein ebenfalls konfessionell ausgerichtetes Bündnis, in dem sich das Herzogtum Sachsen mit Mainz, Brandenburg und Braunschweig-Wolfenbüttel zusammengetan hatte. Direkt nach der Schlacht von Frankenhausen gegründet, war es ein wesentliches Ziel des Bundes, auch künftigen Aufruhr zu unterbinden, der ungeachtet der verheerenden Niederlage der Bauern weiterhin drohte. Außerdem versprachen die Bündnisteilnehmer, dafür zu sorgen, dass die neue Lehre im Alten Reich nicht weiter Fuß fasste (Geß 1917, 352 f.).

Regensburger Bund

Darüber hinaus sei noch erwähnt, dass schon seit 1524 der „Regensburger Bund" existierte. Hier hatten sich der Erzherzog Ferdinand, Bayern und die Bischöfe von Speyer, Salzburg, Augsburg und Passau zusammengeschlossen (Kaufmann 2016, 503 f.).

Diese Bündnisbildung macht bereits in den 1520er Jahren deutlich, dass zahlreiche Reichsstände wohl nicht davon ausgingen, dass es in absehbarer Zeit wieder zu einer einheitlichen Religionspolitik kommen würde. Zu weit fortgeschritten erschienen ihnen offenbar die Ereignisse der Reformation – und auch das Ende des Bauernkrieges ließ nicht vermuten, dass die territorialen Fürstenreformationen damit ebenfalls beendet sein würden. Zudem war vollkommen offen, wie die katholischen Reichsstände und nicht zuletzt auch der König und spätere Kaiser Karl V. auf das reformatorische Geschehen reagieren bzw. mit welchen Mitteln genau sie die Verbreitung der neuen Lehre verhindern wollten. Es galt also, für alle Fälle – und damit auch für eine militärische Auseinandersetzung – gerüstet zu sein.

10.2.2 Der „Schmalkaldische Bund" (1530)

Die Reichstage von Speyer und von Augsburg (1529 und 1530) sind als Zäsur im reformatorischen Geschehen zu verstehen, denn nun war klar, dass Kaiser Karl V. nicht nur auf die Durchsetzung des Wormser Edikts (1521) bestand, sondern auch seine sich selbst zugedachte Rolle als Schiedsrichter in der Religionsfrage zugunsten seiner Zustimmung für die *confutatio confessionis Augustanae* aufgegeben hatte (vgl. Kapitel 9). Für die evangelischen Stände konnte dies nur bedeuten, dass eine militärische Auseinandersetzung kurz bevorstand, um die Einheit der Religion und damit auch die Einheit des Reiches wiederherzustellen. Der eigentliche Kriegsgrund wäre dann also Landfriedensbruch, denn bereits in ihrer Existenz widersprachen die evangelischen Stände nun den Beschlüssen der Reichstage; die Motivation indes wäre konfessionell; in allem jedoch ging es um die Vorherrschaft im Alten Reich.

Reichstage 1529 und 1530 als Zäsur

Dieser Umstand rückte nun auch all jene unter den Reichsständen zusammen, die 1530 noch unterschiedliche evangelische Bekenntnisse (*confessio Augustana* und *confessio Tetrapolitana*) vorgelegt hatten. Gemeinsam führten sie nun Bündnisverhandlungen, die noch 1530 in die Gründung des „Schmalkaldischen Bundes" mündeten, dessen Bundesvertrag am 27. Februar 1531 beschlossen und im Juni 1532 ratifiziert wurde. Darin wird festgehalten, dass der Beitritt zum Bund zunächst kein einheitliches Bekenntnis erforderte, die Mitglieder sollten nur das Evangelium angenommen haben. Mit dieser Bestimmung trugen die potentiellen Bündnispartner der Situation Rechnung, die sich aus dem Augsburger Reichstag von 1530 ergeben hatte: Auch die evangelische Bewegung war uneinheitlich, doch sollte die mangelnde Einheit das Zusammenstehen im Kriegsfall nicht verhindern.

Bekenntnisgrundlage des Schmalkaldischen Bundes

Die Bestimmung zum Bekenntnis wurde erst im zweiten Bundesvertrag von 1536 etwas konziser, denn nun wurde formuliert, dass ein evangelisches Bekenntnis die Beitrittsvoraussetzung sei. Unter dieser Formulierung, welche weiterhin die heterogene Bekenntnissituation im Alten Reich widerspiegelte, konnten sich aber immer noch gleichzeitig die oberdeutschen Städte und eben auch all jene wiederfinden, die sich zur *confessio Augustana invariata* von 1530 hielten (Haug-Moritz 2002, 70–76 und 100).

Bündnispartner

Die Gründer des Bundes waren fünf Fürsten (inkl. Kursachsen und Hessen), zwei Grafen und elf Städte, das Bündnis sollte erst einmal für sechs Jahre existieren. Bis 1538 traten noch zahlreiche weitere Städte und Fürsten dem Bund bei, dessen Aufgabe es sein sollte, den reformatorischen Prozess in den einzelnen Territorien zu sichern, zu „beschirmen" und notfalls mit militärischen Mitteln zu verteidigen (Haug-Moritz 2002, 80–92).

Widerstand erlaubt?

Doch bis es letztlich zur Gründung des Bundes kam, musste noch die wichtige Frage geklärt werden, ob es überhaupt legitim war, ein Bündnis zu schließen, in dem sich die Bündner gegenseitig militärischen Schutz und später auch Rat und Hilfe versprachen, der sich gegebenenfalls auch gegen den Kaiser und damit gegen die von Gott eingesetzte Obrigkeit richtete. In einer intensiv geführten Debatte (Schmidt 1989) wiesen juristische Gutachten schließlich diese Legitimität nach, indem sie mit der politischen Struktur des Reiches argumentierten: Demnach sei der Kaiser mit seiner Wahl zum König bestimmten Verpflichtungen gegenüber dem Reich eingegangen, aus denen er sich nicht einfach lösen könne. Hielt er sich also nicht daran, beispielsweise die Einheit im Reich zu wahren und in Religionssachen im Sinne des Reiches zu wirken, dann könnten die Reichsstände auf dieser Grundlage im Notfall gegen den Kaiser opponieren. Das „politische Handlungsgebot der Stunde" (Kaufmann 2016, 604) war es also nun, den theologischen Einspruch zugunsten der Möglichkeiten und Verpflichtungen zurückzustellen, die sich verfassungsrechtlich aus der Wahl des Königs ergaben.

Verfassung von 1535

Vor diesem Hintergrund konnte die Gründung des Bundes voranschreiten (Kaufmann 2016, 603–606) und auch der Bundesvertrag von 1531/32 erklärte nun, dass die Bündner einander zur Gegenwehr und zur Rettung unterstützen sollten. Dies wurde in der Verfassung von 1535 noch dahingehend erweitert, dass nicht nur Krieg, sondern auch andere Beschwerungen für den Bündnisfall sorgen konnten. Allerdings tat sich hier ein großer Ermessensspielraum bei der Beurteilung auf, was diese Beschwerung und die darauf zu erfolgende Reaktion ausmachen sollte (Haug-Moritz 2002, 77 f.).

Und schließlich: Um für den Fall einer militärischen Hilfeleistung gewappnet zu sein, sollten die Bündner bereits in Friedenszeiten ihr militärisches Potential steigern und die Entscheidungsprozesse innerhalb des Bundes klären, damit im Ernstfall schnell gehandelt werden konnte. Letzteres geschah, als 1535 Kurfürst Johann Friedrich von Sachsen und Landgraf Philipp von Hessen als Hauptleute des Bundes ernannt wurden, was den Bund als solchen grundsätzlich veränderte (Haug-Moritz 2001, 153 f.).

10.2.3 Bündnisfall und Krieg

Im Jahr 1542 trat dann das ein, was seit 1530 befürchtet oder ersehnt wurde: der Bündnisfall, der nicht nur militärisch, sondern auch publizistisch ausgefochten wurde. Den Anlass dazu bot die Auseinandersetzung um zwei Mitglieder des Bundes, Braunschweig und Goslar. Seit Längerem schwelte ihr Streit mit Heinrich von Braunschweig-Wolfenbüttel (1489–1568), und als das Reichskammergericht 1540 die Reichsacht über Goslar verhängte, die durch Heinrich exekutiert werden sollte, bot sich die Chance zum Bündnisfall, auch wenn der Kaiser die Acht inzwischen suspendiert hatte. Im Sommer 1542 nahmen die Truppen des Bundes das Herzogtum ein und errichteten dort ein evangelisches Kirchwesen. 1545 marschierte Heinrich allerdings dort ein, wurde von Philipp von Hessen gefangengenommen – und dies nahmen der Kaiser und die katholischen Reichsstände zum Anlass, Letzteren des Landfriedensbruchs zu bezichtigen. Nun eskalierte die Situation, denn zeitnah wurde die Reichsacht über Hessen und Kursachsen ausgesprochen (20. Juli 1546). Zudem erlaubten nun die Neutralität Bayerns und ein Neutralitätsabkommen mit dem eigentlich evangelisch gesinnten Moritz von Sachsen (1521–1553) dem Kaiser, in den Krieg zu ziehen. Für seine Dienste sollte Moritz von Sachsen nicht nur die Herrschaft über die Hochstifte Halberstadt und Magdeburg, sondern auch die sächsische Kurwürde erhalten. Der Krieg, der nun begann, war auch und gerade ein Religionskrieg, auch wenn die beiden Konfessionsparteien zumindest in der Publizistik durchweg reichsrechtlich argumentierten (Haug-Moritz 2001, 157–160).

Bündnisfall 1542 und Krieg

Am 24. April 1547 siegten die kaiserlichen Truppen schließlich in der Schlacht bei Mühlberg an der Elbe. Damit war der Bund geschlagen, auch wenn er Bremen und Magdeburg halten konnte. Johann Friedrich und Philipp von Hessen wurden gefangengenommen, der Kaiser triumphierte. Doch dieser Triumph ging

Sieg des Kaisers

mit der unbotmäßigen Demütigung seiner Gegner einher: Johann Friedrich wurde erst zum Tode verurteilt, dann begnadigt, dann quasi zum Tanzbären Karls gemacht, den er überall mit hinführte; Philipp von Hessen erhielt eine lange Gefängnisstrafe. Doch auch gegenüber Württemberg, der Pfalz und den oberdeutschen Reichsstädten lebte Karl V. seinen Triumphalismus aus und erregte damit den Zorn der Reichsstände – selbst von Moritz von Sachsen, was deutlich macht, dass das ständische Bewusstsein unter bestimmten Umständen konfessionelle Unterschiede einebnen konnte, kurzum: „In keiner Phase seines Kaisertums hat das Ansehen Karls V. größeren Schaden genommen als nun, da seine Macht am größten war" (Kaufmann 2016, 681).

10.3 Quelle und Vertiefung: Widerstand?

10.3.1 Martin Luther und die Widerstandsfrage

Luther und Widerstand

Die „Warnung Martin Luthers" (verfasst bereits im Oktober 1530) kommentiert den just beendeten Reichstag in Augsburg (1530), auf dem deutlich geworden ist, dass die Spannungen zwischen den Religionsparteien und die damit einhergehenden politischen Implikationen nicht lösbar erschienen, im Gegenteil: Die Gefahr eines Krieges zeichnete sich am Horizont ab. Die Frage, ob gegen den Kaiser Widerstand geleistet werden dürfte, brach deshalb nun vollends auf (Böttcher 1991) – und Luther, der immer dafür plädiert hatte, den Kaiser als Obrigkeit anzuerkennen, die von Gott eingesetzt worden war, und deshalb jedwedes Handeln gegen den Kaiser zu unterlassen, musste seine Position überprüfen. Anschließend ging er einen Schritt auf diejenigen zu, die weniger Bedenken hatten, und erklärte: Immer noch sei der Kaiser der Kaiser und bliebe es auch dann, wenn er Gottes Gebote übertrete (Luther/Johann 1530, 61). Außerdem dürfe von denen, die der „Luterrischen lere" anhingen, keine Gewalt ausgehen, niemand solle sagen können: „Sihe, das ist die frucht der Luterischen lere". Zudem sei immer für Frieden, niemals aber für den Krieg zu beten. Als dies zusammengenommen, verbiete sich auch weiterhin ein aktiver Widerstand gegen den Kaiser.

Juristische Argumentation

Aber die Juristen, welche die Widerstandsdebatte am Begriff der „Gegenwehr" festmachten (Haug-Moritz 2001), haben Luther dann zumindest etwas zum Einlenken gebracht, indem sie argumentierten, dass es durchaus als Rechtsbruch zu verstehen sei und Widerstand hervorrufen durfte, wenn der Herrscher sich nicht an die zwischen Ständen und Kaiser getroffenen Verabredungen hielte (von Friedeburg 2001, 26–34). Das bedeutet, dass der Kaiser in seiner Autorität immer noch anerkannt wurde, die Stände aber den Verstoß des Kaisers gegen seine Pflichten nicht akzeptieren mussten. Unrechte Gewalt legitimierte also die Gegenwehr, so die Erkenntnis aus den Gutachten. Und da es auch zur Pflicht der Obrigkeit gehörte, die *cura religionis* sicherzustellen, konnte auch hier – wegen der Pflichtverletzung – Gegenwehr geleistet werden (Haug-Moritz 2001, 145–150).

Gleichwohl wollte Luther sich diese Position nicht gänzlich zu Eigen machen, widersprach sie doch auch seiner Grundposition, das weltliche und geistliche Amt zu trennen – eine Position, die im Übrigen auch der einflussreiche Nürnberger Ratsschreiber und Luther-Unterstützer Lazarus Spengler teilte und dies zur Stärkung Luthers auch sehr deutlich machte (Spengler 1529, 29–40). 1531 ging Luther deshalb nur so weit, dass er sagte, dass er all jene, die nun angegriffen würden und deshalb in den Krieg ziehen müssten, nicht als „Aufrührer" bezeichnen würde, denn damit würde er den „Bluthunden" vermitteln, das Recht stünde auf ihrer Seite. Alles Weitere müssten dann aber die Juristen entscheiden. Mit diesem Votum zog Luther sich dann aus der Debatte zurück und nahm im Grunde eine recht komfortable Position ein, weil ihm weder vorgeworfen werden konnte, aktiv für den Widerstand zu werben, noch bremste er all jene aus, die sich auf die juristischen Gutachten stützten und zur Tat schreiten wollten.

[Luther und die Juristen]

Die Intensität der Debatte um einen möglichen Widerstand gegen den Kaiser und des drohenden Krieges lässt sich auch an der Druckgeschichte von Luthers „Warnung an seine lieben Deutschen" ablesen: Erschienen 1531, erlebte sie zunächst nur vier Drucke. Als aber die Kriegsgefahr 1546/7 sehr konkret wurde, erhielt sie zusätzlich noch eine Vorrede von Melanchthon, wurde erneut gedruckt und erlebte zahlreiche Auflagen. Zu sehr schien sich jetzt aus lutherischer Perspektive zu bewahrheiten, dass die „Papisten" sich als Kriegstreiber entpuppten, um das von ihnen 1530 begonnene Werk zu Ende zu bringen. Umso wichtiger war es nun, zweifelnde Lutheraner, die nur um Luthers strikten Gehorsam dem Kaiser gegenüber wussten, mit seiner neuen und zugleich differenzierteren Position vertraut zu machen und so zum Handeln zu bewegen.

[Luthers Warnung an die Deutschen]

10.3.2 Quelle: Luther: Warnunge D. Martini Luther, An seine lieben Deutschen

So ernstlich (das weis ich) ist von den Christen gbettet, und so hohe demut, gedult und flehen ist da beweiset, und so gute rechte sache haben sie fur jnen gehabt. Nu sie [= Papisten] aber den Reichstag [Augsburg 1530] nicht allein on ende und fried haben lassen zurgehen, sondern unfriede gesterckt und mit drewen und trotzen beschlossen, So wil ich sampt den meinen unser gebet nach Gottes befehl auch einziehen und, wie S. Johannes leret, fur die suende zum tode nicht beten, Sindern dem verstockten Pharao zusehen, wie jn Gott im roten meer teuffen wird. [...]

Wenns nu auffs aller ergest gerett, So mus der zweier eins geschehen,, Ein Krieg odder Auffrur, Vielleicht alle beide zu gleich. Denn es stehen wol drauff (wir reden jtzt im trawm, da kein Gott ist), wo sie mit krieg ansahen, das sich etwa ein fenlin auff werffe und rotte sich ein hauffen zusamen, auch unter jrem eigen volck, das beide sie selbs und wir auch mit zu grund gehen. Denn sie duerften sich jnn solchem fall auff unser lere nicht lassen, als seien sie nu gewis, das sich niemand widder sie setzen werde, weil wir widder die auffrur hart geschrieben und geleret haben, man solle auch der Tyrannen frevel leiden und sich nicht weren. Wol ists geleret, Aber die theter kann ich nicht schaffen, Sintemal auch alle ander stücke unser lere wenig halten und achten. [...] Wird aber ein krieg daraus, So mus ich mich aber mal leiden sampt den meinen und gewarten, was unser Gott hierinn raten und richten wird, Der uns bis her trwlich beygestanden und noch nie verlassen hat. [...]

Weil mir nicht gebueret zu kriegen noch zum kriege zu raten odder zu reitzen als einem Prediger im geistlichen ampt, Sondern viel mehr vom kriege zum frieden raten, wie ich auch bisher auffs vleissigst gethan, das mir alle welt zeugen mus, Aber doch unser feinde nicht wollen friede, sondern krieg haben. Kompts denn dazu, das ein krieg angehet, So wil ich warlich meiner feddern auch still halten und schweigen und mich nicht mehr so drein legen, wie ich thet jnn der nehesten auffrur, Sondern wil auch lassen gehen, was da gehet, und solt gleich kein Bischoff noch Pfaff noch Mönch bleiben und ich selbs auch mit untergehen. Denn jr trotzen und rhuemen ist Gotte zu unleidlich, und jr verstockt hertz machts zu hart und zu viel. Sie sind uber alle masse hoch gnug gebeten, ermanet und umb friede ersucht, Sie woellens durch fleisch und blut hinaus trotzen. So wil ichs durch Geist und Gott auch mit jn hinaus trotzen Und hinfurt nicht einen odder zween Papisten, Sondern das gantz Bapstum auff mich geladen haben, bis das der Richer im himel drei zeichne. [...]

Weiter: Wo es zum Kriege kompt, da Gott fur sey, So wil ich das teil, so sich widder die moerdische und blutgyrige Papisten zur were setzt, nicht aufruerrisch gescholten haben noch schelten lassen, Sondern wills lassen gehen und egschehen, das sie es eine not were heissen, und wil sie damit ins Recht und zu den Juristen weisen. Denn jnn solchem fall, wenn die moerder und bluthunde jhe kriegen und morden wollen, so ists auch jnn der warheit keine auffrur, sich widder sie setzen und weren. Nicht, das ich hie mit woelle jemand reitzen noch erwecken zu solcher gegenwere noch sie rechtfertigen, denn das ist meins ampts nicht, viel weniger auch meines richtens odder urteils [...], Sondern, das ich ein unterschied gebe zwisschen auffrur und andern thaten, Und den Bluthunden den schand deckel nicht lassen wil, das sie rhuemen sollten, als kriegten sie widder auffruerische leute und hettens guten fug nach weltlichem und Göttlichem rechte, wie sich das ketzlin gern putzen wolte und schmuecken. Des gleichen wil ich der leute gewissen nicht beschweret lassen mit der fahr und sorge, als sey gegen were auffruerisch, Denn solcher name ist zu boese und zu schwer jnn solchem fall. Es sol einen andern namen haben, Den werden die Rechte wol finden.

(Auszug aus: Warnunge D. Martini Luther, in: WA 30-III, 276–320.)

10.3.3 Fragen und Anregungen

– Vor welchem Dilemma stand Martin Luther in der Auseinandersetzung mit der „Gegenwehr" und wie beurteilte er das Recht auf „Gegenwehr" im Blick auf Krieg und Aufruhr?
– Ab wann und in welcher Form galt das Recht auf Widerstand in Glaubensfragen, in politischen Fragen? Wann war dies eine juristische, wann allein eine Gewissensentscheidung? Welche Besonderheiten sind dabei für die erste Hälfte des 16. Jahrhunderts zu beachten?
– Diskutieren Sie, ob und wie es nach dem Reichstag von 1530 zu einer militärischen Auseinandersetzung zwischen den Konfessionsparteien kommen musste.

Lektüreempfehlungen

Böttcher, Diethelm: Ungehorsam oder Widerstand? Zum Fortleben des mittelalterlichen Widerstandsrechts in der Reformationszeit (1529–1530). Berlin 1991. *(Grundlagenwerk, da zeitgenössische Diskurse konzise aufgezeigt und verortet werden. Brücke zwischen Spätmittelalter und Früher Neuzeit eindrucksvoll geschlagen)*

Friedeburg, Robert von (Hg.): Widerstandsrecht in der frühen Neuzeit. Erträge und Perspektiven der Forschung im deutsch-britischen Vergleich. Berlin 2001. *(Aufsatzsammlung mit zweifacher Perspektive auf Widerstandsrecht, Beiträge zur Frühen Neuzeit sind einschlägig)*

Haug-Moritz, Gabriele: Der Schmalkaldische Bund, 1530–1541/42. Eine Studie zu den genossenschaftlichen Strukturelementen der politischen Ordnung des Heiligen Römischen Reiches Deutscher Nation. Leinfelden-Echterdingen 2002. *(Grundlagenwerk, das bis ins Detail den Bund beschreibt und verortet; quellengesättigt und den Forschungsdiskurs voranbringend)*
Kaufmann, Thomas: Geschichte der Reformation in Deutschland. Berlin 2016. *(umfängliche, vertiefte Forschung, Grundlagenwerk)*
Scheible, Heinz (Hg.): Das Widerstandsrecht als Problem der deutschen Protestanten, 1523–1546. Gütersloh 1969. *(Zusammenführung von Quellen des Widerstandsdiskurses aus unterschiedlichen Bereichen)*

11 Radikale Reformation: das Täuferreich von Münster (1534/35)

Abb. 6: Die Ordnung der Widerteuffer zu Münster. Item was sich daselbs nebenzu verloffen hatt vonn der Zeytt an, alls die Statt belegert ist wordenn (1535), der Druckort ist vermutlich Augsburg (VD16 O883). Die Häuser verweisen auf die Stadt Münster, in deren Mitte der Rat der „12 Ältesten" tagt, der zu Beginn der Täuferherrschaft eingesetzt wurde.

11.1 Herrschaft im „Neuen Jerusalem"

Zerstörungen in der Stadt

Die Flugschrift über die Ordnung der „Wiedertäufer in Münster", die nach dem Niedergang des Täuferreichs von Münster (1535) verfasst wurde, um die „Schändlichkeiten" deutlich zu machen, die in der Stadt stattgefunden haben sollen, ist in zwei Teile aufgeteilt: Zunächst werden zahlreiche Auswüchse eines Bildersturms in der Stadt beschrieben, dem nicht nur Bilder in den Kirchen, sondern auch Orgeln, Kisten, Bücher, Glasfenster und die in der Stadt bestehenden Klöster zum Opfer gefallen seien. Selbst die Gebeine der Heiligen seien auf die Gassen geworfen und mit Füßen getreten worden (Ordnung 1535, Aii/v). Ebenso dramatisch sei die Zerstörung des Fürstenwappens gewesen, das „abgebrochen und zustucken zerschlagen" worden sei (Ordnung 1535, Aii/r). Vor keiner Autorität wurde also Halt gemacht.

Ordnung der „12 Ältesten"

Der zweite Teil beschreibt die Ordnung der „12 Ältesten" und das Leben in der Stadt. Dabei nimmt er Bezug auf das Bild der Flugschrift: Die namentlich genannten „12 Ältesten", die auf dem Bild zu sehen sind, seien durch den Propheten Jan van Leiden (1509–1536) zu ihrem Leitungsamt berufen worden und hätten dieses für eine gewisse Zeit ausgeübt. Ihre Aufgabe sei es gewesen, die alltäglichen Abläufe der Stadt ordnen, wozu sie – so die Flugschrift – bestimmte Menschen in Verantwortung für einzelne Arbeitsbereiche gesetzt hätten. Die eigentliche – und zugleich unwidersprochene – Macht aber sollte beim Propheten und beim „Schwerthalter" Bernhard Knipperdolling (um 1495–1536) liegen, der die Strafen vollstrecken sollte, wenn diese nötig würden. Auch er sei vom Propheten eingesetzt worden. Das Sprachrohr des Propheten sei Bernhard Rothmann gewesen, der ehemalige Kaplan, dann lutherischer Prediger und nun „Worthalter" des Täuferkönigreichs, dessen Aufgabe es gewesen sei, die Entscheidungen des Propheten an das Volk weiterzugeben und biblisch zu begründen (Ordnung 1535, Biii/r).

Das Leben selbst sei gestaltet von Gütergemeinschaft und einer strengen Ausrichtung auf die Gemeinde. So werde gemeinsam gebetet, gemeinsam gegessen und auch sonst hätten alle sich am Gemeinwohl auszurichten.

„Neues Jerusalem"

Das Selbstverständnis Münsters unter der Täuferherrschaft wird zusammenfassend so dargestellt: „Die statt wirt [..] genandt das new Jerusalem und nennen sich Israheliten vnnd vnns die

noch nicht zum andern mal geteufft seind nennen sy Hayden."
(Ordnung 1535, Biii/v). Damit wird erklärt, dass das „Neue Jerusalem" nun nicht mehr Amsterdam oder Straßburg, sondern Münster sein sollte; die Stadt, in der sich nun die Auserwählten sammeln sollten, bevor das endgültige Gericht über der Welt gesprochen würde. Zudem wird auch der Standpunkt des Autors deutlich, der sich zu „vnns" und dabei zu den „Hayden", also zu denen zählt, die nicht erneut getauft worden sind (Gruber 2018, 194–196). Aus diesem Standpunkt erklärt sich dann auch die abwertende Sprache der Flugschrift, denn ihr geht es nicht darum, die Entwicklung in Münster konzise nachzuzeichnen, sondern die „Schändlichkeit" des Geschehens soll deutlich markiert werden.

11.2 Das Täuferreich von Münster (1534/35)

Wolmar, Dorpat, Reval, Stockholm, Ostfriesland, Straßburg – das sind einige Lebensstationen des Kürschners Melchior Hoffmann (1498–1543/44), der als Wegbereiter des niederländischen und niederdeutschen Täufertums und damit auch des Täuferreichs in Münster gilt. Insbesondere in Straßburg, das vor Münster ebenso wie Amsterdam als das „Neue Jerusalem" gehandelt wurde, schärften sich seine Ideen, die er dann 1530 in seiner Schrift „Ordonanntie Godts" gebündelt hat (Hoffmann 1530). Dabei sind drei Elemente wichtig, die sich ebenfalls – wenn auch in einer sehr eigenen Konnotation – in der Denkwelt des Täuferreichs von Münster widerspiegeln sollten: Erstens verstand Hoffmann die Taufe als Bundesschluss zwischen Gott und dem erwachsenen Menschen, durch den sich der Mensch Gott überantwortete. Dafür allerdings müsse er vorher das Evangelium verstanden haben, was er als Kind jedoch nicht leisten könne. Insofern sei die Kindertaufe abzulehnen und die Glaubenstaufe zu praktizieren (Deppermann 1979, 203 f.). Zweitens gehe die Seele anschließend einen Weg, der auch Konsequenzen für das konkrete Leben der Menschen haben sollte und den Hoffmann mit dem Bild des Tempels Salomo beschreibt: Über den Vorhof und das Heiligtum gelange die Seele zum Allerheiligsten, so dass der Mensch über die abgetöteten Begierden und den Empfang des Geistes die Fähigkeit erhalte, in den dritten und

Melchior Hoffmann

Kindertaufe

Weg der Seele

vierten Himmel und damit in die Herrlichkeit Gottes zu schauen (Deppermann 1979, 211). Und drittens ging Hoffmann davon aus, dass die Ereignisse der Gegenwart in den Visionen des Alten und Neuen Testaments präfiguriert seien. Dies beträfe nicht nur die Zeichen, die es dann für die Gegenwart zu deuten gelte, sondern auch die biblischen Personen, die in der Gegenwart ihre Entsprechung fänden (Deppermann 1979, 213 f.). Gerade diese Setzung ist relevant für sein endzeitliches Szenario, das sich insgesamt über sieben Jahre erstreckt und in deren Mitte die apostolischen Sendboten Elia und Henoch auftreten, um Rechenschaft abzulegen (Deppermann 1979, 224–226). Da Hoffmann ab seiner Zeit in Straßburg davon ausging, Elia und damit einer der Sendboten zu sein,[1] erscheint es folgerichtig, dass er das Ende der Welt auf 1533 datierte. Bis dahin allerdings sollten seine Anhänger nicht militant gegen Andersglaubende vorgehen. Vielmehr sollten sie missionieren und so das „geistliche Jerusalem vorbereiten", so dass am Ende geistliche und weltliche Macht zusammenwirken könnten (Goertz 1993, 29 f.). Doch diese Zurückhaltung gab Hoffmann während seiner Zeit in Straßburg auf. Wohl auch unter dem Eindruck der reichsweiten Verfolgung der Täufer trat nun für ihn der zornige Gott in den Vordergrund und machte somit die Rache zu einem wichtigen Thema.

Nach Hoffmanns Verhaftung in Straßburg (1533) übernahm der niederländische Bäcker Jan Matthijs (um 1500–1534) die Führung der Melchioriten in den Niederlanden, hob den von Hoffmann verfügten Taufstillstand auf, der die Täufer vor Verfolgung schützen sollte, erklärte sich im Gespräch mit dem niederländischen Schneider Jan van Leiden, dem späteren König des Täuferreichs von Münster, zum endzeitlichen Propheten Henoch, rief dazu auf, die Gemeinde der Gerechten zu sammeln, und setzte dies zunächst in Amsterdam und ab 1534 in Münster um (Deppermann 1979, 288–293).

---

[1] Als Henoch galten Cormelis Polderman aus Middelburg oder der Spiritualist Caspar von Schwenckfeld. Vgl. Deppermann 1979, 227.

11.2.1 Der Weg zur Täuferherrschaft in Münster

Münster (Klötzer/Täuferherrschaft 2007, passim) zeichnete sich durch eine politisch-religiöse Gemengelage aus, in die Gilden, der Rat und insbesondere der bischöfliche Landesherr Franz von Waldeck (1491–1553) involviert waren. Sie alle handelten die Machtfrage in der Stadt aus, wobei über all diesem der Grundkonflikt zwischen Stadt und Bischof stand, die beständig über die Vorherrschaft stritten. Nach 1525 ging es darum, einen erneuten Versuch zu unternehmen, die Reformation in der Stadt einzuführen. Dabei sind diese unterschiedlichen Interessen mehr als deutlich hervorgetreten.

Als sich allerdings ab 1531 weite Kreise der Bevölkerung und auch der Gilden durch die Predigten des späteren „Worthalters" des Täuferreichs, Bernhard Rothmann, dazu bewegen ließen, die neue Lehre anzunehmen, war klar, dass die Reformation in der Stadt Fuß fassen würde. Rothmann selbst hatte die Lehre auf seinen Reisen kennengelernt, die ihn beispielsweise nach Straßburg und Wittenberg geführt hatten.

Die Auseinandersetzung zwischen Bischof und Stadt konnte schließlich im Vertrag von Dülmen (14. Februar 1533) beigelegt werden. Dieser Vertrag erlaubte die städtische Reformation, der katholische Gottesdienst im Dom und in den Münsteraner Klöstern war allerdings beizubehalten (Klötzer/Melchiorites 2007, 224 f.). Die dann einsetzenden Bemühungen um eine Kirchenordnung wurden allerdings von den sich nun überschlagenen Ereignissen eingeholt. Vertrag von Dülmen 1533

1533 war Bernhard Rothmann bereits seit einem Jahr Prediger in der St. Lamberti-Kirche. Die Einführung der Reformation in Münster ist ohne sein Engagement nicht zu denken. Dasselbe gilt für die nachfolgende Radikalisierung, denn Rothmann befand sich fortan im Streit mit dem Rat der Stadt, der die Entfaltung der Reformation entlang der Linien wünschte, die in Hessen und Wittenberg Konsens waren. Das bedeutet, dass die Reformation auf dem Boden der *confessio Augustana* stehen und überhaupt alles vermieden werden sollte, was den Anschein von Radikalität erweckte, indem über die bestehenden Bekenntnisse und Erkenntnisse Luthers hinausgegangen wurde. Bernhard Rothmann

Eine derartige Sorge war begründet, denn bereits im Sommer 1533 hatte Rothmann bei einer Disputation erklärt, dass die Kindertaufe schriftwidrig sei. Damit hatte er sich von der Lehre verabschiedet, die in Wittenberg und Marburg gelehrt wurde. Ein Grund für diese Radikalisierung war die Ankunft der Wassenberger Prädikanten in der Stadt; eine Gruppe, die sich der neuen Lehre zugewandt, sich aber entschieden gegen die Kindertaufe ausgesprochen hatte. Dass Rothmann ihnen folgte, sorgte für Kritik in der Stadt, denn nun befand sich Rothmann im Widerspruch zum Stadtrat, dem fast ausschließlich Lutheraner angehörten. Diese griffen entsprechend konsequent durch und verwiesen die Prädikanten aus der Stadt. Und auch Rothmann sollte nun durch den Rat abgesetzt werden. Dieses Unterfangen scheiterte allerdings am massiven Widerstand der Gilden. Dies macht deutlich, dass auch und gerade die besondere politische Situation Münsters mit ihren unterschiedlichen Herrschaftsträgern und Machtinteressen dafür verantwortlich war, dass es zu einer Radikalisierung in der Stadt kommen konnte.

Anfang 1534 kehrten die Wassenberger Prädikanten in die Stadt zurück, brachten die endzeitlichen Vorstellung Hoffmanns und Matthijs' mit, betonten die besondere Rolle Münsters im endzeitlichen Geschehen und gewannen Rothmann schließlich ganz für sich und tauften ihn. Rothmann taufte daraufhin weitere Erwachsene seiner Gemeinde.

Jan van Leiden kam ebenfalls im Januar 1534 nach Münster und erklärte später, dass bei seiner Ankunft schon 1400 Menschen getauft gewesen seien. Rothmann indes konnte sich in all dem der Unterstützung der Gilden sicher sein, die den Rat wiederholt darauf hinwiesen, dass dieser niemand wegen seines Glaubens verurteilen, sondern den Zusammenhalt in der Stadt fördern solle – eine Aussage, die sicher auch politische Implikationen hatte und auf die Stärkung der eigenen Position im Machtgefüge der Stadt zielte.

Hinzu kam, dass der Fürstbischof nun mit Gewalt drohte, wenn die Entwicklung in Münster so weiterginge. Als dies verhallte, begann er, die Belagerung der Stadt vorzubereiten. Seine Verhandlungen mit Hessen, Kursachsen sowie Köln und Jülich-Kleve zielten darauf, ein gemeinsames Heer aufzubauen und schlussendlich der Entwicklung in Münster einen Riegel vorzuschieben (Rabe 1989, 235). Spätestens dies war das Zeichen für alle Katholiken und moderaten Kräfte in Münster, die Stadt zu verlassen, doch für die Täufer bedeutete dies, nun Sendboten auszuschicken, um viele Menschen für das „Neue Jerusalem" in Münster zu gewinnen (Klötzer/Melchiorites 2007, 231 f.).

Je größer die Bedrohung von außen erschien, desto mehr führte dies zur Konsolidierung der radikalen Kräfte im Inneren. Dies zeigte sich bei der Ratswahl vom 23. Februar 1534, die von den Gruppen gewonnen wurde, welche mit der täuferischen Lehre sympathisierten. Damit lag die politische Macht in der Stadt nun in den Händen der Täufer – und die Umgestaltung Münsters konnte beginnen: Alle, welche die Täuferherrschaft nicht mittragen wollten, sollten nun endgültig die Stadt verlassen, kurze Zeit später wurde die Erwachsenentaufe verbindlich gemacht. Zudem wurde die Verteidigung der Stadt gegen die bischöflichen Truppen vorbereitet. All dies wurde dabei im endzeitlichen Horizont gedeutet, denn schließlich galt es, das „Neue Jerusalem" für das Kommende zuzurüsten.

Ratswahl 1534

Ostern 1534 kam – und damit der Tag, für den Jan Matthijs das Kommen Christi angekündigt hatte. Bei einem Ausfall aus der Stadt wurde Matthijs getötet, das Reich Gottes aber brach nicht an – fraglich ist, ob er seinen Tod forciert hat, weil er davon ausging, dass Christus nur kommen könne, wenn die beiden Propheten (Melchior Hoffmann als Elia und Jan Matthijs als Henoch) gestorben seien.

Als Antwort auf die Entwicklung in Münster versuchten bischöfliche Truppen mit ihren Verbündeten, im Mai und August 1534 die Stadt einzunehmen. In beiden Fällen scheiterten sie – dies heizte die Stimmung in Münster nur noch weiter an. Im September 1534 schließlich wurde der Prophet Jan van Leiden zum König von Münster ausgerufen. Zuvor hatte er erklärt, dass das Kommen Christi ausbleiben würde, bis in Münster eine gute Ordnung eingeführt sei, die als Vorbild für die Welt diene (Klötzer/Melchiorites 2007, 237). Diese Ordnung sollte sich im Königreich von Münster wiederfinden, das der Prophet Jan van Leiden qua Amt vorbereitet hatte, indem er den Rat ab- und „12 Älteste" eingesetzt hatte. Dann aber übernahm er selbst die Königsherrschaft in Münster.

Fall der Stadt

11.2.2 Täuferische (Königs)herrschaft in Münster

Mit der Einsetzung der „12 Ältesten" war klar, dass Jan van Leiden fortan sein Prophetenamt nicht nur geistlich verstehen, sondern auch das weltliche Regiment übernehmen wollte, um so die Gemeinschaft des Münsteraner Gottesvolkes gänzlich umzugestalten. In diese Zeit fallen Entscheidungen, die das spätere Bild von der Täuferherrschaft in Münster nachhaltig prägen sollten und auch in der „Ordnung" von 1535 benannt worden sind: die Einführung der Gütergemeinschaft und der Polygynie, die Niederschlagung des Mollenhecke-Aufstandes, der sich an der neuen Ehepraxis entzündete und diese verhindern wollte, und die Gewalt, die in der belagerten Stadt durch eine willkürlich erscheinende Strafgerichtspraxis ausgeübt wurde.

Davids Königsherrschaft — Die anschließende Etablierung einer Königsherrschaft erschien vor diesem Hintergrund als folgerichtig und fand ihre Legitimation in den Schriften Bernhard Rothmanns, der darauf verwies, dass der Stuhl Davids bereits in der Welt einzunehmen sei, damit nach einer kurzen Zeit – in welcher die „Gottlosen" vernichtet würden – das Reich an Christus weitergegeben und so zum Friedensreich werde. Der „Stuhl Davids" wurde nun in Münster von Jan van Leiden eingenommen. Die Argumentation von Rothmann konnte allerdings nur angesichts der Annahme überzeugen, dass das Ende der Welt unmittelbar bevorstand – eine Erwartung, die im Täuferreich durchweg geschürt wurde.

Parallel dazu ging die Belagerung der Stadt weiter, ab April 1535 war der Belagerungsring vollkommen geschlossen. Auch dies wird in der Stadt den Eindruck verstärkt haben, in den letzten und gefährlichen Zeiten zu leben und gerade hier eine besondere Aufgabe zu haben.

Das Ende der Täuferherrschaft — Im Juni 1535 wurde die Stadt schließlich erobert, nachdem ein Verrat es der „interkonfessionellen Fürstenkoalition" (Kaufmann 2016, 640) ermöglicht hatte, in die Stadt zu gelangen. Nach dem Sieg der Belagerer folgte ein Strafgericht, das mit der Hinrichtung der führenden Täufer endete und der Stadt bis 1553 die volle Selbstverwaltung (Ratswahl, Gildenverfassung) entzog. Zudem galten fortan alle Täufer als bedrohlich und ihre Verfolgung wurde durchweg mit dem Argument legitimiert, dass sie potentiell mit „einem Münsterischen Regiment schwanger" (Luther 1536, 38–40) gingen, wie Martin Luther es oft betont hat. Erst durch das Wirken des Täuferführers Menno Simons (1496–1561) in den Niederlanden und im Nordwesten des Alten Reiches sollte sich dieses Bild ändern, weil sich Simons ebenso wie die einflussreichen niederländischen Täuferführer Obbe (um 1500–1568) und Dirk Philips (1540–1568) konsequent von Gewalt und damit auch vom Täuferreich von Münster distanzierte (Rabe 1989, 236).

11.3 Quellen und Vertiefung: Legitimation von Herrschaft

11.3.1 Bernhard Rothmann – „Worthalter" von Münster

Münsters Weg im Reformationsgeschehen ist eng mit dem späteren „Worthalter" des Täuferkönigreichs der Stadt, Bernhard Rothmann, verknüpft, der 1524 die Stelle als Prediger des Münsterischen St. Mauritius-Stifts übernahm (Lutterbach 2007, 61–66) und zuerst lutherische Positionen in der Stadt vertrat. Er machte zudem mehrere Reisen etwa nach Wittenberg und Straßburg, wo er Wolfgang Capito und Martin Bucer begegnete, und hielt sich anschließend eher zum zwinglianischen Abendmahlsverständnis.

Rothmann in Münster

Wegen dieser Lehren wurde Rothmann in Münster mit einem Predigtverbot belegt, hielt sich aber nicht daran. Am 18. Februar 1532 wurde er mithilfe der Gilden als Prediger an der St. Lamberti-Kirche und damit mitten in der Stadt eingesetzt (Klötzer/Melchiorites 2007, 225; Lutterbach 2007, 76). Spätestens seit 1533 ist unter dem Einfluss von Prädikanten aus Wassenberg eine Radikalisierung bei Rothmann zu erkennen: Nun predigte er offen gegen die Kindertaufe, lehnte auch das lutherische Abendmahlsverständnis ab, musste dies in einer Disputation erklären und wurde anschließend zunächst in die kleine Kirche St. Servatius strafversetzt.

Im Täuferreich von Münster hatte Rothmann die Aufgabe, die jeweilige Programmatik zu verschriftlichen und theologisch zu begründen (de Bakker/Driedger/Stayer 2009, 200). So entstanden zwischen Oktober 1534 und Februar 1535 seine Schriften von der „Restitution" (Rothmann/Restitution 1534/35), von der „Rache" (Rothmann/Wrake, 1534/35) und die „Verborgenheit der Schrift" (Rothmann 1535). In allen Schriften betont Rothmann durchweg Ähnliches: Endzeitlich gestimmt umreißt er die Rolle Jesu am Ende der Zeiten und erklärt Bilder und Prophezeiungen, die auf die Wiederherstellung des Reiches Gottes zielen. Doch der wichtigste Punkt ist, dass er das endzeitliche Szenario in seine eigene Zeit hinein verlegt. Insofern verwundert es nicht, dass Rothmann offenbar nicht daran gezweifelt hat, dass auch biblische Gestalten wie die Endzeitpropheten in Münster präsent waren. Zudem fordert er in seinen Schriften alle Glaubenden dazu auf, das Wort Gottes für das Hier und Jetzt wörtlich zu verstehen und konkret danach zu leben.

Rothmanns Schriften

Mit seiner Schrift von der „Rache" reagierte Rothmann außerdem darauf, dass Ende 1534 Sendboten von Münster ausgeschickt worden sind, die allerdings gefangen genommen und hingerichtet wurden (de Bakker/Driedger/Stayer 2009, 192). Und auch „Von der Verborgenheit der Schrift" nimmt Impulse und Entwicklungen auf, die sich in Münster zeigten, legitimiert diese und zeichnet so die Zuspitzung der Situation in der belagerten Stadt, dem „Neuen Jerusalem", nach. Als die Stadt schließlich am 25. Juni 1535 fiel, wurden die Täuferführer verhaftet, gefoltert und hingerichtet – von Bernhard Rothmann aber fehlte jede Spur.

Von der Verborgenheit der Schrift

„Von der Verborgenheit der Schrift" passt nicht nur die Ereignisse von Münster in die endzeitlichen Bilder der Bibel ein und legitimiert so die Entwicklung in der Stadt, sondern Rothmann zeichnet hier auch den Weg des Glaubenden nach, wie Melchior Hoffmann es bereits getan hat: Über den Vorhof führe der Weg aller Glaubenden ins Heiligtum und schließlich zum Allerheiligsten. Gleichwohl sei dies ein Weg, der allein für die „einfachen" Menschen zu gehen sei, denn an diese wende sich Gott explizit, weil sie besser als alle Gelehrten verstünden, wie es sich mit der wahren Lehre verhielt. Insofern seien sie es auch, welche die Rache an den „Gottlosen" am Ende aller Zeiten vollziehen sollten (Grochowina 2016, 331–347).

11.3.2 Quelle: Bernhard Rothmann: Von der Verborgenheit der Schrift

De hillige Paulus, de secht: ‚Alle schrifft, van Godt inghegeuen, is nutte thor lere, thro straffe, thor beteringe, thor tuechtinge ynder gerechticheit, dat eyn meinssche Gades zy gantz vnstreflick, tho allen gudenn wercken geschickeht.' Hirtho ys de Goedtlike hillige schrifft van Godt gegeuen vnd ein alzuelcken schatt, da medde ein mensche Gades gantz unstreflick mach werden, is dar ynne verfborgen vnd verslaten. [...] Alzo mach ock ein mensche Gades tho den vnstreflicken smuck vnde geschicklicheit nicht kommen, eth zy dan, dat he den kasten edder lade der schrifft mit dem rechten sloettel vpslute vnd ein yder klenoidt mit wißliker beschedenheit wette antholeggen. [...] De sloettel der schrifft ys eigentlick anders nicht, dan Gades geboth vnd willen geloeflick vullenbrengen, dat ys rechtschapen gelouen. We dat doit, den suluen sall de schrifft geoppent, de inganck int ryke Christi ouerfloedich gereket vnd sin herte mith dem lechte der gerechticheit vnd mit der sunne des verstandes yn alle hoechde, depte, lengde vnd brede dorluechtet vnd gantz vnstreflick werden. [...] Inth sluten mith rechter erkentnisse an Christum gelouen, dat is nicht anders, dan sick van herten to aller gerechticheit vnde Gades willen in Christo ouergeuen, welck erst de gelouigen yn der dope bewisen. [...]

De schrifft is den menschen kynderen in dusser tyt gegeuen vnd sal ock in tyden dusser tellinge aller dinge gescheen vnd vullenbracht werden. [...] Merck dusse wort wal: eth salb y tyden duesser tellinge alle gescheen. De tydt der tellinge ys yo in den himmelen nicht. [...] Vnde eth hefft Christus in siner sachtmoith in dusser werlt sins Rykes geyn ruem vynden koennen, meer he seluen mit allen den, de zyn Ryke gesocht vnd geuoerdert hebben, de sint van den kynderen dusser werlt Ezau veruolgt gewordenn vnde hebben moethen lydden, wo noch klaer an dem dage ys. [...] So salstu wetten, dat Ryke Chrsiti ys van dusser werlt nicht. So woert ock Christus den stoel Dauid warafftich eer dan in der anstaender derden werlt nicht bekleden, [...] he werth den hemmel inneholden, bes dat de Restitution gscheen ys. [...] Vnde dit ys de orsake, dat de Christen nu des swerdes bestaen tho gebruken, vnde eth en sal nicht vp hoeren, beß dat denn Godtloezen vergulden vnde oer swerth, want se hebben weer vnd wapenn erst erdacht vnd tegen den gerechten gebruket, beß, segge wy, dat dat selue in er eigen herte gestecken werde vnde se vallen in de kulen, de se gegrauen hebben. [...] Alsuß moet de stoel Dauidz wedderupgebouwet, alle viande Christi durch Dauid gedemoediget vnd dat Rike bereydet vnd tgo geruestet werden. Alßdan woert de fredenryke Salomon, de ewyge Koennynck vnde de gesaluede Gades, Christus, her intreden, den stoel Dauids, sines vaders, besitten, vnde sines Rikes sall geyn ende sin. [...] Alsuß hefft de Here eynen Dauid wedderbeauet, dar mede he de warheit vthrichten will vnde den alßdan de rechte Prince des fredes, einn Fuerste der thokommender werlt, de gesaluede Gades, vnse Heer vnd Heilant Christus, in vnvuthsprecklichker herlicheit volgen sal, vp den stoel Dauid sytten vnd oeuer sin Ryck wesen.

(Auszug aus: Van Verborgenheit der Schrifft [...], in: Stupperich 1970, 298–372.)

11.3.3 Fragen und Anregungen

- Wie legitimieren die Täufer ihre Herrschaft, welche Abgrenzungen werden geleistet – und welche Konsequenz hatte es, dass das Kommen des Reiches Gottes ausblieb?
- Was waren die wichtigsten Faktoren, welche das Täuferreich in Münster erst ermöglicht haben?
- Welche Gefahr ging vom Täuferreich aus – für den Rat, die Gilden, den Fürstbischof von Münster, den Landgrafen von Hessen, das Alte Reich?
- Diskutieren Sie die These, dass das Täuferreich von Münster ein „Bastardkind" (James M. Stayer) der täuferischen Bewegung sei.

Lektüreempfehlungen

Deppermann, Klaus: Melchior Hofmann. Soziale Unruhen und apokalyptische Visionen im Zeitalter der Reformation, Göttingen 1979. *(grundlegend für Leben und Theologie von Melchior Hofmann)*

Grochowina, Nicole: Bernhard Rothmann. Von der Verborgenheit der Schrift (1535), in: Wischmeyer, Oda (Hg.): Handbuch der Bibelhermeneutiken. Von Origines bis zur Gegenwart. Berlin, Boston 2016, 331–347. *(intensive Quellenarbeit, Aufschließung der Hermeneutik, Einblick in die theologische Legitimierung des Täuferreichs)*

Gruber, Christiane: Radikal-reformatorische Themen im Bild. Druckgrafiken der Reformationszeit (1520–1560). Göttingen 2018. *(unverzichtbare Studie zur Bildpublizistik, ausführliche Arbeit mit Beispielen und Linien in der Forschung vorgebend; erste Zusammenschau dieser Art)*

Klötzer, Ralf: Die *Täuferherrschaft* von *Münster*. Stadtreformation und Welterneuerung, *Münster* 1992. *(umfänglich, detailreich, quellengesättigt, festverankert im Forschungsdiskurs)*

Lutterbach, Hubertus: Der Weg in das Täuferreich von Münster. Ein Ringen um die heilige Stadt, (Diss., Ms.), Dresden 2007. *(umfänglich, detailreich, quellengesättigt, festverankert im Forschungsdiskurs)*

Stupperich, Robert (Hg.): Die Schriften Bernhard Rothmanns, Münster 1970. *(Zusammenstellung aller Schriften mit Verortung und Einführung)*

12 „Schlachtschafe Christi" – Martyrien der Reformationszeit

Abb. 7: Dye histori/ so zwen Augustiner || Ordens gemartert seyn tzů Bruxel jn || Probant/ von wegen des Euāgelj.|| Dye Artickel darumb sie verbrent seyn mit yrer || außlegung vnd verklerung.|| Erfurt 1523, gedruckt bei Wolfgang Stürmer, Verfasser: Martin Reckenhofer (VD16 ZV 12980). Das Bild zeigt Hinrich Vos und Johann van Esschen, zwei Augustinermönche, die in Brüssel verbrannt worden sind. Nicht nur die Flammen sind deutlich erkennbar, auch die Haltung der beiden Mönche ist eindeutig: betend und (zumindest bei Johannes van Esschen ist dies zu erkennen) den Blick auf den segnenden Christus gerichtet (rechts oben) gehen sie durch den Tod im Feuer in die Heiligkeit ein, weil sie für die rechte Lehre sterben. Dies deutet auch der Nimbus an, der sie bereits im Feuer umgibt.

12.1 Märtyrer

Vos und van Esschen

Hinrich Vos (?–1523) und Johann van Esschen (um 1485–1523) waren zwei Augustinereremiten in Antwerpen, die sich wie zahlreiche ihrer Brüder und der Antwerpener Propst, Heinrich von Zütphen (1488–1524), der evangelischen Bewegung angeschlossen hatten. Allerdings taten sie dies unter Lebensgefahr, denn in den katholischen Habsburger Landen war dies keinesfalls geduldet. Die Obrigkeit und die kirchlichen Autoritäten gingen entsprechend hart gegen die Mönche vor und verlangten einen Widerruf. Vos und van Esschen stellten sich diesem Verfahren, flohen also nicht in angrenzende, der neuen Lehre wohlgesonnene Gebiete, obwohl sie davon ausgehen mussten, dass das Verfahren mit einem Schuldspruch enden würde. Dies geschah auch: Sie wurden verurteilt und schließlich am 1. Juli 1523 hingerichtet.

Heinrich von Zütphen

Heinrich von Zütphen starb ein Jahr später: Im Oktober 1524 verließ er den Orden, folgte einem Ruf nach Meldorf (Dithmarschen), predigte dort die neue Lehre und erregte damit den Zorn des dort ansässigen Dominikaners und Priors Augustinus Torneborch, der gegen van Zütphen vorzugehen suchte. Allerdings gelang es der von ihm eingeschalteten Obrigkeit nicht, etwas gegen den Meldorfer Prediger auszurichten – so schritten der Prior und einige Mönche selbst zur Tat und ermordeten van Zütphen am 9. Dezember 1524.

Die Flugschrift zu den Brüsseler Märtyrern, die in Latein (zwei Auflagen) und auf Deutsch (eine Auflage) erschienen ist, reiht sich in eine größere Gruppe von Publikationen zu diesem Ereignis ein: Nach einem ersten Bericht mit 16 Auflagen (Actus 1523) folgten nicht nur Martin Luthers „Brief an die Christen im Niederland" (Luther/Brief 1523) und ein Lied von ihm über die zwei Mönche (Luther/Lyed 1523), sondern auch Trostbriefe und weitere Erzähllieder (Burschel 2004, 13–19).

Würdigung der Märtyrer

In der Flugschrift geht es um das Verhör der beiden Mönche. Doch zuvor wird ausführlich darauf verwiesen, dass sie „bestendige Ritter Christi" gewesen seien, seien sie doch beim Evangelium geblieben, während andere abgeschworen hätten (Histori 1523, Aii/v-Aii/r). Sie jedoch wollten mit Christus sterben, als „ware Christen" (Histori 1523, Aiii/v) seien sie deshalb zu feiern, so wird in der einführenden Passage betont, bevor 62 Artikel benannt und kommentiert werden, die beiden offenbar zur Last gelegt wurden.

Dabei handelte es sich nicht nur um theologische Streitpunkte, sondern es kam auch die Frage auf, ob die Mönche nicht einfach nur von Luther verführt worden seien – eine Frage, die den Kommentator zur direkten und zugleich empörten Ansprache an den Leser verleitet, um deutlich zu machen, dass es sich dabei um eine ungehörige Frage handele. Damit hat er Boden für die Antwort der Mönche bereitet, die in der Schrift erklären, dass sie von Luther ebenso verführt worden seien, wie Christus seine Jünger verführt hätte (Histori 1523, Hiii/v).

<small>Luther und die Mönche</small>

Hinrich Vos und Johann van Esschen waren die ersten bekannten Märtyrer des reformatorischen Geschehens und erregten damit eine entsprechende Aufmerksamkeit. Doch ihnen folgten weitere, deren Schicksale in einzelnen Schriften und Liedern und spätestens ab den 1550er Jahren sowohl in lutherischen als auch in täuferischen Martyrologien (Sammlungen von Märtyrergeschichten) festgehalten wurden. Eine genaue Zahl der evangelischen Märtyrer (Lutheraner, Reformierte, Täufer) lässt sich aber dennoch nicht benennen; aus den vorliegenden Quellen (Berichte, Lieder, Martyrologien) entsteht allerdings der Eindruck, dass es sich um eine signifikante Größe gehandelt haben muss.

12.2 Martyrien der Reformationszeit

Nachdem Martin Luther 1523 die zwei Brüsseler Märtyrer sehr gefeiert hatte, folgten aus seiner Feder noch ein euphorisches Memorial für Heinrich von Zütphen (Luther/Bruder 1525) und Schriften für die ebenfalls um des Glaubens willen verfolgten und hingerichteten Georg Winkler (Luther 1527) und Leonhard Kayser (Leeb 1928). Damit jedoch war die Reihe der reformatorischen Märtyrer erst eröffnet.

Zudem setzte in den 1520er Jahren die Verfolgung der täuferischen Bewegung ein, die ebenfalls ihrer Märtyrer in Liedern, Gedichten und Geschichten gedachte. Ab den 1550er Jahren geschah dies verstärkt durch Martyrologien, also Kompilationen von Geschichten, die von den Verhören und dem Tod erzählten und die Lesenden zu einem ähnlich glaubensfesten Leben ermutigen sollten. Die wichtigste Schrift dieser Art auf lutherischer Seite war das zunächst achtbändige Kompendium von Ludwig Rabus (Rabus 1552–1558), das 1571 und 1572 erneut aufgelegt wurde, die

<small>Martyrologien</small>

Täufer begannen mit „Het Offer des Herren" (1562) (Cramer 1904). Dieses Werk versammelt Märtyrergeschichten aus den Niederlanden und dem Nordwesten des Alten Reiches und besticht dadurch, dass hier ganze Briefwechsel, Ermahnungen an die Gemeinde, Testamente sowie Verhöre und Lieder aufgenommen worden sind. Bis heute tradiert wird allerdings zumeist das umfassendste täuferische Martyrologium, der „Märtyrerspiegel" (van Braght 1660) von 1660, der sich zumeist auf (durchaus ausführliche) Artikel zu den Ereignissen beschränkt, die Vielfalt der Quellen also nicht mehr uneingeschränkt abbildet und zur Verfügung stellt. Dafür allerdings beschreibt er das Leben und Sterben von Täufern aus allen Kreisen der Bewegung.

12.2.1 Luther und das Martyrium

Luthers Freude am Martyrium

In seinem Brief von 1523, den er anlässlich des Martyriums von Hinrich Vos und Johann van Esschen geschrieben hat, feiert Luther die Christen in Holland, Brabant und Flandern, seien sie doch die ersten, die nicht allein das Evangelium hören, sondern auch um dessen willen leiden und sterben würden. Deutlich sei dies an den zwei „edlen kleynod" zu erkennen, die ihr Leben gelassen hätten und nun in „ewiger freude" (Luther/Brief 1523, 78) seien, bevor sie dann – am Ende aller Zeiten – mit Christus wiederkommen würden, um diejenigen zu richten, die ihnen jetzt Unrecht getan hätten. Zudem – und hier wird Luthers ausgeprägte Zugeneigtheit zum Märtyrertod deutlich – handele es sich bei den beiden um „heilige" und „wahrhaftige" Märtyrer, so dass es den Flammen deshalb sicher eine Freude gewesen sei, ihnen in die „ewige Herrlichkeit" zu verhelfen. Doch – und dies akzentuiert seine Sehnsucht nach seinem eigenen Märtyrertod noch mehr – „wir", die noch in der Welt lebten, seien noch nicht für „würdig" befunden worden, ebenfalls den Märtyrertod zu sterben. Es gelte also, sich weiter in Wort und Tat genau darum zu bemühen.

Durch die geradezu euphorische Würdigung des Todes von Vos und van Esschen wird klar, dass Luther selbst zumindest 1523 eine ausgesprochene Affinität zum Martyrium hatte und sich gleichzeitig darüber klar war, dass nun die Zeit gekommen war, das Reich Gottes nicht allein mit Worten, sondern auch „in der Kraft" zu bekennen (Luther/Brief 1523, 78). Dies schloss unbedingt auch das Sterben um des Glaubens willen ein.

Doch nach Luthers ebenfalls begeisterten Schriften zu Zütphen, Winkler und Kayser wandelte sich sein Bild vom Martyrium. Am deutlichsten stehen hierfür seine Worte aus seiner Predigt am Sonntag Estomihi aus dem Jahr 1540: In dieser Predigt berichtet er davon, dass inzwischen viele Täufer, Sakramentarier, Mönche und andere „falsche Geister" aufgetreten seien und sich ihre Märtyrer geradezu selbst machen würden (Luther 1540, 26). Darüber ist Luther offenkundig empört – und so hält er fest, dass gerade an den Täufern zu erkennen sei, wie sehr es ihnen an Liebe und an wahrem Glauben mangele, so dass diese „falschen Geister" allein aus Überheblichkeit mehr auf sich nehmen würden als die wahren Christen. Und mehr noch: In ihren Martyrien, in ihrem Sterben mischten sich Hass und Neid unter die schöne Farbe des Leides, das als solches durchaus, aber eben nur mit guten Absichten erstrebenswert sei. Aus dieser Beobachtung zieht Luther dann den Schluss: *„Sic Diabolus maximus martyr, sed damit sucht er, ut totum mundum seducat"*, kurzum: Auf diese Weise werde die Welt durch den Teufel, den größten Märtyrer, verführt (Luther 1540, 27).

Luthers Ärger am Martyrium

Dieses sehr harsche Urteil, das im großen Gegensatz zu Luthers Einschätzung des Martyriums aus den 1520er Jahren steht, resultiert also primär aus seiner Beobachtung der Täufer. Er sah die wachsende Zahl ihrer Märtyrer, war aber keineswegs bereit, diese als Märtyrer anzuerkennen. Vielmehr waren sie in seinen Augen „Ketzer", die das Evangelium in der Welt verdunkelten. Und wenn es dafür einen Beweis bräuchte, dann würde das Täuferkönigreich von Münster (1534/35) diesen erbringen (vgl. Kapitel 11). Hier seien alle Exzesse erkennbar, zu denen die Täufer fähig seien – und hier sei auch zu sehen, dass sich die Täufer sowohl gegen Christus als auch gegen die weltliche Obrigkeit richteten, und deshalb nicht nur als „Ketzer", sondern auch als „Aufrührer" verstanden werden müssten. Dies alles zusammengenommen, ließ Luther hochgradig kritisch gegenüber den Täufern sein. Das allerdings bedeutete, dass er sich in der Konsequenz neu zum Martyrium verhalten musste, standen sie doch dafür wie kaum eine andere religiöse Bewegung im reformatorischen Geschehen.

Hinzu kam Luthers persönliche Disposition, denn: Nachdem er zunächst noch angenommen hatte, dass er selbst der erste Märtyrer seiner Bewegung werden würde, stellte er im weiteren Verlauf

Luthers Gestimmtheit

des reformatorischen Geschehens und vermutlich auch mit wachsender Unruhe fest, dass er – auch durch den Schutz, der ihm von seinem Landesherrn gewährt wurde – eben nicht gleich in den ersten Jahren um des Glaubens willen verhaftet worden und dann den Märtyrertod gestorben ist. Zudem war fraglich, ob sich dies überhaupt noch ergeben würde. Dies war offenbar keine Erkenntnis, die ihm besonders gefiel (Bagchi 1993, 211).

Luther kam nun also nicht mehr umhin, sich auf mehreren Ebenen mit den täuferischen Märtyrern auseinander zu setzen. Das heißt: Durch die von ihm 1540 explizit geleistete De-Sakralisierung des Martyriums, das Luther wohlgemerkt noch für sich erhofft hatte, schloss er nun alle täuferischen Märtyrer vom Heil aus und rechnete sie gleichsam dem Teufel zu, der so zum größten Märtyrer von allen wurde. Damit hatte sich Luthers Position aus den 1520er Jahren deutlich umgekehrt.

Dass Luther nie zum Märtyrer und damit zum Blutzeugen geworden, sondern 1546 eher eines natürlichen Todes gestorben ist, hat den Straßburger und späteren Ulmer Prediger Ludwig Rabus allerdings nicht daran gehindert, Luther in seine Historie der Märtyrer aufzunehmen und den Text zu ihm in der zweiten Auflage noch weiter auszubauen (Rabus 1572, 110r-212r) – und Luther dadurch als Glaubenszeuge im reformatorischen Geschehen zu würdigen.

12.2.2 Täuferische Märtyrer

Mit dem Erlass des Mandats gegen die Täufer durch das Reichsregiment (Mandat 1528) im Jahr 1528 sowie des „Wiedertäufermandats" (Mandat 1529) auf dem Reichstag von Speyer 1529 war klar, dass die Täufer nun reichsweit als „vogelfrei" galten, ihre Verfolgung also voranzutreiben war. Auch wenn zu hinterfragen ist, wie die Mandate in den einzelnen Territorien umgesetzt wurden, so bleibt doch unbestritten, dass die täuferische Geschichte im reformatorischen Geschehen primär eine Verfolgungsgeschichte war, die 1528 und 1529 eine wichtige Zäsur erlebte.

Vor diesem Hintergrund ist es verständlich, dass täuferische Gemeinden schon früh begonnen haben, Geschichten ihrer Märtyrer zu sammeln und weiterzugeben, um die Erinnerung zu bewahren und sich gleichzeitig für den eigenen Weg zu stärken. Diese Sammlung erfolgte weitgehend mündlich durch Erzählungen und

Lieder, die – versehen mit einer zumeist bekannten Melodie – zwar bisweilen viele Strophen hatten, aber dennoch durch die Reime leicht memoriert werden konnten. Dass es schon frühzeitig Sammlungen von täuferischen Märtyrerliedern gab und diese auch später in Martyrologien mit aufgenommen wurden, ist ein Indiz dafür, wie wichtig diese für die täuferische Erinnerungskultur waren, die ja primär eine orale Kultur war. Besonders wichtig war in diesem Zusammenhang der „Ausbund", eine erste, umfängliche Sammlung von täuferischen Märtyrerliedern (Ausbund 1856).

Das erste täuferische Martyrologium, in dem neben Liedern auch Briefe, Testamente und Verhöre zu finden waren, trägt den Titel „Het Offer des Herren" (Die Opfer des Herren) und macht allein durch den Titel bereits klar, in welcher Spur die Erinnerung laufen sollte: Weder die Täter noch die Märtyrer sollten in den Fokus geraten, sondern es sollte allein um Gott gehen, der den Täufern das Opfer auferlegt hatte und dem sie wie die Schafe bis zur Schlachtbank und dann in den Tod folgen sollten und wollten. All dies sollte zur Ehre Gottes geschehen und zugleich als „Exempel" für all jene gelten, welche die Texte lasen und darin Halt und Stärkung suchten.

„Het Offer des Herren" hat bis 1599 insgesamt elf Auflagen erlebt und liegt heute in der Edition von 1570 vor (Cramer 1904). Dieser ersten Schrift folgte im Jahr 1615 das Martyrologium von Hans de Ries (de Ries 1615). Weitere täuferische Martyrologien datieren aus den Jahren 1626 (Ouderman 1626) und 1631 (de Ries 1631), bevor dann 1660 der bis heute genutzte – sehr umfängliche – „Märtyrerspiegel" (van Braght 1660) erschien.

Doch das Ziel dieser Schriften war nicht nur die Erbauung und der Trost der Lesenden, es ging auch darum, eine täuferische Theologie des Martyriums weiterzugeben. Der entscheidende Begriff hierfür war der Begriff der „lijdsamkeit", also der Leidensfähigkeit und der Gelassenheit angesichts des Todes. Dahinter verbirgt sich eine Haltung, die es ermöglichen sollte, mitten in der Welt wie Schlachtschafe zu leben: Diese bekannten ihren Glauben und wurden schließlich als wahre und aufrechte Brüder und Schwestern verfolgt, hingerichtet und somit zum Exempel für ihre Glaubensgeschwister, weil sie auf dem Weg in den Tod und allemal im Tod selbst Zeugnis für ihren Glauben abgaben und deshalb geradezu freudig die Schmerzen und die Strafen einer unverständigen Welt auf sich nahmen (Stauffer 1933, 570–592).

„Het Offer des Herren"

„Lijdsamkeit"

„Märtyrer-Mentalität"

In diesem Zusammenhang ist für die täuferische Bewegung zumindest zwischen 1525 und 1530 sogar von einer „Märtyrer-Mentalität" zu sprechen, die darauf zielte, die Nachfolge Jesu in erster Linie durch den Willen zum Martyrium Gestalt werden zu lassen und auf diesem Weg sämtliches Leiden und eben auch den Tod billigend in Kauf zu nehmen bzw. bewusst auf diesen zuzugehen. Diese Mentalität erscheint als der Dreh- und Angelpunkt innerhalb der täuferischen Bewegung und hatte durchaus das Vermögen, andere Debatten zwischen ihnen (theologische Unterschiede, Geschlechterverhältnis) einzuebnen (Gregory 1999, 200–249).

Täuferische Erinnerungskultur

Doch so sehr etwa Männer und Frauen im Tod gleich waren, weil der Tod keinen Unterschied zwischen den Geschlechtern macht, so galt dies doch nicht für die täuferische Erinnerungskultur, wie sie sich in den Martyrologien zeigte. Hier bildet sich vielmehr eine Geschlechterhierarchie ab, denn bei den Glaubensexempeln, von denen in den Texten erzählt wird, handelt es sich primär um „Brüder": Für den „Märtyrer-Spiegel" hat John Klassen festgestellt, dass 28,6% der Märtyrergeschichten Frauen zuzuordnen seien, die große Mehrheit sind also Zeugnisse von Männern (Klassen 1986, 549). Ähnlich verhält es sich bei der Schrift „Het Offer des Herren". Hier liegt der Frauenanteil im Liederbuch bei fast 32%, im Text selbst bei knapp 20% (Grochowina 2003, 126 f.). Auch fällt auf, dass alle wichtigen Schriften wie Ermahnungen an die Gemeinde oder Auseinandersetzungen mit Obrigkeiten ausschließlich von Männern verfasst wurden während Frauen zwar auch Zeugnis geben, dies aber in den Texten in stark emotionaler Weise tun, sich zudem fast ausschließlich mit ihren Briefen an die Kinder wenden und auch sonst den Trost ihrer Ehemänner erbitten. Die Parität im Tod wird also zugunsten einer geschlechtlich konnotierten Erinnerungskultur aufgehoben (Grochowina 2014, 105–121).

Täuferinnen

Die hier zusammengetragenen Zahlen decken sich ungefähr mit dem vermuteten Anteil von Frauen an der täuferischen Bewegung als solcher: Auch, wenn für das gesamte Alte Reich verlässliche, absolute Zahlen fehlen, hat die Forschung doch in den letzten Jahren Tendenzen formuliert und so etwa für die Zeit zwischen 1525 und 1618 einen Frauenanteil von 35% an der täuferischen Bewegung ausgemacht (Clasen 1972, 207–209). Doch dabei sind regionale Unterschiede zu beachten: Gerade die niederländische Forschung geht davon aus, dass die Zahl der Frauen dort deutlich höher war, da sie im 17. Jahrhundert in den Gemeinden zumeist die Mehrheit stellten (Zijlstra 2000).

12.3 Quellen und Vertiefung: „Opfer des Herren"

12.3.1 Anneken Jansz

Die Geschichte von Anneken Jansz (1509/10–1539) gehört zu den bekanntesten Märtyrergeschichten im Täufertum (Packull 1996, 336–351). Das hängt erstens damit zusammen, dass sie offenbar im intensiven Kontakt zum niederländischen Täuferführer David Joris (1501/2–1556) gestanden hat. Ein Brief von ihr an Joris (1536 oder 1538) ist zusammen mit ihrem Lied „Ick hoorde die Basuyne [= Posaune] blasen" (1534/6) in einer Flugschrift erschienen – dies ist ein Indiz dafür, dass sie zu seinem Kreis gerechnet wurde (Joris 1576–1582). David Joris

Zweitens steht sie für die endzeitlichen Erwartungen, welche in den 1530er Jahren im niederländisch-niederdeutschen Täufertum vorherrschten und nicht zuletzt im Täuferreich von Münster ihren Ausdruck fanden. In ihrem Lied hat sie diese Stimmung aufgegriffen und angeheizt, indem sie betont, dass nun die Zeit der Rache gekommen sei. Allerdings hieß das für sie nicht, das Schwert zu ergreifen und die „Gottlosen" zu strafen. Vielmehr wollte sie nun die Harfe in die Hand nehmen und „ein neues Lied" singen (Joris 1576–1582, 80v). Getrieben zum Aufbruch und endzeitlich gestimmt, entschied sie sich dann für die Glaubenstaufe, die 1534 mitten in eine Zeit fiel, in der die Ereignisse in Münster auch die niederländischen Täufer mobilisierten. Endzeit

Drittens hatte ihr Martyrium Auswirkungen über ihr Leben hinaus: Durch Verrat – so erzählt es ihr Märtyrerbericht – seien die Rotterdamer Behörden auf sie aufmerksam geworden, hätten sie verhört und zum Tod durch Ertränken verurteilt, weil sie sich geweigert hätte, ihre Auffassungen zu widerrufen. Auf dem Weg zur Exekution habe sie ihren 15 Monate alten Sohn bei sich getragen, der auch in ihrem – im Martyrologium publizierten – Testament angesprochen wird. Anneken Jansz habe die umstehenden Menschen gebeten, sich seiner anzunehmen, was ein Bäcker aus Rotterdam dann auch getan habe. Nach ihrem Tod sei ihr Sohn bei diesem Bäcker aufgewachsen, der dadurch – aus Gottes Gnade, Tod und Zeugnis wie die Geschichte weiter erzählt – zu Reichtum gekommen sei, während Anneken Jansz' Sohn schließlich nach Jahren zum Bürgermeister von Rotterdam gewählt worden sei. Zudem sei der Mensch, der Jansz verraten habe, derweil nicht dem göttlichen Gericht entgangen: Die Märtyrerakten berichten, dass er ertrunken sei, als die Brücke zusammengestürzt sei, von der aus er die Hinrichtung von Anneken Jansz beobachten wollte.

Die Geschichte von Anneken Jansz, in der sie die Parität der Geschlechter im Glaubenstod um Jesu willen betont, ist nicht nur im „Märtyrerspiegel" (1660) zu finden, sondern hatte zuvor bereits Eingang in das erste täuferische Martyrologium („Het offer des Herren", 1562) gefunden – ein Indiz dafür, wie präsent sie bereits unter den Zeitgenossen war.

12.3.2 Quelle: Testament von Anneken Jansz an ihren Sohn (1539)

Hoort mijn Sone die onderwijsinge ws moeders, opent v ooren om te hooren die reden mijns monts. Siet, ic gae huyden den wech der Propheten, Apostelen ende Martelaren ende drincke den kelc, die sy alle gedroncken hebben. Ick gae den wech, segge ic, die Christus Jesus dat eewige Woort des Vaders [...] door hem seluen en niet door eenen anderen gewandelt heeft, ende heeft desen kelck moeten drinken. [...] Desen wech zijn door gheghaen de Conincklijke Priesteren, [...] desen wech hebben getreden de dooden, die daer liggen onder den Altaer, [...] desen wech hebben oock ghewandelt die geteyckenden des Heeren. [...] Siet, alle dese hebben den kelck der bitterheyt moeten drincken. [...]

Want Christus Jesus die eewige Waerheyt heeft de eerste geweest, als geschreuen staet: Dat Lam dat von aenbegin ghedoot is gheweest. So coemt Paulus ende seyt: Also heeftet den Vader belieft, dat alle die hy van eewicheyt voorsien heeft, die heeft hy gheroepen, vercoren ende gherechtueerdicht, ende heeftae ghelijckformich ghestelt den Beelde zijns Soons. [...]

Siet mijn soon, hier hoordy datter niemant tootem Leuen en comt dan door desen wech. Daerom gaet in door de enge poort, ende neemt v des Heeren castijdinghe aen ende onderwijsinge, ende buyget uwe schouderen onder zijn Jock, ende draget lieflijck van uwer ioncheyt aen, met grooter eeren.

Höre, mein Sohn, die Unterweisungen Deiner Mutter, öffne Deine Ohren, um die Reden meines Mundes zu hören. Siehe, ich gehe heute den Weg der Propheten, Apostel und Märtyrer, und trinke aus dem Kelch, aus dem sie alle getrunken haben. Ich gehe den Weg, sage ich, den Christus Jesus, das ewige Wort des Vaters, [...] auch allein gegangen ist, auch er hat aus diesem Kelch trinken müssen. [...] Diesen Weg haben auch die königlichen Priester beschritten, [...] auf diesem Weg wanderten auch die Toten, die unter dem Altar liegen, [...] auf diesem Weg wandelten auch die Gezeichneten des Herren. [...] Sieh, all diese haben den Kelch der Bitterkeit trinken müssen. [...]

Weil Christus, die ewige Wahrheit, der Erste gewesen, von dem geschrieben steht: Das Lamm ist von Anbeginn getötet worden. So kommt Paulus und sagt: Also hat er dem Vater geglaubt, das alle, die er von Ewigkeit vorherbestimmt hat, die hat er gerufen, erwählt und gerechtfertigt, und hat sie gleichförmig macht mit dem Bild seines Sohnes. [...]

Siehe, mein Sohn, hier hörst du, dass niemand zum Leben kommt als auf diesem Weg. Darum gehe durch die enge Pforte und nimmt die Kasteiungen des Herrn an und die Unterweisungen, beuge deine Schultern unter sein Joch und trage dies leicht von deiner Jugend an mit großer Ehre.

(Auszug aus: Cramer 1904, 70f.)

12.3.3 Fragen und Anregungen

- Wie ist der Wandel in Luthers Verständnis vom Martyrium zu erklären?
- Wo liegt der Unterschied zwischen „Ketzern" und „Märtyrern"?
- Was lässt sich aus dem Testament von Anneken Jansz für die täuferische Erinnerungskultur ableiten?
- Diskutieren Sie, welche Bedeutung Martyrien für die Stiftung und Konsolidierung der Identität einer religiösen Gemeinschaft haben.

Lektüreempfehlungen

Bagchi, David: Luther and the Problem of Martyrdom, in: Diana Wood (Hg.): Martyrs and Martyrologies. Oxford, Cambridge 1993, 209–219. *(quellengesättigtes Nachdenken über Luthers Verhältnis zum Martyrium)*
Burschel, Peter: Sterben und Unsterblichkeit. Zur Kultur des Martyriums in der frühen Neuzeit. München 2004. *(Kulturhistorischer Zugriff, Quellen: Bilder und Texte)*
Clasen, Claus-Peter: Anabaptism. A Social History, 1525–1618. Switzerland, Austria, Moravia, South and Central Germany. Ithaca 1972. *(einzigartige und immer noch gültige Studie, die Zahlenmaterial liefert und diskutiert)*

Gregory, Brad S.: Salvation at Stake. Christian Martyrdom in Early Modern Europe. Cambridge, London 1999. *(breite Quellenbasis, Vertiefung über konfessionelle Grenzen hinweg, Versuch, grundsätzliche Linien zu finden.)*

Grochowina, Nicole: Von Opfern zu Heiligen. Martyrien von täuferischen Männern und Frauen im 16. Jahrhundert, in: Burschel, Peter; Conrad, Anne (Hg.): Vorbild, Inbild, Abbild. Religiöse Lebensmodelle in geschlechtergeschichtlicher Perspektive. Freiburg 2003, 121–150. *(vertiefte Auswertung des ersten täuferischen Martyrologiums, fest im Forschungsdiskurs verankert, der gleichermaßen zugänglich gemacht wird)*

Zijlstra, Samme: Om de ware gemeente en de oude gronden. Geschiedenis van den dopersen in de Nederlanden 1531–1675. Hilversum, Leeuwarden 2000. *(zeitlich breite Perspektive, Unterschiede zwischen den Täufern betonende Studie, die ebenso den für die Forschung sehr wichtigen niederländischen Diskurs aufarbeitet)*

13 Mission accomplished? Vom „ewigen Frieden"

13.1 Vor dem Frieden: Interim und Widerstand

> Ich Gottes eingeborner Son
> Marien kind hehrlich vnd schon
> Jesus Christus das ist mein Nam
> Den ich im himmel vberkam [...]
> Martinus Luther ist der man
> Der hat gesungen wie ein schwan
> Ein süß gesang in Sachssen landt
> Dadurch ward ich der Welt bekannt.
> Mein ergster feind der Widderchrist
> So bald zu schanden worden ist
> Des Babsts lügen sind offenbar
> Drumb stincket gar der pfaffen schar
> In aller Welt gleich wie ein ass
> Drumb hat ihr bosheit keine mas
> Mein wort sie haben gar verflucht
> Und manche practieken versucht
> Mit brennen / hencken / raub und mordt
> Zuuertilgen mein heilsam wort. [...]
> Nun fert auch zu der widerchrist
> Der doch zum tod verurteilt ist
> Und hebt den kopff wider empor
> Der doch verdammet ist zuvor
> Und bringt herfur ein Interim
> Zu widder meines vaters stim
> Das man allein soll hören Mich
> Daran soll nieman keren sich. [...]
> Darumb du lieber Christ halt vhest
> Du sihst ich thu bey dir das best
> Und steh dir bey in deiner not
> Und treib von dir den ewigen todt
> Es tobt der Satan noch so sehr
> So lass ich dich doch nimmer mehr. [...]
> Den Babst mit seinem Interim
> Mit seiner Teuffelischen stim
> Und mit dem Engelischen schein
> Will ich stossen in ewige pein.

In der Flugschrift des evangelischen Theologen und Lieddichters Erasmus Alberus (um 1500–1553), aus welcher dieser Quellenauszug stammt, geht es um das Interim (vgl. Kapitel 13.2.2), das nach der verheerenden Niederlage des Schmalkaldischen Bundes gegen Kaiser Karl V. und seine Verbündeten (1547) auf dem „geharnischten" Reichstag von Augsburg (1548) reichsweit eingeführt werden und für die Rekatholisierung des Alten Reiches sorgen sollte. Und mehr noch: Die Flugschrift, die in Magdeburg gedruckt worden ist, ist ein Aufruf, dem Interim zu widerstehen, weil dies dem Wort Gottes widersprechen würde, das Luther zuvor neu in die Welt gebracht hätte, nachdem der Papst – der „Widderchrist" – dieses durch allerlei üble Praktiken (Raub, Mord, Brennen, Henken) verdunkelt hätte (Alberus 1550).

Widerstand gegen das Interim

Der Aufruf zum Widerstand wird dabei Christus selbst in den Mund gelegt, er wendet sich an die Christen und beschwört sie geradezu, sich an sein Wort zu halten und darauf zu vertrauen, dass Gott den nun herrschenden Satan schon niederschlagen würde – was ja im Grunde auch schon längst geschehen sei. Insofern sei dem Papst und damit auch dem Interim mit aller Kraft zu widerstehen, denn am Ende – so die Flugschrift – werde Gott den Papst und damit den Teufel doch in „ewige pein" stürzen.

„Interimsdrache"

Insgesamt beschäftigt sich diese Flugschrift mit dem „Interimsdrachen", der allerdings von Christus schon längst besiegt sei. Der „Interimsdrache", der die Welt erneut unter teuflische Herrschaft stellen wolle, ist ein gängiges Motiv in der protestantischen Publizistik nach 1548. Dass das Interim mit dem Teufel gleichgesetzt wird, erklärt der Text der Flugschrift deutlich, wenn er setzt: „Gehorch der himmlischen stim und frag nichts nach dem Interim. Es ist Teuffelisch gedicht. Doch hör zu was hie Christus spricht."

Zudem erinnert der Text daran, dass das Alte Reich schon einmal in einer ähnlich prekären Lage gewesen sei: Da sei das Wort Gottes verdunkelt gewesen, aber dann habe Gott Martin Luther gerufen, der die Lügen des Papstes und der „Pfaffen" offenbar gemacht hätte. Doch nach dem Tod Luthers habe der „Widderchrist" erneut seinen Kopf erhoben und nun also das Interim hervorgebracht, auch wenn es gegen den Willen Gottes sei.

Somit lässt sich die Botschaft der Flugschrift dahingehend zusammenfassen, dass Christus allein zu hören, das Interim abzulehnen und das Leben in der Gewissheit zu führen sei, dass der Auferstandene am Ende den „Interimsdrachen" vernichten und damit zugleich über die Osmanen und das Papsttum siegen würde.

Magdeburg

Es ist kein Zufall, dass diese Flugschrift in Magdeburg entstanden ist, denn die Stadt, die 1524 die Reformation eingeführt hatte und seit 1547 unter der Reichsacht stand, verweigerte mit Vehemenz die Annahme des Interims. Insofern war dies auch die einzige Stadt, in der Schriften gegen das Interim frei publiziert werden konnten – und dies ist insbesondere in den Jahren 1549 und 1550 reichhaltig geschehen. Verantwortlich hierfür war in erster Linie Matthias Flacius (1520–1575), der durch kompromisslose Publikationen und Übersetzungen mit dazu beitrug, dass Magdeburg als „Herrgotts Kanzlei" und damit als letzte Bastion des unverfälschten lutherischen Glaubens – so die Selbstbeschreibung – in die Geschichte einging (Kaufmann 2003). Es schien, als würde nur noch hier die „Stimme eines freien deutschen Protestantismus" (Kaufmann 2016, 691) erschallen.

Matthias Flacius

Entsprechend schnell formierte sich dann auch der Widerstand durch Theologen und den Rat der Stadt, als Moritz von Sachsen 1550 die Reichsacht über Magdeburg exekutieren wollte und deswegen die Stadt belagerte. „Sie kämpften für die alten Freiheiten, das uralte Evangelium [und] das Recht des Bekenntnisses" (Kaufmann 2016, 693), auch wenn insbesondere der Rat dabei nicht den Blick für die Realpolitik verlor. Als Folge dessen begannen bereits 1551 geheime Verhandlungen mit Moritz von Sachsen, die Stadt zu übergeben, aber als Gegenleistung den Bekenntnisstand zu wahren. Das Interesse, das Moritz von Sachsen damit verband, spiegelte sein wachsendes Unbehagen gegenüber dem kaiserlichen Triumphalismus nach 1548 wider, der nicht nur mit Moritz' Schwiegervater Philipp von Hessen unbotmäßig umging, nachdem er in gefangengesetzt hatte, sondern auch einzelne Reichsstände mit seinem Verhalten brüskiert hatte (vgl. Kapitel 10.2.3). Insofern traf der Magdeburger Widerstandsgeist nun auf einen Fürsten, dem eher daran gelegen war, Verbündete für eine kommende Auseinandersetzung mit Karl V. zu finden oder sich dabei nicht von Schwierigkeiten – wie etwa einer problematischen Exekution der Reichsacht – binden zu lassen.

Moritz von Sachsen

13.2 Der Weg zum Frieden

13.2.1 Friedensversuche

Der „Augsburger Religionsfrieden" von 1555 steht in einer Reihe von Bemühungen, die Auseinandersetzungen um die Religionsfrage nicht eskalieren zu lassen bzw. endgültig zu ordnen. Doch insbesondere nach den Reichstagen von Speyer (1529) und Augsburg (1530) sowie nach der Gründung des Schmalkaldischen Bundes (1530) war die Lage so prekär, dass zügig eine Verständigung erfolgen musste (Kohnle 2007, 5–17). Dies geschah zunächst durch den „Nürnberger Anstand" (3. August 1532) (Abschiedt 1532); insofern ist dies im Grunde der „erste Religionsfrieden der Reformationszeit" (Kaufmann 2016, 613). Der Anstand wurde zwischen den evangelischen Reichsständen und den Kurfürsten von Mainz und von der Pfalz ausgehandelt, Kaiser Karl V. sah keinen Anlass, bei diesen Verhandlungen mitzutun. Das wäre vermutlich auch dem Eingeständnis gleichgekommen, die Religionsfrage nicht mehr gänzlich zu seinen Gunsten lösen zu können.

Nürnberger Anstand

Der „Nürnberger Anstand" griff den gegenseitigen Gewaltverzicht auf, der bereits 1529 vereinbart worden war und der mindestens bis zu einem einzuberufenden Konzil oder bis zum nächsten Reichstag gelten sollte. Außerdem wurden bestehende und noch folgende Religionsprozesse suspendiert, die vor dem Reichskammergericht wegen der Güter anhängig waren, die im Zuge der Reformation in den Territorien säkularisiert worden waren und nun vor Gericht wieder zurück erstritten werden sollten. Diese Prozesse auszusetzen, war eine wesentliche Forderung der evangelischen Reichsstände. Im Gegenzug sagten sie zu, finanzielle Hilfen für den Kampf gegen das Osmanische Reich bereitzustellen. Wichtig war außerdem, dass sich auch neu hinzukommende evangelische Reichsstände diesem Anstand unterstellen konnten. Das bedeutet, dass es nun möglich war, lokal die Reformation einzuführen, ohne gleich Gegenmaßnahmen fürchten zu müssen (Kaufmann 2016, 614).

Frankfurter Anstand

Im Jahr 1539 bedurfte es einer Bestätigung dieser Vereinbarung. Der „Frankfurter Anstand" (19. April 1539) (Anstand 1539) folgte. Dabei war es erstmals so, dass die evangelischen Stände durch die *confessio Augustana* geeint erschienen. Vertraglich wurde nun festgelegt, dass der Frieden bis zu 15 Monate gelten sollte (Kaufmann 2016, 614 f.). Auch in dieser Zeit sollten die Religionsprozesse ausgesetzt bleiben; der Schmalkaldische Bund sicherte im Gegenzug zu, erst einmal keine weiteren Mitglieder aufzunehmen.

Weitere Regelungen

1541 wurden dann auf dem Regensburger Reichstag verabredet, dass der „Nürnberger Anstand" weiterhin gelten sollte, bis es auf einem Konzil, einem Nationalkonzil oder auf einem Reichstag zu einer Einigung in der Religionsfrage käme. Diese Politik der kleinen Schritte endete 1542, als auf dem Reichstag von Regensburg der Abschied von 1541 um fünf Jahre verlängert wurde; 1544 wurde zudem der Religionsartikel entfristet, der Frieden sollte also bis zu einer Vereinbarung gelten. Dieses kaiserliche Eingeständnis war der prekären politischen Situation geschuldet, in welcher der Kaiser zu dem Zeitpunkt steckte, befand er sich doch sowohl mit Frankreich als auch mit den Osmanen im Krieg und brauchte deshalb die Unterstützung aller Reichsstände (Kohnle 2007, 12).

Schließlich forderten die evangelischen Reichsstände auf dem Reichstag 1546 (Regensburg) erstmals einen beständigen Religionsfrieden. Dazu sahen sie sich genötigt, weil inzwischen in Trient das Konzil begonnen hatte (1544), die evangelischen Stände dies allerdings ablehnten und ihre Teilnahme verweigerten. Beides war für Karl V. jedoch untragbar. Und deshalb: Als der Zweifrontenkrieg mit Frankreich und den Osmanen gelöst war und sich auch die politische Lage im Reich änderte, endeten alle Friedensbemühungen und der Schmalkaldische Krieg (1546/7) brach aus (vgl. Kapitel 10.2.3).

Regensburg 1546

13.2.2 Herausforderung des Friedens: Augsburger Interim (1548)

Nach seinem Sieg im Schmalkaldischen Krieg trat in Augsburg der Reichstag zusammen (1547/8). Hier demonstrierte Karl V. seine Macht, indem er spanische Truppen in die Stadt holte, die seinem Wort auf dem nun „geharnischten Reichstag" Gewicht verleihen sollten. Insbesondere die Religionsfrage sollte nun gelöst werden – und dazu gehörte es, die evangelischen Reichsstände im „Augsburger Interim" auf die kaiserliche Linie zu verpflichten. Theologisch betraf dies etwa die Rechtfertigungslehre, die zwar als freies Geschenk Gottes beschrieben, wohl aber um die Heiligung durch die guten Werke ergänzt und damit dekonstruiert wurde. In der Ekklesiologie sollte die bischöfliche Ämterverfassung das evangelische Verständnis von Gemeinde und Kirche wieder ablösen, das Priestertum aller Glaubenden wurde damit bedeutungslos. Zudem wurde durch das betonte Nebeneinander von Heiliger Schrift, Tradition und Konzilsbeschlüssen das evangelische *sola scriptura*-Prinzip außer Kraft gesetzt (Moritz 2009, 123 f.).

Bestimmungen des Interims

Doch es gab auch – vom Papst später dispensierte – Zugeständnisse: Laienkelch und Priesterehe sollten bleiben dürfen. Doch im Grunde war mit dem „Augsburger Interim" dennoch die

Zugeständnisse und Widerstand

Rekatholisierung der Gebiete angeordnet, die sich zuvor der Reformation zugewandt hatten – sofern sie das Interim annahmen. Und in der Tat: In Leipzig („Leipziger Interim") und Ostfriesland wurden stattdessen Kompromisslösungen gesucht und gefunden, Brandenburg nahm das Interim an, wollte aber die eigene Kirchenordnung von 1540 gewahrt wissen, Magdeburg verweigerte sich ganz. Zudem flohen nun zahlreiche evangelische Pfarrer in die Territorien, die wie Preußen außerhalb des Reiches lagen (Schorn-Schütte 2005).

Kompromisse

Doch auch die katholischen Stände opponierten, weil ihnen die Bestimmungen nicht weit genug gingen oder weil sie – wie es einige geistliche Stände formulierten – nicht einsahen, dass der Kaiser in Religionsfragen eigenständig entschieden hatte. Dafür seien der Papst und das Konzil zuständig, alles andere sei Cäsaropapismus, so ihr Vorwurf (Holzem 2015, 47). Zudem schien es zahlreichen Ständen fraglich, ob der Kaiser in Zunftverfassungen von einzelnen Reichsstädten eingreifen durfte, um dort ein Patriziertum zu stärken, das seinen Vorstellungen entsprach. Und auch sein Umgang mit der Reichsstadt Konstanz erschien anstößig, stufte Karl V. diese doch zu einer Landstadt herab und rekatholisierte sie anschließend.

Kritik der katholischen Stände

Insofern regte sich von zahlreichen Seiten Unbehagen, wenn nicht gar Widerstand; eine Stimmung, die nicht zuletzt Moritz von Sachsen aufgriff, um seine Loyalität zum Kaiser aufzukündigen und Bündnisse zu schmieden, welche schließlich mit dazu beitragen sollten, den Kaiser zu stürzen (vgl. Kapitel 13.3.1).

13.2.3 Bestimmungen des Friedens: Augsburger Religionsfrieden (1555)

Nach dem Schmalkaldischen Krieg und dem Fürstenaufstand (1552) sowie dem Passauer Vertrag (vgl. Kapitel 13.3.1) lag es am Reichstag von Augsburg, die Religionsfrage zu lösen. Dieser tagte zwischen dem 5. Februar und dem 25. September 1555. Es zeigte sich jedoch, dass dies nicht möglich war, sondern stattdessen Glaubensfragen und Politik entkoppelt werden mussten, um Frieden zu erreichen und zu sichern. So wurde am Ende ein politischer Frieden zwischen den Reichsständen und Ferdinand I. geschlossen, der ganz ohne die theologische Wiedervereinigung auskam, aber diese dennoch am Horizont erscheinen ließ; der Reichstagsabschied von

Augsburg (Abschiedt 1555) ist also primär als Landfriedensordnung zu verstehen (Holzem 2015, 55; Kohler 2007, 17–25), die möglichst beständig sein sollte.

Ein wesentlicher Teil dieser Vereinbarung war es, dass nun auch die Augsburger Konfessionsverwandten reichsrechtlich anerkannt wurden. Dies allerdings führte unmittelbar zu der Frage, wer darunter eigentlich genau zu verstehen war (Dingel 2007, 157–179). Klar war jedoch, dass die Reformierten und alle anderen Denominationen im Alten Reich auch weiterhin nicht anerkannt waren. *[Anerkennung der Augsburger Konfessionsverwandten]*

Wie sehr der Reichstagsabschied eine Stärkung der jeweiligen Landesherrschaft war, wird angesichts einzelner ausgehandelter Bestimmungen deutlich (Gotthard 2004, 171–240): So festigte das *ius reformandi* die Kompetenz der Landesherrschaft, das Bekenntnis im eigenen Territorium zu bestimmen. Die oft zitierte Formel „*cuius regio, eius religio*", mit der das *ius reformandi* zumeist beschrieben wird und die den Vorgang bezeichnet, dass derjenige, der die Herrschaft innehatte, auch über die Konfession entscheiden konnte, die vorherrschen sollte, findet sich jedoch nicht in dem Vertragswerk. Sie ist eine nachträgliche Setzung des Greifswalder Juristen Johann Joachim Stephani (1544–1623), aber dennoch ist sie zutreffend, weil er damit die wichtigste Funktionsweise des nun legitimierten landesherrlichen Kirchenregiments beschreibt (Holzem 2015, 58). *[ius reformandi]*

Die zweite wichtige Bestimmung, die den Frieden sichern sollte, war das *ius emigrandi*, und damit das Recht, das Territorium oder die Reichsstadt gegebenenfalls zu verlassen. Das heißt: Wer sich nicht der vorherrschenden Konfession beugen wollte, konnte das Territorium verlassen, musste aber zuvor seine Leibeigenschaft finanziell abtragen, Hab und Gut verkaufen und Auszugssteuern entrichten. Die Hürde war also sehr hoch. Für die städtische Bevölkerung war sie ebenfalls hoch, denn hier galt es, auf das Bürgerrecht zu verzichten, ohne sicher zu sein, am neuen Ort ein solches erhalten zu können (Holzem 2015, 61–63). *[ius emigrandi]*

Frieden war aber auch über Eigentumsregelungen herzustellen. Dies betraf etwa die landsässigen Güter, also Stifte, Klöster, Schulen oder Armenhäuser, die bei einem Konfessionswechsel betroffen waren, wenn sie direkt im Kompetenzbereich der Landesherrschaft lagen. Die Regelung besagte nun, dass alle landsässigen Güter, die vor 1552 evangelisch geworden sind, dies auch weiter bleiben sollten. Streit gab es also nur über die Güter, die danach verändert wurden. Die katholische Seite forderte hier ein striktes *[Eigentumsregelungen]*

Umwidmungsverbot, die Protestanten verwiesen auf das *ius reformandi* und damit auf das Recht der Landesherrschaft, die Konfession eines Territoriums bestimmen zu dürfen. Dies müsse auch die landsässigen Güter einschließen. Die Regelung, die dann getroffen wurde, folgte der Not: Das *ius reformandi* sollte zwar weiterhin gelten, aber Überschüsse aus den dann ehemalig geistlichen Korporationen sollten dem früheren Nutzer zugutekommen.

Reichsstädte

Friedenssicherung sollte zudem auch für die freien Reichsstädte erfolgen, doch dies gestaltete sich hochgradig schwierig, denn: Es wurde bestimmt, dass an den Orten, an denen für eine Zeit beide Konfessionen gelebt hatten, dies auch weiterhin so sein sollte. Das heißt: Auf ein *ius reformandi* durch den Magistrat und damit auf ein wesentliches Herrschaftsrecht sollte hier verzichtet werden. Diese Regelung sorgte vor Ort für Unruhe, weil damit bisweilen ein Zustand festgeschrieben wurde, der erst durch das Interim von 1548 entstanden war, als insbesondere im Süden des Reiches viele Katholiken in Städte gezogen sind, die vorher mehrheitlich reformatorisch waren. Dies konnte also nun nachträglich nicht mehr verändert werden.

„Geistlicher Vorbehalt"

Nicht in den Reichstagsabschied aufgenommen, aber wichtig für die Religionsfrage im Reich, war der „geistliche Vorbehalt" (*Reservatum ecclesiasticum*). Dieser besagte, dass geistliche Fürsten, die konvertierten, Amt, weltliche Gewalt und Benefizien aufgeben mussten und nicht mehr das *ius reformandi* ausüben konnten. Ein neuer katholischer Herrscher sollte dann in die weltliche Gewalt eingesetzt werden. Die evangelische Partei verstand dies allerdings als Herabwürdigung ihrer Konfession, war sie doch dadurch nicht frei, geistliche Territorien zu übernehmen. Zudem bestand die Frage, was mit evangelischen Städten, Rittern und Landständen geschehen sollte, die sich in einem geistlichen Territorium befanden. Um hier Frieden zu sichern, wurde eine Regelung getroffen, die sich ebenfalls nicht im Vertragstext, sondern nur in einer Nebenerklärung wiederfand: die *Declaratio Ferdinandea*, die Zusage von Ferdinand I., dass evangelische Städte, Ritter oder Stände in ihrem Glauben „unvergewaltigt" bleiben sollten, so sie diesen in einem geistlichen Territorium schon über längere Zeit ausgeübt hätten.

Keine Klärung der Wahrheitsfrage

1555 wurde also eine stabile politische Struktur geschaffen, ohne die theologischen Fragen zu lösen; dies wäre vermutlich auch nicht möglich gewesen. Den politischen Frieden von der theologisch auszuhandelnden Lösung der Wahrheitsfrage zu entkoppeln, machte es also deutlich einfacher, Frieden herzustellen und juristisch abzusichern. Insofern ist als Verdienst des Religionsfriedens festzuhalten, dass nun „eine Pazifikation des Konfessionsstreites jenseits des mittelalterlichen Ketzerrechts ermöglicht" (Holzem 2015, 69) wurde, denn konfessionelle Streitigkeiten durften diesen keinesfalls gefährden. Vor diesem Hintergrund erscheinen diese Regelungen als ein „reichsrechtlicher Wendepunkt", wenn auch nicht als Abschluss der kritischen Frage nach dem Verhältnis von Staat und Religion sowie nach der Pluralität der Konfessionen und die Art und Weise der damit einhergehenden Aushandlungsprozesse bei konfessionellen Streitigkeiten (Jörgensen 2014, 266).

1555 als Wendepunkt

13.3 Quellen und Vertiefung

13.3.1 Über Aufstand und Vertrag zum Frieden

Der Fürstenaufstand von 1552 ist eng mit Kurfürst Moritz von Sachsen verbunden: Seit 1551 führte dieser nicht nur mit Magdeburg geheime Kapitulationsverhandlungen, sondern schmiedete auch ein Bündnis mit dem französischen König Heinrich II. (1519–1559) gegen den Kaiser, nicht aber gegen dessen Bruder Ferdinand, der ihm im Gegensatz zu Karl V. offenbar als „ehrlicher Makler der Interessen des Reiches" (Kaufmann 2016, 669) erschien. Am 15. Januar 1552 unterzeichneten Moritz von Sachsen und Heinrich II. den Vertrag von Chambord. Dieser sicherte dem französischen König zu, Reichsvikar von Cambrai und von den Bischofsstädten Metz, Verdun und Toul zu werden. Dadurch wurde die Verbindung zwischen den Habsburger Landen in Oberdeutschland und in den Niederlanden durch Frankreich getrennt. Mit einigen protestantischen Reichsfürsten hatte Moritz von Sachsen zuvor am 22. Mai 1551 den Vertrag von Torgau geschlossen (Schäfer 2009, 53–85).

Moritz von Sachsen

Nachdem dieser Rahmen gesteckt war, konnte der Aufstand gegen den Kaiser erfolgen. Dieser von unterschiedlichen Interessen gekennzeichnet: Heinrich II. führte seit 1551 Krieg gegen den Habsburger in Italien und war an der Schwächung Karls V. im Reich interessiert; die Reichsfürsten hatten die Befreiung von Moritz' Schwiegervater Philipp von Hessen im Blick, wollten aber auch gegen Karls Pläne vorgehen, seinen Sohn Philipp zu Ferdinands Nachfolger zu

Fürstenaufstand

machen und so die Rolle und Bedeutung der Kurfürsten im Reich zugunsten einer dynastischen Monarchie zu beschneiden. Dies hielten sie für einen Angriff auf die „Teutsche libertät", wie sie fast schon stereotyp argumentierten (Schmidt 2006, 159–189). Doch auch die Beschwerungen in der Religion wurden als Kriegsgrund aufgeführt.

Flucht und Vertrag — Am Ende des Fürstenaufstandes musste Karl V. über den Brenner fliehen, Ferdinand I. traf sich mit den Reichsständen in Linz und Passau, um einen Frieden zu auszuhandeln – und am 15. August 1552 wurde der Passauer Vertrag ratifiziert. Dieser sah nicht nur die Freilassung Philipps von Hessen vor, sondern forderte auch ein Kolloquium zur Religionsfrage auf Reichsebene und rief bis dahin einen Frieden aus, der von keiner Seite gebrochen werden durfte, ohne dass dies sanktioniert würde. Damit war der Weg sowohl zum Reichstag in Augsburg als auch zum „Augsburger Religionsfrieden" geebnet.

13.3.2 Quelle: Passauer Vertrag (1552)

Religion/Frid und Recht/betreffend [...] Sol die Kay. May. Dem gnedigen erbieten / so jüngst zu Lintz von irer May. wegen / nach inhalt der dazumal gegebnen Antwort bescheen / getrewlich nachsetzen / auch innerhalb eines halben jares / einen gemeinen Reichstag halten / Darauff nochmals auff was wege / als nemlich / eins General oder National Concilii / Colloquii / oder gemeiner Reichs versamlung / dem zwispalt der Religion abzuhelffen / und dieselb zu Christlicher vorgleichung zubringen / gehandlet / und also solche einigkeit der Religion / durch alle Stende des heiligen Reichs / sampt jrer May. ordentlichem zuthun / so befürdert werden. [...]

Und mittler zeit / weder die Kay. May. / Wir / noch Churfürsten / Fürsten und Stende des heyligen reichs / keinen Stand der Augspurgischen Confession vorwanth / der Religion halben / mit der that gewaltiger weis / oder in andere wege / wider sein Conscientz und willen dringen / ader derhalben uberziehen / beschedigen / durch Mandat / oder einiger andern gestalt / beschweren oder vorachten / Sondern bey solcher seiner Religion und Glauben/ rüglich und friedlich / bleiben lassen. [...]

Es wirdt auch bedacht / das zu uorbereitung solcher vergleichung dienstlich sein sollte / Das bald anfangs solchs Reichstages / ein Ausschus / von etzlichen schidlichen / verstendigen Personen beider Religionen in gleicher anzal geordnet würde / die befehlich hetten zu beratschlagen /

Welcher massen solche vergleichung am füglichsten möchte fürgenommen werden. [...] Do aber die vergleichung / auch durch derselben weg keinen wurd erfolgen / Das als denn nichts deste weniger / obgemelter Friedestandt bey seinen krefften / bis zu entlicher vergleichung bestehen / und bleiben solle.

(Auszug aus: ABdruck des Passawischen Vertrags 1552.)

13.3.3 Fragen und Anregungen

- Welche Perspektive hatte Karl V. nach 1548 auf das Reich – und wo sind ihm aus welchen Gründen Fehleinschätzungen unterlaufen?
- Welche grundsätzlichen Linien gibt der Passauer Vertrag (1552) vor, die sich im Reichstagsabschied von Augsburg (1555) wiederfinden? Wo werden drei Jahre später andere Linien gezeichnet?
- Welche Perspektive ergibt sich für die Religionsfrage nach dem Reichstagsabschied von Augsburg (1555)? Welches sind in dieser Frage seine Stärken, wo sind seine Schwächen? Ist damit die Religionsfrage geklärt?
- Diskutieren Sie, ob die Religionsfrage immer nur innerhalb politisch gesetzter Grenzen diskutiert werden sollte. Wo sind die Vorteile, wo die Nachteile?
- Ist religiöser Pluralismus der Normal- oder ein Sonderfall innerhalb einer Gesellschaft? Was sind jeweils die Konsequenzen? Diskutieren Sie kritisch.

Lektüreempfehlungen

Gotthard, Axel: Der Augsburger Religionsfrieden. (Reformationsgeschichtliche Studien und Texte, 148). Münster 2004. *(grundlegend, quellengesättigte chronologisch aufgebaute Darstellung)*

Holzem, Andreas: Christentum in Deutschland, 1550–1850. Bd. 1: Konfessionalisierung, Aufklärung, Pluralisierung. Paderborn 2015. *(Orientierung schaffende und erste Vertiefungen setzende Studie)*

Kaufmann, Thomas: Das Ende der Reformation. Magdeburgs „Herrgotts Kanzlei" (1548–1551/2). Tübingen 2003. *(breite Quellen- und Forschungsbasis, Gegenstand und Forschung verortend und vertiefend)*

Moritz, Anja: Interim und Apokalypse. Die religiösen Vereinheitlichungsversuche Karls V. im Spiegel der magdeburgischen Publizistik, 1548–1551/52. Tübingen 2009. *(Perspektivierung des Handelns von Karl, breite Quellenbasis: Bilder und Texte)*

Schäfer, Kerstin: Der Fürstenaufstand gegen Karl V. im Jahr 1552. Entstehung, Verlauf und Ergebnis – vom Schmalkaldischen Krieg bis zum Passauer Vertrag. Taunusstein 2009. *(Zugriff über Ereignisse und Protagonisten, konzise)*

Schilling, Heinz; Smolinsky, Heribert (Hg.): Der Augsburger Religionsfrieden 1555. (Reformationsgeschichtliche Studien und Texte, 150). Münster 2007. *(Aufsatzsammlung unterschiedlicher Perspektivierungen, Beiträge umfassen auch die „Vorgeschichte" der 1530er Jahre; vertiefend)*

14 Reformation: ein allein religiöses Ereignis?

Abb. 8: Göttlicher Schrifftmessiger/ woldenckwürdiger Traum/ welchen der Hochlöbliche/ Gottselige Churfürst Friederich zu Sachsen ... aus sonderer Offenbarung Gottes/ gleic itzo für hundert Jahren/ nemlich die Nacht für aller Heiligen Abend/ 1517. zur Schweinitz dreymal nach einander gehabt Als folgenden Tages D. Martin Luther seine Sprüche wider Johann Tetzels Ablaßkrämerey/ an der Schloßkirchenthür zu Wittenberg angeschlagen (British Museum, Nr. 1880,0710.299); erschienen zum Reformationsjubiläum 1617.

Zu sehen ist Martin Luther (links), der die Thesen zum Ablass auf eine Kirchentür schreibt. Die Feder, die er dazu benutzt, wird von Melanchthon und anderen Gelehrten berührt, geht durch den Kopf des Löwen (Papst Leo X.), der über dem brennenden Rom thront, und stößt anschließend dem Papst die Tiara vom Kopf. Im Vordergrund (rechts) wird eine Gans (als Metapher für Jan Hus) verbrannt. Von oben inspiriert derweil Gottvater die Schrift, die dann von Luther vor die Herrschenden getragen wird (rechts).

14.1 Konfessionalistische Deutung

Die Flugschrift, die zum Reformationsjubiläum 1617 erschienen ist, erzählt von einem Traum, den der sächsische Kurfürst Friedrich im Jahr 1517 gleich dreimal gehabt haben soll: Demnach sei

Friedrichs Traum

dem Kurfürsten ein Mönch erschienen, der wie der Sohn von Paulus ausgesehen habe und ein „Gesandter Gottes" gewesen sei, wie viele Heilige bezeugt hätten. Diese baten den Kurfürsten, dem Mönch zu erlauben, etwas an die Kirchentür zu schreiben – und Friedrich gestattete dies. Die Feder, mit welcher der Mönch geschrieben habe, sei durch den Kopf von Papst Leo X. hindurchgestoßen und hätte so die päpstliche Tiara zum Wackeln gebracht. Sie drohte herabzustürzen, so dass der Kurfürst herbeigeeilt sei, diese aufzufangen – doch dann sei er mit ausgestreckten Armen aufgewacht, um dann allerdings gleich wieder einzuschlafen und davon zu träumen, dass nun der Papst alle Reichsstände drängte, dem Mönch zu wehren. Im Traum indes fragte der Kurfürst den Mönch, warum dessen Feder so fest und stabil sei. Dieser habe mit dem Verweis auf die böhmische Gans und damit auf Jan Hus (verurteilt auf dem Konzil von Konstanz 1415) geantwortet, dieser sein Schulmeister gewesen sei. Der Geist, der Hus getragen und angetrieben hätte, ließe sich nicht aus der Feder vertreiben; seine Kraft sei das Geheimnis ihrer Festigkeit – und mit eben dieser Feder schriebe nun der Mönch auch.

Als Kurfürst Friedrich erwacht sei, so die Erklärung der Flugschrift weiter, galt es herauszufinden, wie mit dem Traum umzugehen sei. Friedrich habe sich entschlossen, ihn Gott anzubefehlen, wohl wissend, dass er den Mönch als einen Gesandten Gottes erkannt hatte (Kaufmann 2010). Vor diesen Hintergrund war davon auszugehen, dass Friedrich fortan einiges unternehmen würde, um den Mönch zu schützen und gleichzeitig dessen Botschaft Gehör zu verschaffen.

Evangelische Erinnerungspolitik

Die Flugschrift ist ein Ausdruck der evangelischen Erinnerungspolitik, mit der beim Reformationsjubiläum 1617 gleichsam die Deutung des reformatorischen Geschehens festgeschrieben werden sollte. Im Mittepunkt stand dabei Martin Luther, sein Wirken in den Spuren von Jan Hus, aber auch seine eigenständig entwickelte Lehre, die ihren ersten Ausdruck im kritischen Blick auf den Ablasshandel seiner Zeit gefunden und stattdessen ein Leben aus der Buße vorgeschlagen hatte. Es ging also um nichts weniger als um eine ausgeprägte Luthermemoria zum 100jährigen Gedenken des antizipierten Thesenanschlags. Und so ist auch die Rede von Luther als dem „Gesandten Gottes" kein Zufall, sondern als wesentliche Stoßrichtung der Deutung zu verstehen, schließlich sei

Luther es gewesen, der, so die Flugschrift, nach einer langen Zeit der Dunkelheit das Licht des Evangeliums neu entzündet hätte.

Durch diese sehr explizit auf Luther zugespitzte Erinnerungspolitik sollte es möglich werden, die lutherische Kirche nun gleichsam zum „Hort des wahren, alleinseligmachenden Glaubens" (Kaufmann 2010, 309) zu stilisieren, gründete sie sich doch auf dem Wirken dieses mutigen und weitsichtigen Reformators. Insofern verwundert es nicht, dass insbesondere in den lutherischen Predigten, die während des dreitägigen Jubiläums 1617 gehalten wurden (Lehmann 2012), das reformatorische Geschehen durchweg und explizit auf den Genius Luthers zurückgeführt wurde.

Deutungen – dies wird bei der vorliegenden Flugschrift sehr deutlich – gehen immer mit Interessen einher und spiegeln zugleich die Kontexte wider, in denen sie entstehen. So erklärt der Überschwang rund um die Person und die Lehre Luthers durchaus auch durch Blick auf unterschiedliche Ereignisse des frühen 17. Jahrhunderts, denn: Die lutherische Konfessionsidentität benötigte im Vorfeld des Dreißigjährigen Krieges einen eindeutigen Fokuspunkt. Dieser wurde in Luther und seiner als heilsgeschichtlich relevant angesehenen Tat gefunden. Nun konnte es auch von lutherischer Seite aus gelingen, dem als massive Herausforderung empfundenen reformierten „Jubiläumsdrang" (Kaufmann 2016, 729) der Zeit eine – möglichst größere und konzentriertere – lutherische Feier entgegenzusetzen und so eine geschlossene lutherische Konfessionskultur zu erwirken und zum Ausdruck zu bringen (Kaufmann 2010, 303). Warum aber war den Reformierten so sehr an einem Reformationsjubiläum gelegen, dass die Lutheraner sich geradezu gezwungen sahen, entsprechend darauf zu reagieren? Der reformierte Kurfürst Friedrich V. von der Pfalz (1596–1632) hatte – wohl mit Blick auf die Entwicklung in Böhmen und damit auch zur Stärkung seiner Position – auf identitätsstärkende Feierlichkeiten gedrungen. Zudem harrten die Reformierten immer noch ihrer reichsrechtlichen Anerkennung. Da konnte ein von ihnen maßgeblich ausgestaltetes Jubiläum durchaus hilfreich sein, um sich wieder deutlich ins Gedächtnis zu bringen, indem sie das Erbe und die Deutung der Reformation für sich beanspruchten.

Doch aus sächsisch-lutherischer Sicht sollte genau dies nicht geschehen. Ein Reformationsjubiläum unter reformierter Ägide

Kontext der Erinnerung

Jubiläumswettlauf 1617

galt als unvorstellbar und gleichermaßen als unerwünscht. Aus der vehementen Abwehr und dem zugleich immer stärker werdenden Wunsch, dem Reformationsjubiläum eine explizit sächsische und damit lutherische Handschrift zu geben, mag sich auch erklären, warum gerade das sächsische Landeskind Luther und seine Lehre, nicht aber weitere Reformatoren wie etwa Melanchthon und schon gar nicht Zwingli oder Calvin explizit in den Mittelpunkt der Memoria von 1617 gerückt wurden (Lehmann 2012, 19–21).

Vor dem Hintergrund dieses evangelischen Jubiläumswettlaufes erscheint es dann schon fast marginal, dass Papst Paul V. am 12. Juni 1617 ein Heiliges Jahr ausgerufen hat (Kaufmann 2010, 315), um das Alte Reich nicht in einem einzigen Luther-Jubel versinken zu lassen. Gleichwohl hatte dies kaum Auswirkungen.

14.2 Reformation – ein allein religiöses Ereignis?

14.2.1 Multiperspektivität durch Reformationsjubiläen

Nach dem Reformationsfeiern 1617 gingen zeitbedingte Deutungen und die daraus hervorgehenden Ausgestaltungen der Jubiläen fortan Hand in Hand; die Feierlichkeiten verraten also durchweg mehr über den jeweiligen Kontext, dem sie entspringen, als über das reformatorische Geschehen an sich. Konkret heißt dies, dass Luther und die Reformation nun immer wieder Umdeutungen erfuhren, die zudem keineswegs auf ihren religiösen Gehalt beschränkt blieben, denn nun waren die Zeit und die Umstände wichtiger, in welche die Jubiläen hineinsprechen sollten.

Jubiläum 1717 und Luther-Renaissance

Einige Schlaglichter machen dies deutlich: Selbst als 1717 – verglichen mit 1617 – der große lutherische Triumphalismus sehr viel milder erschien, weil die Feierlichkeiten nun zu einer allein kirchlichen Veranstaltung wurden, blieb der Fokus auf Luther bestehen, der jetzt zum neuen Moses stilisiert wurde, der das Gottesvolk aus der Knechtschaft des Pharaos – i. e. des Papstes – befreit hätte. Allerdings wurde die Perspektive auf das Luthertum nun auch breiter, denn es brauchte nicht mehr Luther allein, um die evangelische Identität zu markieren. So trat nun Melanchthon neben Luther und wurde für sein Tun erinnert und gewürdigt (Kaufmann 2016, 735). Desgleichen fand nun auch das Gedenken an die Übergabe der *Confessio Augustana* einen immer deutlicheren Platz in der lutherischen Erinnerungskultur, die dann allerdings im ausgehenden 19. Jahrhundert in eine lang anhaltende „Luther-Renaissance" mündete – jene Zeit also, in der es zu einer „wissenschaftlichen Wiedergeburt des Wittenberger Reformators" (Kaufmann 2016, 759) zu kommen schien, für die der Kirchenhistoriker Karl Holl (1866–1926) als Pate steht. Dieser stellte nicht nur Luther als Theologen explizit in den Mittelpunkt, sondern grenzte ihn auch erneut explizit von Melanchthon ab.

Eine politisch vereinnahmende Deutung des reformatorischen Geschehens war in dieser Sichtweise nicht vorgesehen. Gleichwohl gehört diese Spur, die sich schon beim Reformationsjubiläum 1617 gezeigt hatte, ebenfalls zum 19. Jahrhundert, denn: Die Frage nach der nationalen Identität wurde nun immer drängender – und bald war klar, dass Luther unbedingt als ein wesentlicher Bestandteil der zu festigenden deutschen Identität gewürdigt und letztlich auch genutzt werden sollte. Spätestens bei der Feier zum vierten Jahrestag der Völkerschlacht von Leipzig (1813) im Jahr 1817 kam deshalb die Rede auf, dass insbesondere Luther als derjenige zu sehen sei, der die Einheit und Freiheit der deutschen Nation entscheidend vorangebracht hätte (Kaufmann 2016, 739). Genauer gesagt: Ohne ihn hätte es die Rede von der Freiheit in dieser Deutlichkeit gar nicht erst gegeben, sein Anteil am Werden der deutschen Nation sei also kaum zu überschätzen.

Luther und die nationale Identität

Damit wurde eine Spur gelegt, die sich bis zu ihrer Pervertierung im 20. Jahrhundert fortsetzten sollte: Luther als nationaler Freiheitsheld, die Reformation als ein Geschehen, mit dem die Freiheit der deutschen Nation endlich ihren Anfang hat nehmen dürfen. Gerade im Kriegsjahr 1917 dominierte diese Vorstellung, hinter der alle – inzwischen eingesetzten – theologischen Erwägungen und Verortungen der Reformation immer weiter zurücktraten. Diese Dominanz des Politischen fand im Gedenkjahr 1933 einen bemerkenswerten Höhepunkt, als im Zugehen auf die Feierlichkeiten zum 450. Geburtstag Luthers behauptet wurde, dass der Bogen von der Reformation zum Reich Adolf Hitlers zu spannen sei, um genau hier seine Vollendung zu finden. Eine solche Setzung verknüpfte geradezu messianische Hoffnungen mit der Person und dem Wirken Hitlers, erwartete hier die Vollendung dessen, was nun seit Luther als eine lang anhaltende deutsche Sehnsucht galt, der in den Feierlichkeiten ein entsprechender Ausdruck verliehen werden musste. Doch es kam anders als gedacht, denn: Die

20. Jahrhundert

1933

geplanten umfänglichen Feierlichkeiten fielen buchstäblich in sich zusammen, als Hitler verkündete, für den 10. November einen Tag auszurufen, um für eine Volksabstimmung über seine Politik zu werben. Damit wurde den auf Hitler hoffenden und Luther auf die Nation hin stilisierenden Christen nolens volens der Wind des Aufbruchs aus den Segeln genommen (Kaufmann 2016, 736–742; Wendebourg 2014, 273–275); der Ansicht aber, in der nun erwachenden deutschen Nation die Vollendung zu erleben, die ihren Ausgang bei Luther genommen hatte, tat dies keinen Abbruch. Nicht zuletzt dies mag auch ein wichtiger Erklärungsansatz für die anhaltende Systemtreue weiter Kreise deutscher Theologen zum „Dritten Reich" sein (Gailus 2015).

Erinnerungskultur

Beim Blick auf die Reformationsjubiläen wird also deutlich, dass je nach Kontext und Bedürfnissen das reformatorische Geschehen konfessionalistisch und/oder politisch im Sinne eines expliziten Fokus auf die nationale Identität ausgedeutet und genutzt wurde. Entsprechend gängiger Forschungsauffassungen zur Erinnerungskultur mussten diese Deutungsversuche auch nicht zwingend etwas mit den Anliegen der Reformation zu tun haben oder weiteren Protagonisten des Geschehens gerecht werden. Vielmehr handelte es sich bei dieser Art, vom Vergangenen zu erzählen, um „subjektive, hochgradig selektive und von der Abrufsituation abhängige Rekonstruktionen" der Vergangenheit, die „nie ein Spiegel der Vergangenheit, wohl aber ein aussagekräftiges Indiz für die Bedürfnisse und Belange der Erinnernden in der Gegenwart" waren (Erll 2005, 7). Insofern offenbart sich beim Blick auf die Reformationsjubiläen ein primär lutherzentrierter, aber dennoch breiter, von den Kontexten der Zeit abhängiger Deutungshorizont, der zudem auch in der Forschung der jeweiligen Zeiten abzulesen ist.

14.2.2 Multiperspektivität durch Forschung

Ernst Walter Zeeden

„Das Problem der Bekenntnisbildung ist sehr komplex. Es hat seine juristische, administrative und wirtschaftliche Seite, wie auch seine dogmatische, geistliche und sittliche Seite hat; politische und moralische Kräfte kämpften um die Führung und sicherten sich ihren Einfluß auf die Ausformung der Konfessionen" (Zeeden 1985, 67). Bereits 1956 hat Ernst Walter Zeeden die Multiperspektivität benannt, die notwendig ist, um dem reformatorische Geschehen und der daraus hervorgehenden Konfessionsbildung im Alten Reich gerecht zu werden. Auch wenn dabei der erste Schritt immer die Abfassung eines Glaubensbekenntnisses – und damit ein religiöser Akt – sei, so forme sich doch um das Bekenntnis herum ein Kirchentum, dessen Entwicklung nur im Zusammenspiel von „Dogma, Verfassung und religiös-sittlicher Lebensform" zu verstehen sei (Zeeden 1985, 69).

Mit diesem Ansatz steht Zeeden stellvertretend für eine Zäsur innerhalb der Forschungen zum reformatorischen Geschehen: Der Fokus auf Luther und auf die Reformation als religiöses Ereignis, das 1517 begonnen und mit Blick auf die Rechtfertigungslehre seine Grundierung erfahren und schließlich die Menschen zur Reform der Kirche getrieben habe, konnte fortan nicht mehr in dieser Weise aufrechterhalten werden. Vielmehr galt es nun, die politischen, kulturellen und wirtschaftlichen Bedingungen der Zeit ebenfalls zu bedenken. Damit war der Weg geebnet für die Rede von der „kontextuellen Reformation" (Kaufmann 2012, 15–24), bei deren Erforschung die Verknüpfung zwischen Kirche und Gesellschaft, zwischen Glaube und Politik in dem Wissen ernst genommen wird, dass sich der Umbruchprozess der Kirche in konkreten Territorien niedergeschlagen hat, in denen ebenso konkrete Landesherren daran interessiert waren, das Verhältnis von Kirche und einem sich in den Strukturen verdichtenden Staat eigenständig und entsprechend ihrer Interessen neu zu bestimmen (Kaufmann 2016, 22).

„kontextuelle Reformation"

Damit indes ging die „historische Entzauberung" von Personen (etwa Martin Luther) und Ereignissen (etwa vom „Thesenanschlag" 1517) einher, die als „heilsam" (Roper 2016, 7) zu verstehen ist, weil sich anders Horizonte kaum erweitern lassen (Opitz 2013). Zu den nun neuen Perspektiven zählte nicht allein der Blick auf bisher nicht hinreichend beachtete Quellen wie beispielsweise weitere zeitgenössische Flugschriften (Schwitalla 1983, Oelke 1992, Weiss 2001), sondern auch die Frage nach dem breiteren Trägerkreis der Reformation, der über die Theologen hinausging. Hier rückten nun zunächst die Territorialherren in den Fokus, die sich aus unterschiedlichen – politischen und persönlichen – Gründen dem reformatorischen Geschehen angeschlossen oder verweigert haben. Aber auch und gerade der „gemeine Mann" geriet nun in den Blick (Scribner 1987), der Begriff der „Gemeindereformation" (Blickle 1987, Blickle 2004) wurde geprägt, die mindestens bis 1525 (und in den norddeutschen Territorien noch ein paar Jahre mehr)

Neue Perspektiven

angedauert habe. Ausgehend von diesem Weg ist deshalb für die heutige Forschungslandschaft festzuhalten, dass sie sich gegenwärtig vertieft Einzelfragen widmet, die aber in ihrer Zusammenschau deutlich machen, dass die Deutung des reformatorischen Geschehens nur multiperspektivisch erfolgen kann. Dies hat sich nicht zuletzt auch in den Luther-Biographien niedergeschlagen, die im Zugehen auf das Reformationsgedenken 2017 erschienen sind (Schilling 2016, Roper 2016, Kaufmann 2016).

Leopold von Ranke — Gleichwohl musste sich diese Multiperspektivität im wissenschaftlichen Diskurs erst durchsetzen. Ausgangspunkt hierfür war Leopold von Rankes Werk zur Reformation. Auf eine breite Quellenbasis gestellt, akzentuiert er klar die politische Bedeutung der Reformation, indem er theologische Fragen und Motiven in den Kontext der Reichs- und Territorialgeschichte und ihren Entscheidungsträgern (Reichstage) stellt. Dies alles geschieht vor einem national konnotierten Hintergrund, begreift Ranke die Reformation doch als einen Ausdruck des „deutschen Geistes", der sich nun auf dem Weg zu Freiheit und Einheit gemacht hätte (Ranke 1839–1847, Kaufmann 2016).

Luther-Renaissance — Dieser breiteren Perspektivierung steht exemplarisch die spätere und bereits genannte „Luther-Renaissance" der 1920er Jahre gegenüber, die mit dem Namen Karl Holl verbunden ist. In der vertieften Schau auf Luthers Theologie, die sich aus der von ihm erlebten Anfechtung ergeben und sich deshalb in existentieller Weise mit der Frage auseinandergesetzt habe, wie der Mensch vor Gott stünde, systematisiert Holl diese. Dadurch kennt sein Blick auf das reformatorische Geschehen nur einen Fokus: Luther selbst (Kaufmann 2016, Assel 1994).

„frühbürgerliche Revolution" — In der neueren deutschen Geschichtsschreibung nahm die Auseinandersetzung mit dem reformatorischen Geschehen unterschiedliche Wege, behielt aber die breitere Perspektivierung jenseits Martin Luthers bei: Ein nachhaltig diskutiertes Modell brachte die Forschung der DDR mit ihrer Rede von der „frühbürgerlichen Revolution" ein (Steinmetz 1960, 114–124; Dammaschke 2012, 59–88). Eingebettet in das Geschichtsbild des „Historischen Materialismus" wurden hier Reformation mit dem Bauernkrieg und damit auch Martin Luther mit dem zunächst als Bauernführer gefeierten Thomas Müntzer, aber auch mit Ulrich von Hutten zusammengebracht. Erst mit dem Gedenkjahr 1983 wurde Luther eine wichtigere Rolle zugeschrieben, ohne jedoch das tradierte Geschichtsbild abzulegen.

In Westdeutschland indes wurden unterschiedliche Themenfelder aufgemacht, die allesamt für Multiperspektivität Pate stehen. Insbesondere der „gemeine Mann" stand dabei zusammen mit volkssprachlichen Quellen (Flugblätter, Erbauungsschriften) im Mittelpunkt, aber auch die „Radikale Reformation" fand nun verstärkt Aufmerksamkeit. Diese Diversifizierung der Forschung ist insbesondere ab den 1960er Jahren zu beobachten – dies ist ein weiterer Beleg dafür, wie sehr die Fragen der Zeit die Perspektiven der Forschung zu prägen vermögen.

Weitere Themenfelder

Mit der Entfaltung und auch der Hinterfragung des Konfessionalisierungsparadigmas wurde schließlich nicht nur die Fokussierung auf Luther und seine Theologie endgültig zugunsten eines polyvalenten Zugriffs durchbrochen, es wurde auch die von Ranke gesetzte Epochengrenze für das reformatorische Geschehen (1517–1555) transzendiert (Schmidt 1992, Ehrenpreis/Lotz-Heumann 2002).

Konfessionalisierung

Insgesamt wird also deutlich, dass ungeachtet der „Luther-Renaissance" die Forschung immer intensiver nach dem Zusammenspiel unterschiedlicher Faktoren fragt, wenn sie das reformatorische Geschehen bewertet. Zudem greift sie inzwischen auch bis in die Gegenwart aus, wenn sie etwa nach dem Zusammenhang zwischen „religiöser Revolution" und der daraus hervorgehenden Säkularisierung von Gesellschaften fragt (Gregory 2012). Auch hier wird die aus der Forschung nicht mehr wegzudenkende Multiperspektivität deutlich.

14.3 Vertiefung: Reformation doch ein religiöses Ereignis?

Vor dem Hintergrund der Entwicklung, welche die Forschung genommen hat, überraschte 2014 eine Schrift der Evangelischen Kirche Deutschlands (EKD) mit einer klaren Benennung der Reformation als primär religiöses Ereignis. Im weiteren Verlauf der Schrift wird dies erklärt, indem „Kernpunkte reformatorischer Theologie" benannt werden. Zu diesen gehören die *sola*-Prinzipien, deren Reflektion immer in die Frage nach den Herausforderungen der Gegenwart mündet.

Die Schrift löste eine Debatte aus und erntete dabei viel Kritik, denn es schien, als ob die inzwischen akademisch herausgearbeitete Ambiguität des reformatorischen Geschehens, die sich in ihrer breiten Perspektivierung zeigte und zeigt, nicht willkommen sei. Anders sei es kaum zu erklären, dass in der Schrift die Multivalenz des reformatorischen Geschehens zugunsten der Konzentration auf die Rechtfertigungslehre und damit auch auf Luther allein zurückgedrängt wurde (Gordon 2017, 766–768).

14.3.1 Rechtfertigung und Freiheit (2014)

> Die Reformation ist ein gesamteuropäisches und – mit Blick auf ihre Wirkungen – ein weltgeschichtliches Ereignis. [...] Als Ereignis von weltgeschichtlicher Bedeutung hat die Reformation nicht allein Kirche und Theologie, sondern das gesamte private und öffentliche Leben verändert und bis in die Gegenwart (mit)geprägt. [...]
>
> Im Zentrum der Reformation stand die Frage nach dem Verhältnis des Menschen zu Gott. Die Reformation war wesentlich ein religiöses Ereignis, weil die Männer und Frauen, die die Reformation trugen, erwarteten, dass Gott selbst den rechten Glauben wecken und so das Verhältnis der Menschen zu Gott erneuern werde. Erst später hat es sich eingebürgert, den Begriff ‚Reformation' weniger auf diese von Gott erwartete Erneuerung zu beziehen als vielmehr auf die mit dieser Erwartung verbundenen Reformen ‚an Haupt und Gliedern' in der Kirche und Theologie. (...) Martin Luther wurde [..] bald zu der Symbolfigur dieser Entwicklung, weil er auch historisch einer der zentralen Initiatoren war. [...]
>
> In der Gestalt der Zentrierung auf Christus (*solus Christus*), der Wiederentdeckung des gnädigen Gottes (*sola gratia*), der grundlegenden Bedeutung eines von ihm geschenkten Glaubens (sola fide), der allein im mündlichen Wort geschenkt wird (*solo verbo*), und der Konzentration auf die Schrift (*sola scriptura*) wurde ein weitreichender und bald überhaupt nicht mehr auf Theologie oder Kirche beschränkter Paradigmenwechsel initiiert. Dieser Paradigmenwechsel einer theologischen Elite löste einen Mentalitätswechsel breiter Schichten aus, der die Verfassungsordnung und die Lebenswirklichkeit unserer eigenen Gesellschaft wie auch vieler anderen zutiefst prägt.
>
> (Auszug aus: Rat der EKD 2015.)

14.3.2 Die EKD hat ein ideologisches Luther-Bild (2014)

> Ein Papier der Kirche zum Reformationsjubiläum 2017 reduziert die Bedeutung des Ereignisses auf das Religiöse. Das ist wissenschaftlich überholt und wird der Tragweite der Reformation nicht gerecht. [...] Durch ‚Rechtfertigung und Freiheit' verfestigt sich der Eindruck, dass die EKD nicht an einer histo-

rischen Tiefenbohrung interessiert ist, welche erst eine sachlich gesicherte Basis der Gegenwartsrelevanz schaffen könnte. Bei einer solchen Tiefenbohrung müsste es um die zeitgeschichtliche Würdigung der Reformation selbst gehen, ihrer konkreten geistesgeschichtlichen wie politischen Voraussetzungen, Umstände und Folgen, aber auch um die über fünf Jahrhunderte angehäuften Schichten einer Rezeptionsgeschichte, in der sich fast jede Generation ihr eigenes Lutherbild machte.

Das EKD-Papier hingegen nimmt die Erkenntnisse der nach 1945 erneuerten, internationalen Reformationsforschung als Teil der allgemeinen Geschichtswissenschaft überhaupt nicht zur Kenntnis. Aus dem Blick gerät somit zum einen, wie im Prozess der Reformation das überkommene lateineuropäische Kirchenwesen theologisch infrage gestellt, publizistisch bekämpft und gestaltend verändert wurde. Ausgeblendet bleibt zum anderen, wie dies mit den säkularen Tendenzen der Zeit verwoben war und welche Auswirkungen es auf Kultur, Politik und Gesellschaft hatte. [...]

Die Ausschließlichkeit, mit der in dem Text die Reformation als ‚*religiöses* Ereignis' bewertet wird, isoliert das Geschehen vom allgemeingeschichtlichen Zusammenhang und fällt damit methodisch wie inhaltlich zurück hinter die längst selbstverständliche Integration der Kirchen- und Theologiegeschichte in die Allgemeingeschichte.

Es ist Stand der historischen Erkenntnis, dass ‚das Religiöse' im 16. Jahrhundert aufs Engste mit dem ‚Politischen', ‚Ökonomischen', ‚Sozialen' und ‚Rechtlichen' verzahnt war. Erst die Aufklärung führte die uns heute funktionale Differenzierung herbei.

Doch in dem EKD-Text feiert eine Reformationskonzeption fröhliche Urständ, die, mit einem für Ideologien charakteristischen Eigentlichkeitspathos, feststellt: Im Grunde sei es nur um die Religion gegangen. Es sei die Rechtfertigungslehre gewesen, was die Menschen elektrisiert habe. Die Rechtfertigungslehre aber sei auch heute noch zentral. Und deshalb würden die Antworten der Reformatoren den Fragen der Menschen von heute entsprechen.

Diese Position ist nichts anderes als eine dezidiert antiliberale Absage an jede Legitimität einer ‚Umformung' des evangelischen Christentums, die seit dem 16. Jahrhundert eingetreten sein mag. Stattdessen soll die Reformation historisch exemplifizieren, was man für das Bedeutende hält. So sieht dogmatische Geschichtsdeutung aus. Mit der Geschichte der Reformation hat das nichts zu tun.

Wer das Reformationsverständnis in dieser Weise auf die Rechtfertigung verengt, nimmt zwangsläufig eine Fixierung auf Luther in Kauf, beziehungsweise bietet ihn erneut – wie in früheren Reformationsjubiläen üblich – als Identifikationsfigur an. Von Calvin, gar Zwingli, auch Bucer, Müntzer, Karlstadt und all den anderen zu behaupten, die „Rechtfertigung" sei der

Dreh- und Angelpunkt ihrer Theologie, dürfte unter Kennern der Reformationstheologien wenig Zustimmung finden.

Es ist eine extrem einseitige Sicht der Reformation, die hier – vor allem aus dogmatischem Interesse – wiederbelebt wird. Ganz ähnlich wie in der „Luther-Renaissance" der 1920er-Jahre zimmert man sich eine „religiöse" Reformation, weil man mit ihr die Bedeutung der Religion in unserer Gesellschaft zementieren zu können meint.

(Auszug aus: Kaufmann/Schilling 2014.)

14.3.3 Fragen und Anregungen

- Wie erklären sich unterschiedlichen inhaltlichen Schwerpunktsetzungen der Reformationsjubiläen? Welcher Schwerpunkt war 2017 zu finden – und auf was drückt die hier gewählte Perspektive aus?
- Diskutieren Sie, welchen Stellenwert Martin Luther im reformatorischen Geschehen hatte – und wie die Forschung diesen reflektieren sollte.
- Welche Vorwürfe formulieren Schilling/Kaufmann gegenüber der EKD? Welche erscheinen gerechtfertigt, welche nicht?
- Diskutieren Sie, ob die Reformation „wesentlich ein religiöses Ereignis" war.

Lektüreempfehlungen

Dammaschke, Marion (Hg.): Günter Vogler: Signaturen einer Epoche. Beiträge zur Geschichte der frühen Neuzeit. Berlin 2012. *(Forschungsperspektiven aus DDR, konzise Quellenarbeiten und verortende Schriften)*

Kaufmann, Thomas: Der Anfang der Reformation. Studien zur Kontextualität der Theologie, Publizistik und Inszenierung Luthers und der reformatorischen Bewegung. Tübingen 2012. *(stark in Thesen, umfänglich in Nutzung der Quellen, fest verankert im Forschungsdiskurs, diesen voranbringend)*

Kaufmann, Thomas: Geschichte der Reformation in Deutschland. Berlin 2016. *(umfängliche, vertiefte Forschung, Grundlagenwerk)*

Lehmann, Hartmut: Luthergedächtnis 1817–2017. Göttingen 2012. *(quellengesättigt, insbesondere im Ausblick auf 2017 thesenstark)*

Rublack, Ulinka (Hg.): The Oxford Handbook of the Protestant Reformations. Oxford 2017. *(unterschiedliche Forschungsperspektiven, umfänglich und grundsätzlich)*

Schilling, Heinz (Hg.): Der Reformator Martin Luther 2017. Eine wissenschaftliche und gedenkpolitische Bestandaufnahme. Berlin, New York 2014. *(umfängliche und vertiefender Blick auf Luther und seinen Kontext; eröffnet Perspektiven)*
Scribner, Robert W.: Popular Culture and Popular Movements in German Reformation. London, Roncerverte 1987. *(quellengesättigte und den Forschungsdiskurs prägende Studie)*
Zeeden, Ernst Walter: Konfessionsbildung. Studien zur Reformation, Gegenreformation und katholischer Reform. Stuttgart 1985. *(Zusammenstellung von Aufsätzen Zeedens zu unterschiedlichen Themen; entfaltet zahlreiche Perspektiven für Forschung)*

15 Quellen- und Literaturverzeichnis

15.1 Quellen

404 Artikel, in: Gussmann, Wilhelm (Hg.): D. Johann Ecks vierhundertundvier Artikel zum Reichstag von Augsburg 1530. Kassel 1930, 99–153.

Abbildung Welcher Gestalt vor dem großmächtigsten Keyser Carln dem V. ufm Reichstag zu Augspurgk im Jahr Christi MDXXX den XXV Tag des Brachmonats Churfürst Iohans zu sachsen, Margkgrave Georg zu Brandenburgk-Ahnspach, Herzog Ernst zu Lüneburgk, Landgrav Philip zu Hessen, Fürst Wolf zu Anhalt und die Freyen Reichsstäte Nürnbergk und Reutlingen, ihres rechten uhralten, in den Schrifften der Propheten und Aposteln begrundvestigten, und in ihren Landen und Gebieten wieder aufgerichteten evangelischen Glaubens Bekäntnüs gethan, und solchs in teutscher und lateinischer Sprache mit aller Freudickeit underthänigst überreicht haben. Kupferstich (Johann Dürr, 1630), in: Harms, Wolfgang (Hg.): Deutsche illustrierte Flugblätter des 16. und 17. Jahrhunderts. Die Sammlung der Herzog August Bibliothek in Wolfenbüttel. Bd. 2: Historica. München 1980, 378.

ABdruck des Pas=||sawischen Vortrags/ so || den andern Monatstag Augusti/|| Anno etc. LII. auffge=||richt worden.|| Wittenberg 1552 (VD 16 D 1231).

Abschiet ynn der || Religion sachen zu || Nurnbergk.|| VND || R#[oe]mischer Kaiserlichen Ma=||iestat Mandat/ auff den || Fridlichen anstand des Glau=||bens vnd Religion halben.|| Sampt der Vermanung Kai=||serlicher Maiestat widder || den Türcken.|| Ausgangen jm || MDXXXII.| (VD16 R 784).

Actus vnnd hend=||lung der Degradati=||on vnd verprenung || der Christlichen || dreyen Ritter || vnd Merte||rer Augu||stiner or=||dens || geschehen zu Brussel.|| Anno M.D.xxiij.|| Prima Julij.|| Augsburg 1523 (VD16 A 169).

Alberus, Erasmus: Also spricht Gott/ Dis ist mein lieber Son an welchem ich wolgefallen hab Den Sollt Ihr Hören : Hie sihstu lieber leser mein Das Christus selbs wil König sein. Magdeburg 1550.

Anzeigung vnd bekant=||nus des Glaubens vnnd der lere/ so die || adpellirenden Stende Key. Maie=||stet auff yetzigen tag zu Aug=||spurg œberantwurt || habend. Erfurt 1530 (VD 16 C 4742).

Abschiedt Der Römischen Königlichen Maiestat, vnd gemeiner Stendt, auff dem Reichßtag zu Augspurg, Anno Domini M.D.L.V. auffgericht. Mainz 1555 (VD16 R 801).

Ausbund. Das ist: Etliche schöne Christliche Lieder. Wie sie in dem Gefängniß zu Bassau in dem Schloß von den Schweizer Brüdern und von andern rechtglaubigen Christen hin und her gedichtet worden. Lancaster 1856.

Ausschreibung des Reichstages in Augsburg an Kurfürst Johann von Sachsen (21. Januar 1530), in: Förstemann, Karl Eduard (Hg.): Urkundenbuch zur der Geschichte des Reichstags zu Augsburg im Jahre 1530. Nach den Originalen und nach gleichzeitigen Handschriften. Halle 1833, 2–9, Nr. 1.

Bericht von Leonhard von Eck (11. November 1523), in: Lipowsky, Felix Joseph: Argula von Grumbach, gebohrne Freiinn von Stauffen eine historische mit Urkunden belegte Abhandlung. München 1801, Nr. II.

Brief an Kaiser Karl V. vom 12. Dezember 1524, in: Pfeiffer, Gerhard (Bearb.): Quellen zur Nürnberger Reformationsgeschichte. Von der Duldung liturgischer Änderungen bis zur Ausübung des Kirchenregiments durch den Rat (Juni 1524-Juni 1525). Nürnberg 1968, 308–310.

Brüderliche Vereinigung, in: Fast, Heinold (Hg.): Ostschweiz. (Quellen zur Geschichte der Täufer in der Schweiz, 2). Zürich 1973, 26–36.

Carion, Johannes: Prognosticatio und erklerung der grossen wesserung/ Auch anderer erschrockenlichenn würckungen. So sich begeben nach Christi unseres lieben herrn geburt/ Funfftzehen hundert und xxiiij. Jar. Leipzig 1521 (VD 16 C 1030).

Cochläus, Johannes: Wider die Reubische[n] vnd Mordischen rotten der Bawren, die vnter dem schey[n] des heiligen Euangelions felschlichen wider alle Oberkeit sich setzen vnd empören Martinus Luther. Köln 1525. (VD16 L 7485).

Cramer, Samuel (Hg.): Het Offer des Heeren (de oudste verzameling doopsgezinde martelaarsbrieven en offerliederen). (Bibliotheca Reformatorica Neerlandica, 2). Den Haag 1904.

de Ries, Hans: Historie der Martelaren ofte waerachtige Getuygen Jesu Christi die d'Evangelische waerheyt in veelderley tormenten betuygt ende methaer bloet bevesticht hebben sint het Jaer 1524, tot desen tyt toe waer by oock gevoecht syn haer bekenntenissen, disputatien ende Schriften uyt druckende haer lvende hope crachtih gelove ende brandende liefde tot Godt ende syne heylige Waerheyt. Haarlem 1615.

de Ries, Hans: Martelaers Spiegel Der Werelose Christenen T'zedert A°1524. Haarlem 1631.

Der fridliche anstand:|| Zů Franckfurt aufgericht im Aprilen || Anno. M. D. XXXIX. Straßburg 1539 (VD 16 ZV 13933).

Die Ordnung der Widerteuffer zu Münster. Item was sich daselbs nebenzu verloffen hatt vonn der Zeytt an, alls die Statt belegert ist wordenn. [Augsburg]1535 (VD16 O883).

Die Zwölf Artikel, in: Laube, Adolf (Hg.): Flugschriften der Bauernkriegszeit. Berlin 1975, 26–31.

Dye histori/ so zwen Augustiner || Ordens gemartert seyn tzů Bruxel jn || Probant/ von wegen des Euãgelj.|| Dye Articell darumb sie verbrent seyn mit yrer || außlegung vnd verklerung.|| Erfurt 1523 (VD16 ZV 12980).

Fast, Heinold (Hg.): Der linke Flügel der Reformation. Glaubenszeugnisse der Täufer, Spiritualisten, Schwärmer und Antitrinitarier. Bremen 1962.

Förstemann, Karl Eduard (Hg.): Urkundenbuch zur der Geschichte des Reichstags zu Augsburg im Jahre 1530. Nach den Originalen und nach gleichzeitigen Handschriften. Halle 1833.

Geß, Felician (Hg.): Akten und Briefe zur Kirchenpolitik Herzogs Georg von Sachsen. Bd. 2: 1525–1527. Leipzig 1917.

Göttlicher Schrifftmessiger/ woldenckwürdiger Traum/ welchen der Hochlöbliche/ Gottselige Churfürst Friederich zu Sachsen … aus sonderer Offenbarung Gottes/ gleic itzo für hundert Jahren/ nemlich die Nacht für aller Heiligen Abend/ 1517. zur Schweinitz dreymal nach einander gehabt Als folgenden Tages D. Martin Luther seine Sprüche wider Johann Tetzels

Ablaßkrämerey/ an der Schloßkirchenthür zu Wittenberg angeschlagen (VD17 23:677361M).

Hoffmann, Melchior: Die Ordonnantie Godts. De welcke hy door zijnen Soone Christum Jesum inghestelt ende bevestigt heeft op die waerachtige Discipulen des eeuwigen woort Godts, Ten eersten Ghedruckt Anno 1530, Amsterdam 1611.

Hut, Hans: Ein Anfang eines rechten christlichen Lebens (Vom Geheimnis der Taufe) (1527), in: Fast, Heinold; Seebaß, Gottfried (Hg.): Briefe und Schriften oberdeutscher Täufer, 1527–1555. Das ‚Kunstbuch' des Jörg Probst Rotenfelder gen. Maler. Gütersloh 2007, 164–199.

Joris, David: Een Geestelijck Liedt-Boecxken: Inholdende veel schoone sinrijcke Christlijcke Liedekens: Oock troostlijcke Nieuwe-Jaren/ Claech vnde Lof-Sanghen/ ter Eeren Godes: Alle Oprechte Godt-meenende Liefhebberen der Waerheyt Christi/ Olden vnde Jonghen, seer dienstlijck: Deur D.J. Den Haag 1576–1582.

Karsthans mit vier Personen so vnder inen selbs ain gesprech vnd red Halten. Augsburg 1521.

Leppin, Volker: Die Confessio Augustana. Texte und Kontexte, in: Dingel, Irene (Hg.): Die Bekenntnisschriften der evangelisch-lutherischen Kirche. Bd. 1: Von den altkirchlichen Symbolen bis zu den Katechismen Martin Luthers. Göttingen 2014, 37–221.

Luther, Martin: An den christlichen Adel deutscher Nation von des christlichen Standes Besserung (1520), in: WA 6, 404–469.

Luther, Martin: Das siebente Kapitel S. Pauli zu den Corinthern ausgelegt (1523), in: WA 12, 88–143.

Luther, Martin: Das Traubüchlein für die einfältigen Pfarrherr (1529), in: WA 30-III, 74–81.

Luther, Martin: Dass weltliche Oberkeit den Widertäufern mit leiblicher Strafe zu wehren schuldig sei, etlicher Bedenken zu Wittenberg (1536), in: Hoffmann, Manfred (Hg.): Toleranz und Reformation. Gütersloh 1979, 38–40.

Luther, Martin: De Captivitate Babylonica Ecclesiae. Praeludium Martini Lutheri (1520), in: WA 6, 497–573.

Luther, Martin: De fide (1535), in WA 39-I, 40–77.

Luther, Martin: Disputatio pro declaratione virtutis indulgentiarum (1517), in: WA 1, 233–238.

Luther, Martin: Ein Brief an die Christen im Niederland (1523), in: WA 12, 77–80.

Luther, Martin: Exempel, einen rechten christlichen Bischof zu weihen (1542), in: WA 53, 219–260.

Luther, Martin: Ein Sermon gepredigt zu Leipzig auf dem Schloß am Tage Petri und Pauli (1519), in: WA 2, 241–250.

Luther, Martin: Ermahnung zum Frieden auf die zwölf Artikel der Bauernschaft (1525), in: WA 18, 291–334.

Luther, Martin: Eynn hubsch Lyed von denn zcweyen Marterern Christi, zu Brussel von den Sophisten zcu Louen verbrandt (1523), in: WA 35, 411–415.

Luther, Martin: Grund und Ursach aller Artikel D. Martin Luthers, so durch römische Bulle unrechtlich verdammt sind (1521), in: WA 7, 299–458.

Luther, Martin: In epistolam S. Pauli ad Galatas Commentarius (1531), in WA 40-II, 1–185.
Luther, Martin: In epistulam Pauli ad Galatas Commentarius (1519), in: WA 2, 436–619.
Luther, Martin: Predigt am Sonntag Estomihi (1540), in: WA 49, 25–29.
Luther, Martin: Predigt über das Ave Maria (11. März 1523), in: WA 11, 59–62.
Luther, Martin: Sendbrief an Papst Leo X (1520)., in: WA 7, 3–11.
Luther, Martin: Tröstung an die Christen zu Halle (1527), in: WA 23, 402–434.
Luther, Martin: Vom ehelichen Leben (1522), in: WA 10-II, 275–304.
Luther, Martin: Von Bruder Henrico in Ditmar verbrannt samt den zehn Psalmen ausgelegt (1525), in: WA 18, 215–218.
Luther, Martin: Von der Freiheit eines Christenmenschen (1520), in: WA 7, 12–39.
Luther, Martin: Vorlesung über Jesaja (1527–1529), in: WA 25, 79–402.
Luther, Martin: Warnunge D. Martini Luther, An seine lieben Deutschen (1531), in: WA 30-III, 276–320.
Luther, Martin: Wider die himmlischen Propheten, von den Bildern und Sakrament, Teil I, in: WA 18, 62–125; Teil II, in: WA 18, 134–214.
Luther, Martin: Wider die räuberischen und mörderischen Rotten der Bauern (1525), in: WA 18 357–361.
Luther, Martin: Wider Hans Worst (1541), in: WA 51, 469–572.
Mandat gegen die Wiedertäufer vom 4. Januar 1528, in: Johannes Kühn (Bearb.): Deutsche Reichstagsakten unter Karl V. Jüngere Reihe, Bd. 7/I. 2. Aufl. Göttingen 1963, 177.
Mandat gegen Täufer (1529), in: Johann Hast: Geschichte der Wiedertäufer vor ihrem Entstehen zu Zwickau in Sachsen bis auf ihren Sturz zu Münster in Westfalen. Münster 1836, 161–163.
Martin Luther an Kurfürst Johann (15. Mai 1530), in: WA Br. 5, Nr. 1568, 319 f.
Martin Luther an Kurfürst Johann (6. März 1530), in: Heinz Scheible (Hg.): Das Widerstandsrecht als Problem der deutschen Protestanten, 1523–1546. Gütersloh 1969, 60–63.
McKee, Elsie Anne: Katharina Schütz Zell. Bd. 2: The Writings. A Critical Edition. (Studies in Medieval and Reformation Thought, 69,2). Leiden, Boston, Köln 1999.
Mecenseffy, Grete (Bearb.): Quellen zur Geschichte der Täufer. Bd. 14: Österreich, III. Teil. Gütersloh 1983.
Melanchthon, Philipp: Bedenken der Theologen zu Wittenberg: Ob man die Wiedertaeufer mit dem Schwert strafen moege [1531], in: Hoffmann, Manfred (Hg.): Toleranz und Reformation. Gütersloh 1979, 41–43.
Müntzer, Thomas: Auslegung des zweiten Kapitels des Buches Daniel (1524), in: Kohnle, Armin; Wolgast, Eike (Hg.): Thomas Müntzer. Schriften, Manuskripte und Notizen. (Thomas-Müntzer-Ausgabe. Kritische Gesamtausgabe, 1). Leipzig 2017, 302–322, Nr. 6.
Müntzer, Thomas: Prager Sendbrief (1521), in: Kohnle, Armin; Wolgast, Eike (Hg.): Thomas Müntzer. Schriften, Manuskripte und Notizen. (Thomas-Müntzer-Ausgabe. Kritische Gesamtausgabe, 1). Leipzig 2017, 414–440, Nr. 12.
Wetzel, Richard (Hg.): Philipp Melanchthon: Melanchthons Briefwechsel. MBW/T2. Stuttgart 1995.

Murner, Thomas: An den Großmechtigsten und Durchlüchtigsten Adel teutscher Nation das sye den christlichen glaubenbeschirmen, wyder den zerstoerer des glauben Christi, Martinum Luther einen versterer der einfeltigen Christen. Straßburg 1520.

On Aplas von Rom kan man wol selig werden durch anzaigung der götlichen hailigen geschryfft, Augsburg: (VD 16 O 527)

Ouderman, Jaques: Historie Van de Vrome Getuygen Iesu Christi, Die de Euangelische Waerheyt in velerleye tormenten betuyght / ende met aher bloedt bevestight hebben / tsedert den Jahre 1524. tot desen tijdt toe. Waer by oock gevoeght zijn hare Bekentenissen / Disputatien ende Schriften / uytdruckende haer lebende hope / krachtigh Geloof ende brandende Liefde tot Godt ende zijn Heylighe Waerheydt. Hoorn 1626.

Peters, Christian: Die Apologie des Augsburger Bekenntnisses, in: Dingel, Irene u.a. (Hg.). Evangelische Bekenntnisse. Bekenntnisschriften der Reformation und neuere Theologische Erklärungen. Teilband 1. Bielefeld 1997, 101–309.

Pfanner, Josef (Hg.): Die „Denkwürdigkeiten" der Caritas Pirkheimer. Caritas-Pirkheimer-Quellensammlung. Heft 2. Landshut 1961.

Philipp Melanchthon an Joachim Camerarius (16/17. April 1525), in: CR 1, 739f, Nr. 331 und MBW, 189. Nr. 391.

Rabus, Ludwig: Historien.|| Der Heyligen Außer=||w[oe]lten Gottes Zeügen/ Bekeñern vnd || Martyrern/ so in Angehender ersten Kirchen/|| Altes vnd Neüwes Testaments zů || jeder zeyt gewesen || seind.|| ... war||hafftig beschriben/ Durch Ludouicum Rabus von Meñin=||mingen/ der H. Schrifft Doctorn/ vnd Predi=||ger der Kirchen zů Straß=||burg. Acht Teile. Straßburg 1552–1558.

Rabus, Ludwig: Historien der || Martyrer/|| Ander Theil.|| Darinn das Dritte/ Vierd=||te/ vnd Fünffte Bůch/ von den Heyli=||gen/ Außerwehlten Gottes Zeügen/ Be=||kennern vnd Martyrern <vnd nemlich deren/ so von || Johann Hussen zeit an/ inn der Streittenden Kir=||chen/ des Newen Testaments/ biß auff dise jetzige || vnsere letste zeit/ gewesen> nach ordnung be=||griffen/ Auch fleissiger/ wie auch weittleüf=||figer vnd außfürlicher/ dañ in den vo=||rigen außgangenen Tomis be=||schehen/ mit angehengter/ or=||denlicher Jars rechnung || beschriben worden || seind.|| Durch || Ludouicum Rabus/ der H.|| Schrifft Doctor/ vnd der Kirchen || zů Vlm Superintendenten.|| ... || Straßburg 1571–1572.

Ranke, Leopold von: Deutsche Geschichte im Zeitalter der Reformation. 5 Bde. Berlin 1839–1847.

Registrum huius operis libri cronicarum cu figuris et ymagibus ab inicio mudi (= Schedel'schen Weltchronik), Nürnberg 1493.

Rothmann, Bernhard: Eyn gantz troestlick Bericht van der wrake vnde straffe des babilonischen gruwels, an alle waren Israeliten vnd bundtgenoten Christi, hir vnde dar vorstroyet, durch die gemeinte Christi tho Munster, in: Stupperich, Robert (Hg.): Die Schriften Bernhard Rothmanns, Münster 1970, 285–297.

Rothmann, Bernhard: Eyne Restitution edder eine wedderstellinge rechter vnnde gesunder, christliker leer, gelouens vnde leuens vth Gades genaden durch de gemeinte Christi tho Munster an den dach gegeuenn, in: Stupperich, Robert (Hg.): Die Schriften Bernhard Rothmanns, Münster 1970, 210–284.

Rothmann, Bernhard: Van Verborgenheit der Schrifft des Rykes Christi vnde van dem daghe des Heren durch de gemeinte Christi tho Munster, in: Stupperich, Robert (Hg.): Die Schriften Bernhard Rothmanns, Münster 1970, 298–372.

Schilling, Johannes: Martin Luther: Ein Sermon von Ablass und Gnade, in: Korsch, Dietrich (Hg.): Martin Luther. Deutsch-deutsche Studienausgabe. Bd. 1: Glaube und Leben. Leipzig 2012, 1–13.

Slenzka, Notger: Die Augsburger Konfession, in: Amt der VELKD (Hg.): Unser Glaube. Die Bekenntnisschriften der evangelisch-lutherische Kirche. Ausgabe für die Gemeinde. 6. Aufl. Gütersloh 2013, 31–99.

Spengler, Lazarus: Gutachten (1529), in: Scheible, Heinz (Hg.): Das Widerstandsrecht als Problem der deutschen Protestanten, 1523–1546. Gütersloh 1969, 29–40.

Torgauer Artikel, in: Förstemann, Karl Eduard (Hg.): Urkundenbuch zur der Geschichte des Reichstags zu Augsburg im Jahre 1530. Nach den Originalen und nach gleichzeitigen Handschriften. Halle 1833, 66–108.

van Braght, Thieleman Jansz: Het Bloedig Tooneel of Martelaers Spiegel der Doops-Gesinde of Weerelose Christenen. Dordrecht 1660.

Vrsprung vnnd vr=//sach diser Auffrur/ Teutscher Nation. // Das Lied mag man singen/ in // Bruder Veiten thon. Nürnberg 1546 (VD16 S 4304).

Wie ein Erbare Christliche Fraw mit || namen Argula von Grunpach geboren || von Stauff/ in Beyern durch jren/ in Götlicher schrifft || wolgegründten Sendtbrieff/ die Hohenschul zu Jngol||stadt/ vmb das sie einen Euangelischẽ Jünglig <des na||men Arsatius Sehouer von München> zu widdersprech||ung des worts Gottes/ betrangt haben/ straffet.|| Auch volgen hiernach die Artickel so || Magister Arsatius Sehouer von München durch die || Hohenschul zu Jngolstat beredt am abẽt vnser Frawen || geburt nechst vorschynen/ widderruffen vnd verworf=||fen hat.|| Actum Jngolstat.M.D.XXiij.|| Leipzig 1523 (VD 16 G 3679).

Wilken, Ambrosius: Zeitung aus Wittenberg, in: Nikolaus Müller: Die Wittenberger Bewegung 1521 und 1522. Die Vorgänge in und um Wittenberg während Luthers Wartburgaufenthalt. 2. Aufl. Leipzig 1911, 151–164 (Nr. 68).

Zwingli, Ulrich: Fidei ratio (1530), in: Freudenberg, Matthias; Plasger, Georg (Hg.): Reformierte Bekenntnisschriften. Eine Auswahl von den Anfängen bis zur Gegenwart. Göttingen 2005, 26–57.

15.2 Literatur

Amend, Anja; Baumann, Anette; Wendehorst, Stephan; Westphal, Siegrid (Hg.): Gerichtslandschaft Altes Reich. Höchste Gerichtsbarkeit und territoriale Rechtsprechung. Köln, Weimar, Wien 2007.

Assel, Heinrich: Der andere Aufbruch. Die Lutherrenaissance – Ursprünge, Aporien und Wege: Karl Holl, Emanuel Hirsch, Rudolf Hermann (1910–1935). Göttingen 1994.

Bagchi, David: Luther and the Problem of Martyrdom, in: Diana Wood (Hg.): Martyrs and Martyrologies. Oxford, Cambridge 1993, 209–219.

Barth, Hans-Martin: Die Theologie Martin Luthers. Eine kritische Würdigung. Gütersloh 2009.

Bergsten, Torsten: Balthasar Hubmaier. Seine Stellung zur Reformation und zum Täufertum, 1521–1528. Kassel 1961.

Beyer, Franz-Heinrich: Eigenart und Wirkung des reformatorisch-polemischen Flugblatts im Zusammenhang der Publizistik der Reformationszeit. Frankfurt am Main, Berlin, Bern 1994.

Blickle, Peter: Christoph Schappelers „Reformation der Freiheit" als theoretische Begründung von Bürgerrechten, in: Litz, Gudrun; Munzert, Heidrun; Liebenberg, Roland (Hg.): Frömmigkeit, Theologie, Frömmigkeitstheologie. Festschrift für Berndt Hamm zum 60. Geburtstag. Leiden, Boston 2005, 363–372.

Blickle, Peter: Der Bauernkrieg. Die Revolution des gemeinen Mannes. 4. Aufl. München 2011.

Blickle, Peter: Die Zwölf Artikel der oberschwäbischen Bauern. Das Scharnier zwischen Bauernkrieg und Reformation, in: K. Hasselhoff, Görge; Mayenburg, David von (Hg.): Die Zwölf Artikel von 1525 und das „Göttliche Recht" der Bauern – rechtshistorische und theologische Dimension. Würzburg 2012, 19–42.

Böttcher, Diethelm: Ungehorsam oder Widerstand? Zum Fortleben des mittelalterlichen Widerstandsrechts in der Reformationszeit (1529–1530). Berlin 1991.

Boer, Dick E. H.; Kwiatkowski, Iris (Hg.): Die Devotio Moderna. Sozialer und kultureller Transfer (1350–1580), Bd. 1: Frömmigkeit, Unterricht und Moral. Einheit und Vielfalt der Devotio Moderna an den Schnittstellen von Kirche und Gesellschaft, vor allem in der deutsch-niederländischen Grenzregion. Münster 2013

Boer, Dick E. H.; Kwiatkowski, Iris (Hg.): Die Devotio Moderna. Sozialer und kultureller Transfer (1350–1580), Bd. 2: Die räumliche und geistige Ausstrahlung der Devotio Moderna. Zur Dynamik ihres Gedankengutes. Münster 2013.

Burschel, Peter: Sterben und Unsterblichkeit. Zur Kultur des Martyriums in der frühen Neuzeit. München 2004.

Clasen, Claus-Peter: Anabaptism. A Social History, 1525–1618. Switzerland, Austria, Moravia, South and Central Germany. Ithaca 1972.

Dammaschke, Marion (Hg.): Günter Vogler: Signaturen einer Epoche. Beiträge zur Geschichte der frühen Neuzeit. Berlin 2012.

Daniel, David P.: Luther on the Church, in: Kolb, Robert; Dingel, Irene (Hg.): The Oxford Handbook of Martin Luther's Theology. Oxford 2014, 333–353.

de Bakker, Willem; Driedger, Michael; Stayer, James M.: Bernhard Rothmann and the Reformation in Münster, 1530–35, Kitchener 2009.

de Boer, Wietse: Reformation(en) und Gegenreformation(en): Umstrittene Begrifflichkeiten der Reformationsgeschichtsschreibung, in: Alberto Melloni (Hg.): Martin Luther. Ein Christ zwischen Reformation und Moderne (1517–2017), 45–63.

Decot. Rolf: Confessio Augustana und Reichsverfassung. Die Religionsfrage in den Reichstagsverhandlungen des 16. Jahrhunderts, in: Immenkötter, Herbert; Wenz, Gunther (Hg.): Im Schatten der Confessio Augustana. Die Religionsverhandlungen des Augsburger Reichstages 1530 im historischen Kontext. Münster 1997, 19–50.

Deppermann, Klaus: Melchior Hofmann. Soziale Unruhen und apokalyptische Visionen im Zeitalter der Reformation, Göttingen 1979.

Dickens, Arthur G.: The German Nation and Martin Luther. London 1974.

Dieselkamp, Bernhard: Das Reichskammergericht. Der Weg seiner Gründung und die ersten Jahrzehnte seines Wirkens (1451–1527). Köln, Weimar, Wien 2004.

Dietmann, Andreas: Der Einfluss der Reformation auf das spätmittelalterliche Schulwesen in Thüringen (1300–1600). Köln, Weimar, Wien 2018.

Dingel, Irene: Augsburger Religionsfrieden und „Augsburger Konfessionsverwandtschaft" – konfessionelle Lesarten, in: Schilling, Heinz; Smolinsky, Heribert (Hg.): Der Augsburger Religionsfrieden 1555. Münster 2007, 157–179.

Dörfler-Dierken, Angelika: Die Verehrung der heiligen Anna in Spätmittelalter und früher Neuzeit. Göttingen 1992.

Dollinger, Robert: Das Evangelium in Regensburg. Eine evangelische Geschichte. Regensburg 1959.

Domröse, Sonja: Frauen der Reformationszeit. Gelehrt, mutig, glaubensfest. 2. Aufl. Göttingen 2011.

Ehrenpreis, Stefan; Lotz-Heumann, Ute: Reformation und konfessionelles Zeitalter. Darmstadt 2002.

Enns, Fernando: Radikale Reformation. Von der Täuferbewegung zu den Friedenskirchen, in: Weiße, Wolfram; Enns, Fernando (Hg.): Reformation, Aufbruch und Erneuerungsprozesse von Religionen. Münster 2017, 203–221.

Erll, Astrid: Kollektives Gedächtnis und Erinnerungskulturen. Eine Einführung. Stuttgart, Weimar 2005.

Freudenberg, Matthias; Plasger, Georg (Hg.): Reformierte Bekenntnisschriften. Eine Auswahl von den Anfängen bis zur Gegenwart. Göttingen 2005.

Friedeburg, Robert von (Hg.): Widerstandsrecht in der frühen Neuzeit. Erträge und Perspektiven der Forschung im deutsch-britischen Vergleich. Berlin 2001.

Friedeburg, Robert von: Widerstandsrecht im Europa der Neuzeit: Forschungsgegenstand und Forschungsperspektiven, in: ders. (Hg.): Widerstandsrecht in der frühen Neuzeit. Erträge und Perspektiven der Forschung im deutsch-britischen Vergleich. Berlin 2001, 11–61.

Gailus, Manfred (Hg.): Täter und Komplizen in Theologie und Kirche, 1933–1945. Göttingen 2015.

Goertz, Hans-Jürgen: Gegenwart Gottes und Gewalt in der Fürstenpredigt Thomas Müntzers, in: Müller, Thomas T. (Hg.): Umstrittene Empörung. Zur Gewaltfrage der frühen Reformation. Hans-Jürgen Goertz zum 80. Geburtstag. Mühlhausen 2017, 7–27.

Goertz, Hans-Jürgen: Religiöse Bewegungen in der Frühen Neuzeit. München 1993.

Goertz, Hans-Jürgen: Thomas Müntzer. Revolutionär am Ende der Zeiten. Eine Biographie. München 2015.

Goertz, Hans-Jürgen: Variationen des Schriftverständnisses unter den Radikalen, in: ders: Radikalität der Reformation. Aufsätze und Abhandlungen. Göttingen 2007, 188–216.

Goertz, Hans-Jürgen; Stayer, James M. (Hg.): Radikalität und Dissens im 16. Jahrhundert. Radicalism and Dissent in the Sixteenth Century. Berlin 2002.

Gordon, Bruce: History and Memory, in: Ulinka Rublack (Hg.): The Oxford Handbook of the Protestant Reformations. Oxford 2017, 765–786.

Gotthard, Axel: Der Augsburger Religionsfrieden. Münster 2004.

Gregory, Brad S.: Salvation at Stake. Christian Martyrdom in Early Modern Europe. Cambridge, London 1999.

Gregory, Brad S.: The Unintended Reformation. How a Religious Revolution Secularized Society. Cambridge/Massachusetts, London 2012.

Grochowina, Nicole: Bernhard Rothmann. Von der Verborgenheit der Schrift (1535), in: Wischmeyer, Oda (Hg.): Handbuch der Bibelhermeneutiken. Von Origines bis zur Gegenwart. Berlin, Boston 2016, 331–347.

Grochowina, Nicole: Das intolerante Erbe der Reformation. Umgang mit nicht-konformistischen Bewegungen, in: dies.; Oechslen, Rainer (Hrsg.), Streit der Religionen – Konflikte und Toleranz. Erlangen 2013, 69–89.

Grochowina, Nicole: Der Täufer ohne Schwert? Hans Huts Sicht auf die Gewaltfrage, in: Müller, Thomas T. (Hg.): Umstrittene Empörung. Zur Gewaltfrage der frühen Reformation. Hans-Jürgen Goertz zum 80. Geburtstag. Mühlhausen 2017, 41–57.

Grochowina, Nicole: Images of Women in the Anabaptists' Martyrology, in: van Veen, Mirjam; Visser, Piet; Waite, Gary K. u. a. (Hg.): Sisters. Myth and Reality of Anbaptist, Mennonite, and Doopsgezind Women ca. 1525–1900. Leiden, Boston 2014, 105–121.

Grochowina, Nicole: Von Opfern zu Heiligen. Martyrien von täuferischen Männern und Frauen im 16. Jahrhundert, in: Burschel, Peter; Conrad, Anne (Hg.): Vorbild, Inbild, Abbild. Religiöse Lebensmodelle in geschlechtergeschichtlicher Perspektive. Freiburg 2003, 121–150.

Gruber, Christiane: Radikal-reformatorische Themen im Bild. Druckgrafiken der Reformationszeit (1520–1560). Göttingen 2018.

Hamm, Berndt: Abschied vom Epochendenken in der Reformationsforschung. Ein Plädoyer, in: ZHF 39 (2012), 373–411.

Hamm, Berndt: Bürgertum und Glaube. Konturen der städtischen Reformation. Göttingen 1996.

Hamm, Berndt: Der frühe Luther. Etappen reformatorischer Neuorientierung. Tübingen 2006.

Hamm, Berndt: Lazarus Spengler (1479–1534). Der Nürnberger Ratsschreiber im Spannungsfeld von Humanismus und Reformation, Politik und Glaube. Tübingen 2004.
Hamm, Berndt: Reformation als normative Zentrierung von Religion und Gesellschaft, in: Pohlig, Matthias (Hg.): Reformation. Stuttgart 2015, 187–222.
Hamm, Berndt: Religiosität im späten Mittelalter. Tübingen 2011.
Hamm, Berndt; Lentes, Thomas (Hg.): Spätmittelalterliche Frömmigkeit zwischen Ideal und Praxis. Tübingen 2001.
Haug-Moritz, Gabriele: Der Schmalkaldische Bund, 1530–1541/42. Eine Studie zu den genossenschaftlichen Strukturelementen der politischen Ordnung des Heiligen Römischen Reiches Deutscher Nation. Leinfelden-Echterdingen 2002.
Haug-Moritz, Gabriele: Widerstand als „Gegenwehr". Die schmalkaldische Konzeption der „Gegenwehr" und der „gegenwehrliche Krieg" des Jahres 1542, in: Friedeburg, Robert v. (Hg.): Widerstandsrecht in der frühen Neuzeit. Erträge und Perspektiven der Forschung im deutsch-britischen Vergleich. Berlin 2001, 141–161.
Heckel, Martin: Martin Luthers Reformation und das Recht. Die Entwicklung der Theologie Luthers und ihre Auswirkung auf das Recht unter den Rahmenbedingungen der Reichsreform und der Territorialstaatsbildung im Kampf mit Rom und mit den „Schärmern". Heidelberg 2016.
Hendrix, Scott H. (Hg.): Masculinity in the Reformation Era. Kirksville/Missouri 2008.
Holenstein, André: Bauern zwischen Bauernkrieg und Dreißigjährigem Krieg. München 1996.
Holzem, Andreas: Christentum in Deutschland, 1550–1850. Bd. 1: Konfessionalisierung, Aufklärung, Pluralisierung. Paderborn 2015.
Huebert Hecht, Linda: An Extraordinary Lay Leader: The Life and Work of Helene of Freyberg, Sixteenth Century Noblewoman and Anabaptist From Tirol, in: MQR 66 (1992), 312–342.
Immenkötter, Herbert: Die Rahmenbedingungen der Augsburger Religionsverhandlungen, in: ders.; Wenz, Gunther (Hg.): Im Schatten der Confessio Augustana. Die Religionsverhandlungen des Augsburger Reichstages 1530 im historischen Kontext. Münster 1997, 10–19.
Jörgensen, Bent: Konfessionelle Selbst- und Fremdbezeichnungen. Zur Terminologie der Religionsparteien im 16. Jahrhundert. Berlin 2014.
Karant-Nunn, Susan: The Masculinity of Martin Luther. Theory, Practicality, and Humor, in: dies.; Hendrix, Scott H. (Hg.): Masculinity in the Reformation Era. Kirksville/Missouri 2008, 167–189.
Kaufmann, Thomas: „Türckenbüchlein". Zur christlichen Wahrnehmung „türkischer Religion" in Spätmittelalter und Reformation. Göttingen 2008.
Kaufmann, Thomas: Das Ende der Reformation. Magdeburgs „Herrgotts Kanzlei" (1548–1551/2). Tübingen 2003.
Kaufmann, Thomas: Der Anfang der Reformation. Studien zur Kontextualität der Theologie, Publizistik und Inszenierung Luthers und der reformatorischen Bewegung. Tübingen 2012.

Kaufmann, Thomas: Die Mitte der Reformation. Eine Studie zu Buchdruck und Publizistik im deutschen Sprachgebiet, zu ihren Akteuren und deren Strategien, Inszenierungs- und Ausdrucksformen. Tübingen 2019.
Kaufmann, Thomas: Erlöste und Verdammte. Eine Geschichte der Reformation. 2. durchges. Aufl. München 2017.
Kaufmann, Thomas: Geschichte der Reformation in Deutschland. Berlin 2016.
Kaufmann, Thomas: Konfession und Kultur. Lutherischer Protestantismus in der zweiten Hälfte des Reformationsjahrhunderts. Tübingen 2006.
Kaufmann, Thomas: Martin Luther. 4. Aufl. München 2016.
Kaufmann, Thomas: Reformationsgedenken in der Frühen Neuzeit. Bemerkungen zum 16. bis 18. Jahrhundert, in: Zeitschrift für Theologie und Kirche 107 (2010), 285–324.
Kaufmann, Thomas: Thomas Müntzer, „Zwickauer Propheten" und sächsische Radikale. Mühlhausen 2010.
Kaufmann, Thomas; Schilling, Heinz: Die EKD hat ein ideologisches Luther-Bild, in: Die Welt (24. Mai 2014), https://www.welt.de/debatte/kommentare/article128354577/Die-EKD-hat-ein-ideologisches-Luther-Bild.html [Zugriff: 2.9.2018].
Klassen, John: Women and the Family Among Dutch Anabaptist Martyrs, in: MQR 60 (1986), 548–572.
Klötzer, Ralf: Die *Täuferherrschaft* von *Münster*. Stadtreformation und Welterneuerung, *Münster* 1992.
Klötzer, Ralf: The Melchiorites and Münster, in: Roth, J. D.; Stayer, James M. (Hg.): A Companion to Anabaptism and Spiritualism, 1521–1700. Leiden/Boston 2007, 217–256.
Koerner, Joseph Leo: Die Reformation des Bildes. München 2017.
Kohler, Alfred: Ferdinand I. Vater des Religionsfriedens, in: Schilling, Heinz; Smolinsky, Heribert (Hg.): Der Augsburger Religionsfrieden 1555. Münster 2007, 17–25.
Kohler, Alfred: Karl V., 1500–1558. Eine Biographie. München 2005.
Kohnle, Armin: Nürnberg, Passau, Augsburg. Der lange Weg zum Religionsfrieden, in: Schilling, Heinz; Smolinsky, Heribert (Hg.): Der Augsburger Religionsfrieden 1555. Münster 2007, 5–17.
Kommer, Dorothee: Reformatorische Flugschriften von Frauen. Flugschriftenautorinnen der frühen Reformationszeit und ihre Sicht von Geistlichkeit. Leipzig 2013.
Korsch, Dietrich: Glaube und Rechtfertigung, in: Beutel, Albrecht (Hg.): Luther-Handbuch. 2. Aufl. Tübingen 2010, 372–381.
Lauster, Jörg: Die Verzauberung der Welt. Eine Kulturgeschichte des Christentums. 5. Aufl. München 2018.
Leeb, Friedrich: Leonhard Käser. Ein Beitrag zur bayerischen Reformationsgeschichte. Münster 1928.
Lehmann, Hartmut: Luthergedächtnis 1817–2017. Göttingen 2012.
Leppin, Volker: Antichrist und Jüngster Tag. Das Profil apokalyptischer Flugschriftenpublizistik im deutschen Luthertum. Gütersloh 1999.
Leppin, Volker: Die fremde Reformation. Luthers mystische Wurzeln. München 2017.

Leppin, Volker: Religiöse Transformation im alten Europa. Zum historischen Ort der Reformation, in: Jaser, Christian; Lotz-Heumann, Ute; Pohlig, Matthias (Hg.): Alteuropa, Vormoderne, Neue Zeit. Epochen und Dynamiken der europäischen Geschichte (1200–1800). Berlin 2012, 125–139.

Leppin, Volker: Transformationen. Studien zu den Wandlungsprozessen in Theologie und Frömmigkeit zwischen Spätmittelalter und Reformation. Tübingen 2015.

Loewenich, Walther v.: Ein Lebensbericht aus evangelischer Perspektive, in: Deichstetter, Georg (Hg.): Caritas Pirkheimer. Ordensfrau und Humanistin – ein Vorbild für die Ökumene. Festschrift zum 450. Todestag. Köln 1982, 28–44.

Löhdefink, Jan: Zeiten des Teufels. Teufelsvorstellungen und Geschichtszeit in frühreformatorischen Flugschriften (1520–1526). Tübingen 2016.

Lohse, Bernhard: Luthers Theologie in ihrer historischen Entwicklung und ihrem systematischen Zusammenhang. Göttingen 1995.

Lutterbach, Hubertus: Der Weg in das Täuferreich von Münster. Ein Ringen um die heilige Stadt, (Diss., Ms.), Dresden 2007.

Marsch, Angelika: Bilder zur Augsburger Konfession und ihren Jubiläen. Weißenhorn 1980.

Matheson, Peter: Argula von Grumbach. Eine Biographie. Göttingen 2014.

McKee, Elsie Anne: Katharina Schütz Zell. Bd. 1: The Life and Thought of a Sixteenth-Century Reformer. Leiden, Boston, Köln, 1999.

Moeller, Bernd: Confessio Tetrapolitana, in: Stupperich, Robert (Hg.): Confessio Tetrapolitana und die Schriften des Jahres 1531. Gütersloh 1969, 13–187.

Moeller, Bernd: Frömmigkeit in Deutschland um 1500, in: Matthias Pohlig (Hg.): Reformation. Stuttgart 2015, 35–55.

Moritz, Anja: Interim und Apokalypse. Die religiösen Vereinheitlichungsversuche Karls V. im Spiegel der magdeburgischen Publizistik, 1548–1551/52. Tübingen 2009.

Müller, Walter: Freiheit und Leibeigenschaft. Soziale Ziele des deutschen Bauernkriegs? In: Peter Blickle (Hg.): Revolte und Revolution in Europa. München 1975, 264–272.

Nelson Burnett, Amy: Luther and the Schwärmer, in: Kolb, Robert; Dingel, Irene (Hg.): The Oxford Handbook of Martin Luther's Theology. Oxford 2014, 511–523.

Oelke, Harry: Die Konfessionsbildung des 16. Jahrhunderts im Spiegel illustrierter Flugblätter. Berlin, New York 1992.

Opitz, Peter (Hg.): The Myth of the Reformation. Göttingen 2013.

Packull, Werner O.: Anna Jansz of Rotterdam, in: C. Arnold Snyder, Linda Huebert Hecht (Hg.): Profiles of Anabaptist Women. Sixteenth-Century Reforming Pioneers. Waterloo/Ontario 1996, 336–351.

Peuckert, Will-Erich: Die große Wende. Das apokalyptische Saeculum und Luther. 2 Bde. Darmstadt 1966.

Plummer, Marjorie Elizabeth: From Priest's Whore to Pastor's Wife. Clerical Marriage and the Process of Reform in the Early German Reformation. Burlington, Farnham 2012.

Pohlig, Matthias (Hg.): Reformation. Stuttgart 2015.
Rabe, Horst: Reich und Glaubensspaltung. Deutschland 1500–1600. München 1989.
Rabe, Horst: Deutsche Geschichte 1500–1600. Das Jahrhundert der Glaubensspaltung. München 1991.
Rat der EKD: Rechtfertigung und Freiheit. 500 Jahre Reformation 2017. 4. Aufl. Gütersloh 2015.
Reventlow, Henning Graf: Epochen der Bibelauslegung. Bd. 3: Renaissance, Reformation, Humanismus. München 1997.
Rhein, Stefan: Ohne Wittenberg keine Reformation, in: di Fabio, Udo; Schilling, Johannes (Hg.): Weltwirkung der Reformation. München 2017.
Rogge, Jörg (Hg.): Religiöse Ordnungsvorstellungen und Frömmigkeitspraxis im Hoch- und Spätmittelalter. Korb 2008.
Roethe, Gustav: Schrot, Martin, in: Allgemeine Deutsche Biographie 32 (1891), 556–558.
Roper, Lyndal: Der Mensch Martin Luther. Die Biographie. 3. Aufl. Frankfurt am Main 2016.
Rosenfeld, Elisabeth: Debatten um die Organisation der Kirchenleitung im Umfeld der Wittenberger Reformation, in: Wischmeyer, Johannes (Hg.): Zwischen Ekklesiologie und Administration. Modelle territorialer Kirchenleitung und Religionsverwaltung im Jahrhundert der europäischen Reformationen. Göttingen 2013, 23–39.
Sabean, David: Probleme der deutschen Agrarverfassung zu Beginn des 16. Jahrhunderts. Oberschwaben als Beispiel, in: Blickle, Peter (Hg.): Revolte und Revolution in Europa. München 1975, 132–150.
Sammer, Marianne: Mönchsgezänk. Reformation vor Luther? Wien, Leipzig 2016.
Schäfer, Kerstin: Der Fürstenaufstand gegen Karl V. im Jahr 1552. Entstehung, Verlauf und Ergebnis – vom Schmalkaldischen Krieg bis zum Passauer Vertrag. Taunusstein 2009.
Schattkowsky, Martina: Frauen und Reformation. Eine Einführung, in: dies. (Hg.): Frauen und Reformation. Handlungsfelder, Rollenmuster, Engagement. Leipzig 2016, 9–21.
Scheible, Heinz (Hg.): Das Widerstandsrecht als Problem der deutschen Protestanten, 1523–1546. Gütersloh 1969.
Schilling, Heinz: Die Stadt in der Frühen Neuzeit. München 1993.
Schilling, Heinz: Martin Luther. Rebell in einer Zeit des Umbruchs. 4. Aufl. München 2016.
Schilling, Heinz; Ehrenpreis, Stefan (Hg.): Erziehung und Schulwesen zwischen Konfessionalisierung und Säkularisierung. Forschungsperspektiven, europäische Fallbeispiele und Hilfsmittel. München, Berlin 2003.
Schmidt, Georg: Die Idee „deutsche Freiheit". Eine Leitvorstellung der politischen Kultur des Alten Reiches, in: ders.; van Gelderen, Martin; Snigula, Christopher (Hg.): Kollektive Freiheitsvorstellungen im frühneuzeitlichen Europa (1400–1850), Frankfurt a.M. u.a. 2006, 159–189.
Schmidt, Heinrich Richard: Der Schmalkaldische Bund und die oberdeutschen Städte bis 1536. Ein Beitrag zur politischen Konfessionalisierung im Protestantismus, in: Zwingliana 18 (1989), 36–61.

Schmidt, Heinrich Richard: Konfessionalisierung im 16. Jahrhundert. München 1992.
Schmidt, Heinrich Richard: Reichsstädte, Reich und Reformation. Korporative Religionspolitik, 1521–1529/30. Stuttgart 1986.
Schorn-Schütte, Luise (Hg.): Das Interim 1548/50. Herrschaftskrise und Glaubenskonflikt. Gütersloh 2005.
Schwarz, Reinhard: Martin Luther. Lehrer der christlichen Religion. 2. Aufl. Tübingen 2016.
Schwitalla, Johannes: Deutsche Flugschriften, 1460–1525. Textsortengeschichtliche Studien. Tübingen 1983.
Scribner, Robert W.: Antiklerikalismus und die Städte, in: Roper, Lyndal (Hg.): Robert W. Scribner: Religion und Kultur in Deutschland, 1400–1800. Göttingen 2002, 177–201.
Scribner, Robert W.: Popular Culture and Popular Movements in German Reformation. London, Roncerverte 1987.
Seebaß, Gottfried: Müntzers Erbe. Werk, Leben und Theologie des Hans Hut. Gütersloh 2002.
Sellert, Wolfgang (Hg.): Reichshofrat und Reichskammergericht. Ein Konkurrenzverhältnis. Köln, Weimar, Wien 1999.
Snyder, C. Arnold: Anabaptist History and Theology. An Introduction. 3. Aufl. Kitchener/Ontario 2002.
Stauffer, Ethelbert: Märtyrertheologie und Täuferbewegung, in: Zeitschrift für Kirchengeschichte 52 (1933), 545–598.
Stayer, James; Packull, Werner O.; Deppermann, Klaus: From Monogenesis to Polygenesis: The Historical Discussion of Anabaptist Origins, in: MQR 49 (1975), 83–122.
Steinmetz, Max: Die frühbürgerliche Revolution in Deutschland (1476–1535). Thesen, in: Zeitschrift für Geschichtswissenschaft 8 (1960), 114–124.
Stjerna, Kirsi: Women and the Reformation. Oxford 2009.
Strübind, Andrea: Das Schweizer Täufertum, in: Martin Ernst Hirzel, Frank Mathwig (Hg.): Die schweizerische Reformation. Ein Handbuch. Zürich 2017, 395–446.
Talkenberger, Heike: Sintflut. Prophetie und Zeitgeschehen in Texten und Holzschnitten astrologischer Flugschriften, 1488–1528. Tübingen 1990.
Wappler, Paul: Thomas Müntzer in Zwickau und die „Zwickauer Propheten". Gütersloh 1966.
Weber, Wolfgang E. J.: Luthers bleiche Erben. Kulturgeschichte der evangelischen Geistlichkeit des 17. Jahrhunderts. Berlin, Boston 2017.
Weckenbrock, Olga (Hg.): Ritterschaft und Reformation. Der niedere Adel im Mitteleuropa des 16. und 17. Jahrhunderts. Göttingen 2018.
Weiss, Ulman (Hg.): Flugschriften der Reformationszeit. Colloquium im Erfurter Augustinerkloster 1999. Tübingen 2001.
Weiße, Wolfram; Enns, Fernando (Hg.): Reformation, Aufbruch und Erneuerungsprozesse von Religionen. Münster 2017.
Wendebourg, Dorothea: Vergangene Reformationsjubiläen. Ein Rückblick im Vorfeld von 2017, in: Schilling, Heinz (Hg.): Der Reformator Martin Luther

2017. Eine wissenschaftliche und gedenkpolitische Bestandaufnahme. Berlin, New York 2014, 261–305.

Wiesflecker, Hermann: Kaiser Maximilian I. Das Reich, Österreich und Europa an der Wende zur Neuzeit. 5 Bde. München 1971–1986.

Williams, George H.: The Radical Reformation. 3. Aufl. Kirksville/Ontario 2000.

Wohlfeil, Rainer: Reformatorische Öffentlichkeit. Literatur und Laienbildung im Spätmittelalter und in der Reformationszeit, in: Grenzmann, Ludger; Stackmann, Karl (Hg.): Literatur und Laienbildungv im Spätmittelalter und in der Reformation. Stuttgart 1984, 41–54.

Wunder, Heide: Er ist die Sonn, sie ist der Mond. Frauen in der Frühen Neuzeit. München 1992.

Zeeden, Ernst Walter: Konfessionsbildung. Studien zur Reformation, Gegenreformation und katholischer Reform. Stuttgart 1985.

Zijlstra, Samme: Om de ware gemeente en de oude gronden. Geschiedenis van den dopersen in de Nederlanden 1531–1675. Hilversum, Leeuwarden 2000.

Zimmermann, Gunter: Die Einführung des landesherrlichen Kirchenregiments, in: Archiv für Reformationsgeschichte. 76 (1985), 146–168.

Abbildungsverzeichnis

Abb. 1 Titelblatt der anonymen Flugschrift „On Aplas von Rom kan man wol selig werden durch anzaigung der götlichen hailigen geschryfft", Augsburg: Melchior Ramminger 1521. Titelholzschnitt von Heinrich Vogtherr d. Ä. akg-images —— **48**

Abb. 2 Lucas Cranach d. A. (1472-1553) und Werkstatt: Allegorie auf Gesetz und Gnade bzw. Gesetz und Evangelium (Malerei auf Buchenholz, Wittenberg nach 1529). Heritage Images / Fine Art Images / akg-images —— **60**

Abb. 3 Karsthans mit vier Personen so vnder inen selbs ain gesprech vnd red Halten. Melchior Ramminger, Augsburg 1521. Bayerische Staatsbibliothek München, Res/4 H.ref. 800,27 a [VD16 K 129] —— **73**

Abb. 4 Johannes Carion: Prognosticatio und erklerung der grossen wesserung/ Auch anderer erschrockenlichenn würckungen. So sich begeben nach Christi unseres lieben herrn geburt/ Funfftzehen hundert und xxiiij. Jar. Leipzig 1521 —— **86**

Abb. 5 Reichstag zu Augsburg 1530: Überreichung der Augsburgischen Konfession an Kaiser Karl V. am 25. Juni 1530 (Kupferstich; Johann Dürr, 1630) —— **123**

Abb. 6 Die Ordnung der Widerteuffer zu Munster. Item was sich daselbs nebenzu verloffen hatt vonn der Zeytt an, alls die Statt belegert ist wordenn (1535). Bayerische Staatsbibliothek München, Res/4 H.ref. 814,36 [VD16 O 883] —— **147**

Abb. 7 Dye histori/ so zwen Augustiner || Ordens gemartert seyn tzů Bruxel jn || Probant/ von wegen des Euāgelj.|| Dye Artickel darumb sie verbrent seyn mit yrer || auslegung vnd verklerung.|| Erfurt 1523, gedruckt bei Wolfgang Stürmer, Verfasser: Martin Reckenhofer —— **159**

Abb. 8 Gottlicher Schrifftmessiger/ woldenckwurdiger Traum/ welchen der Hochlöbliche/ Gottselige Churfürst Friederich zu Sachsen ... aus sonderer Offenbarung Gottes/ gleic itzo für hundert Jahren/ nemlich die Nacht für aller Heiligen Abend/ 1517. zur Schweinitz dreymal nach einander gehabt Als folgenden Tages D. Martin Luther seine Sprüche wider Johann Tetzels Ablaskrämerey/ an der Schloskirchenthür zu Wittenberg angeschlagen (Kupferstich, 1617). akg-images —— **183**

https://doi.org/10.1515/9783110454789-016

Glossar

12 Artikel
Schrift der versammelten Bauernschaft in Memmingen (1525), die ihre Forderungen (Ende der Leibeigenschaft, mehr Rechte, weniger Dienste) zusammenfasst. Schrift erregte große Kritik und stellte die Bauern unter Aufruhrverdacht. [Kapitel 5]

Abendmahl unter beiderlei Gestalt
Abendmahl mit Laienkelch; Hostie und Wein werden also an den Glaubenden gereicht. [Kapitel 1 und 8]

Ablass
Möglichkeit, die Sündenstrafen durch Geldzahlungen abzugelten. Konnte als Plenar- und Partikularablass erworben werden; ebenso wurde der ad-instar-Ablass eingeführt. Ablasshandel stand im Verdacht, die Ökonomisierung des Heils zu fördern, um Geldmittel für andere Projekte (Kirchenbau, Militär etc.) zu erhalten, dabei aber zu suggerieren, es ginge ausschließlich um das Seelenheil der Menschen, deren Sündenstrafe reduziert werden sollte. [Kapitel 3]

Abstand
Friedensabkommen, um Krieg wegen religiöser Streitigkeiten zu verhindern. Entsprechende Regelungen wurden im Nürnberger (1532) und Frankfurter (1539) Abstand festgelegt. [Kapitel 13]

Altes Reich
Heiliges Römisches Reich deutscher Nation (1495–1806), Nachfolge des Imperium Romanum, galt als viertes und letztes Zeitalter. Das Reich umfasste ungefähr 350 Territorien, von denen die meisten Kleinst- und Mittelterritorien sind. [Kapitel 1]

Antichrist
Gestalt, die am Ende der Zeit in der Welt wieder auftritt und damit auf das beginnende Endgericht und die Wiederkunft Christi verweist. In der Zeit der Reformation galt der Papst als Antichrist. [Kapitel 6]

Bauernkrieg
Kriegerische Auseinandersetzung (1524/25) zwischen Bauern und landesherrlichen Bündnissen in Oberschwaben, Franken und Thüringen. Hier verbanden sich religiöse und sozialpolitische Forderungen mit Endzeiterwartungen (Thomas Müntzer, Thüringen). Obrigkeiten schlugen alle „Bauernhaufen" vernichtend. [Kapitel 5]

Cuius regio, eius religio
„Wessen Land, dessen Religion" – Kurzfassung der Beschreibung des *ius reformandi*, das dem Landesherrn erlaubt, über die Konfession in seinem Territorium selbst zu bestimmen. [Kapitel 13]

Devotio moderna
Frömmigkeitsbewegung des Spätmittelalters, das die individuelle Herzensfrömmigkeit in den Mittelpunkt stellte. Brüder und Schwestern „des gemeinsamen Lebens" fanden sich insbesondere in den Niederlanden und im Westen des Alten Reiches zusammen; Einfluss auf einzelne Humanisten der Reformationszeit. [Kapitel 1]

Erbsünde
Zustand des Menschen in der Welt, der nach dem Sündenfall im Paradies im Unheil und unter dem Gesetz lebt. Nach Luthers Rechtfertigungslehre lebt der Mensch aber gleichzeitig als Gerechter und Sünder (*simul iustus et peccator*), weil Gott aus Gnade sein Heil schenkt, wie er in Christus gezeigt hat (Tod und Auferstehung). [Kapitel 4]

Eschatologie
Lehre von den letzten Dingen (Gericht und Endzeit); Grundlage ist das Buch der Offenbarung. [Kapitel 6]

Ewiger Landfriede
Ausgerufen 1495 auf dem Reichstag in Worms, um das Fehdewesen endgültig zu beenden. Konflikte sollten fortan über Gerichte gelöst werden; dazu wurde mit dem Reichskammergericht ein höchstes Gericht eingesetzt (später folgte der Reichshofrat) und der Instanzenzug in den Territorien ausgebaut. [Kapitel 1]

Ewiger Rat
Gegründet 1525 in Mühlhausen unter Thomas Müntzer, um den Forderungen der Bauern nach besseren Lebensverhältnissen Gewicht zu verleihen. Allerdings schlossen sich wichtige Städte nicht an; durch die Schlacht von Frankenhausen und die verheerende Niederlage der Bauern vernichtet. [Kapitel 5]

Flugblatt
Massenhaft verbreitetes Kommunikationsmittel in der Zeit der Reformation. Bestand meist aus einer Kombination von Bild und Text (Traktat, Gedicht, Lied etc.), um auch von Leseunkundigen erworben zu werden; popularisierte die reformatorische Theologie. [Kapitel 1]

Freiheit eines Christenmenschen
Beschreibt die innere Freiheit, die durch den „fröhlichen Wechsel" zwischen Christus und der Seele des Menschen zustande kommt: Christus nimmt die Sünde auf, die Seele lässt sich von Christus beschenken; Bauern leiteten hieraus auch die physische, weltliche Freiheit ab, forderten deshalb die Befreiung von der Leibeigenschaft (12 Artikel, 1525). [Kapitel 4]

„Gemeiner Mann"
Untertanen ohne Herrschaftsrechte; eingebunden in Abhängigkeitsverhältnisse. [Kapitel 2]

Humanismus
Gelehrtenbewegung, die über Italien in den nordalpinen Raum vordrang, nachdem zuvor 1453 viele Gelehrte aus Konstantinopel (Einnahme der Stadt durch die Osmanen) nach Italien geflohen sind. Auf Grundlage von wiederentdeckten antiken Texten erfolgte eine neue Würdigung von Wissen und Rhetorik; wird nicht selten als Gegensatz zur Scholastik gesehen. [Kapitel 1]

Interim
Bestimmung zur Rekatholisierung im Alten Reich (1548), nur Priesterehe und Laienkelch wurden als Neuerung bewahrt. Interim wurde nach der Niederlage des Schmalkaldischen Bundes (evangelisches Schutz- und Trutzbündnis) bei Mühlberg (1547) erlassen; erntete Kritik bei den Protestanten, aber auch bei den katholischen Reichsständen (Vorwurf: Cäsaropapismus und Zugeständnisse). [Kapitel 10]

„Kirchenmutter"
Zuschreibung, die sich Katharina Zell (Straßburg, Ehefrau von Matthäus Zell, dem Prediger am Straßburger Münster) gab, um ihr Engagement als Frau in der reformatorischen Publizistik und bei kirchlichen Aufgaben sowie in Streitigkeiten mit anderen Pfarrern zu rechtfertigen. [Kapitel 7]

Konfessionalisierungsparadigma
Forschungsansatz, der die Ausdifferenzierung der Konfessionen als Prozess der Modernisierung, der verdichteten Staatsbildung und der Disziplinierung der Untertanen versteht. Dies zeigt die enge Verknüpfung von Staat und Religion in der Frühen Neuzeit. Kritik am Paradigma: Es steht in der Gefahr, primär aus etatistischer Perspektive auf die Entwicklung der Konfessionen zu schauen und Fälle von konfessioneller Ambiguität außer Acht zu lassen. [Kapitel 1 und 2]

Konzil
Zusammenkunft aller Kirchenvertreter, um strittige Lehrfragen zu diskutieren und Lehrentscheidungen zu treffen. Für gewöhnlich wird das Konzil vom Papst einberufen (eröffnete 1545 das Konzil von Trient, das von den Protestanten nicht besucht wurde), in der Zeit der Reformation war auch ein Nationalkonzil im Gespräch, um die Lehrstreitigkeiten im Reich zu lösen. [Kapitel 13]

Kurfürst
Landesfürst im Alten Reich, der – anders als andere Territorialherren – zusammen mit den anderen Kurfürsten den König des Heiligen Römischen Reichs deutscher Nation zu küren, also zu wählte hatte. Im 16. Jahrhundert gehörten zu den ranghöchsten Fürsten die Erzbischöfe von Mainz, Köln und Trier sowie der König von Böhmen, der Pfalzgraf bei Rhein, der Herzog von Sachsen und der Markgraf von Brandenburg. [Kapitel 1]

Märtyrersynode
Zusammentreffen zahlreicher Täuferführer aus dem oberdeutschen Raum und der Schweiz. in Augsburg 1527. Die Synode hat ihren Namen daher, dass die

meisten Täuferführer anschließend binnen weniger Jahre gefangengenommen und hingerichtet wurden. Auf der Synode wurde insbesondere Hans Hut gedrängt, von seinen eschatologischen Anschauungen abzustehen. [Kapitel 2]

Martyrologium
Sammlung von Märtyrerberichten (Verhören, Briefe, Erzählungen, Lieder), die von allen Konfessionen und den Täufern ab den 1550er Jahren publiziert wurden. Insbesondere die Täufer brachten zahlreiche Martyrologien hervor. [Kapitel 12]

Notbischof
Aufgabe des Landesherrn, um der Reformation zum Erfolg zu verhelfen; sollte allerdings temporär sein, da nach Martin Luther geistliches und weltlichen Regiment nicht miteinander vermischt werden dürften. Landesherren nutzten dies jedoch zur eigenständigen und dauerhaften Ausgestaltung ihres landesherrlichen Kirchenregiments. [Kapitel 1]

Osmanisches Reich
Großmacht in der Zeit der Reformation; 1453 Eroberung von Konstantinopel; verschiedene Feldzüge bis vor Wien (1529, 1683). „Der Turck" galt zudem auch als Bote der Endzeit: Sobald er ins Reich vordrang, würde die Zeit des Gerichts beginnen. [Kapitel 6]

Passauer Vertrag
Abkommen von 1552 zwischen Ferdinand I. und den Fürsten, die am Fürstenaufstand 1552 beteiligt waren; gilt mit seinen Bestimmungen als Vorläufer des Augsburger Religionsfriedens (1555); markiert die endgültige Niederlage Karls V. [Kapitel 13]

Priestertum aller Glaubenden
Dienst eines jeden Christen, da die Würdigkeit der Dienste nicht an das Amt (Bischof etc.) geknüpft wird. Entsprechend des Votums von Martin Luther seien alle Christen aus der Taufe „gekrochen" und damit zum priesterlichen Dienst (Zeugnis, Lebenswandel) berufen. Doch nicht alle würden dabei hohe Ämter einnehmen. [Kapitel 4]

Propheten
Menschen im Alten Testament, die Gottes Anweisung hören und weitergeben. In der Zeit der Reformation gab es zahlreiche Gruppen, die davon ausgingen, ebenfalls Propheten zu sein, sich also das Geschehen aus dem Alten Testament auch in ihrer Gegenwart ereigne. Insbesondere in der „radikalen Reformation" gaben Einzelne wie Melchior Hoffmann, Hans Hut oder Jan van Leiden an, die wiederkehrenden Endzeitpropheten (Elias, Henoch) zu sein. [Kapitel 6 und 11]

„Reformatorische Öffentlichkeit"
Öffentlichkeit, die durch die zahlreich gedruckten Schriften (Flugblätter, Traktate, Grafiken etc.) entstanden ist und die neue Lehre intensiv debattiert hat. [Kapitel 1]

Reichsregiment
Ständisches Regierungsorgan; Kernbestand der Reichsreform ab 1521; erstes Reichsregiment: 1500 bis 1521; zweites Reichsregiment: 1521 bis 1530; aufgelöst als Ferdinand I. (Bruder von Kaiser Karl V.) zum römisch-deutschen König gewählt wurde. [Kapitel 1]

Reichstag
Höchstes politisches Organ im Alten Reich, gestärkt durch die Reichsreform ab 1495. Auf den Reichstagen von Worms (1521), Speyer (1526, 1529) und Augsburg (1530, 1555) wurden wesentliche Entscheidungen über die Reformation getroffen. [Kapitel 9]

Religionsgespräch
Versuch, religiöse Lehrstreitigkeiten zu lösen. Hierzu trafen unterschiedliche Gruppen (Zwingli und Luther, Marburg 1529), Katholiken und Lutheraner (Worms, Hagenau, Regensburg) zusammen. Religionsgespräche konnten auch lokal geführt werden (Oldersum 1526, Düsseldorf 1527). [Kapitel 13]

Scholastik
Methode, um in der mittelalterlichen Welt insbesondere theologische Fragen zu klären nach dem deduktiven Prinzip; basiert auf den logischen Schriften von Aristoteles. [Kapitel 1]

Sintflut
Zeichen für das Ende der Welt. Für 1524 wurde eine große Sintflut erwartet, durch die Gott Gericht sprechen würde. Zahlreiche Flugschriften zu Planetenkonjunktionen und Wetterphänomenen schürten diese Angst, indem sie diese als Zeichen Gottes bewerteten und zur Buße aufriefen. [Kapitel 6]

Wiedertäufer/Täufer
Sehr heterogene religiöse Bewegung, die der „radikalen Reformation" zuzurechnen ist. Täufer lehnten die Kindertaufe zugunsten der Glaubenstaufe ab. In der Schweiz sammelten sich Täufer hinter den „Schleitheimer Artikeln" (1527), gewalttätiger Höhepunkt im Alten Reich war das Täuferkönigreich von Münster (1534/35). Täufer wurden mit wenigen Ausnahmen (Mähren, Ostfriesland etc.) als religiös deviant verfolgt. [Kapitel 2 und 11]

Wittenberger Unruhen
Auseinandersetzungen in Wittenberg (1521/22) während der Abwesenheit Luthers (Wartburg), die ausbrachen, nachdem Andreas Bodenstein von Karlstadt eine große Zahl von Neuerungen eingeführt hatte (Laienkelch) und es zum Abhängen von Bildern in den Kirchen gekommen war. [Kapitel 6]

Wormser Edikt
Beschluss auf dem Reichstag von Worms (1521), durch den über Martin Luther und alle, die ihn unterstützten, die Reichsacht ausgesprochen wurde, nachdem er zuvor bereits vom Papst exkommuniziert worden war. [Kapitel 4 und 9]

Personenregister

Alberus, Erasmus 171
Albrecht von Brandenburg 12
Augustinus 62, 63

Blarer, Ambrosius 106
Blarer, Thomas 106
Bodenstein, Andreas 13, 32, 89
Borrhaus (Cellarius), Martin 90
Brück, Georg 128, 130
Bucer, Martin 129, 155
Bugenhagen, Johannes 131

Calvin, Johannes 29, 186
Camerarius, Joachim 91
Capito, Wolfgang 129, 155
Carion, Johannes 86, 87
Clemens VII. 127
Cochläus, Johannes 83, 84, 107
Cranach, Lucas 60, 61

Drechsel, Thomas 89
Dürr, Johannes 123, 124

Eck, Johannes 103, 104, 128, 130, 131
Egranus, Johannes 89
Erasmus von Rotterdam 11

Ferdinand I. 125, 126, 138, 176, 178, 179, 180
Ferdinand II. 123
Flacius, Matthias 173
Freyberg, Helena v. 10, 106, 107
Freyberg, Onophrius 106
Friedrich der Weise 14

Georg von Sachsen 137
Greiffenklau, Richard v.
Groote, Geert 11, 51
Grumbach, Argula v. 103, 104
Grumbach, Friedrich v. 104

Heinrich II. von Frankreich 179
Heinrich von Braunschweig 137, 141
Heller, Sebastian 128

Hitler, Adolf 187, 188
Hoffmann, Melchior 41, 108, 149, 150, 152, 153, 156
Holl, Karl 187, 190
Hubmaier, Balthasar 36, 43
Hus, Jan 183, 184
Hut, Hans 31, 41, 79, 93, 94, 95, 97
Hutten, Ulrich v. 15, 75, 190

Jansz, Anneken 167, 168, 169
Joachim I. von Brandenburg 87
Johann Friedrich von Sachsen 14, 92, 131, 138, 141, 142

Karl V. 4, 42, 74, 119, 120, 121, 124, 125, 126, 127, 130, 137, 138, 139, 142, 172, 173, 174, 175, 176, 179, 180, 181
Kayser, Leonhard 161
Knipperdolling, Bernhard 148

Leo X. 59, 68, 69, 183, 184
Lotzer, Sebastian 80
Luther, Martin 1, 8, 12, 13, 14, 15, 17, 18, 20, 22, 23, 29, 35, 40, 41, 45, 46, 54, 55, 56, 57, 59, 61, 63, 64, 65, 66, 67, 68, 69, 71, 73, 74, 75, 77, 78, 80, 81, 82, 83, 84, 88, 89, 90, 100, 101, 102, 103, 104, 107, 118, 119, 129, 130, 131, 142, 143, 144, 145, 151, 154, 160, 161, 162, 163, 164, 169, 171, 172, 183, 184, 185, 186, 187, 188, 189, 190, 191, 192, 193, 194

Maier von Eck, Johann 128
Mantz, Felix 44
Matthijs, Jan 39, 150, 152, 153
Maximilian I. 4, 52
Melanchthon, Philipp 45, 90, 91, 104, 105, 128, 129, 130, 131, 143, 183, 186, 187
Militz, Karl v. 69
Moritz von Sachsen 141, 142, 173, 176, 179
Müntzer, Thomas 78, 79, 81, 89, 91, 92, 93, 94, 95, 97, 137, 190
Murner, Thomas 73, 74, 75, 107

Paul V. 186
Philipp von Hessen 14, 15, 45, 129, 137, 138, 141, 142, 173, 179, 180
Philips, Dirk 154
Philips, Obbe 154
Pirckheimer Willibald 105
Pirckheimer, Caritas v. 104, 105

Rabus, Ludwig 108, 161, 164
Ranke, Leopold v. 17, 190, 191
Rothmann, Bernhard 37, 38, 39, 148, 151, 152, 154, 155, 156

Schappeler, Christoph 80
Schrot, Martin 135
Schwenckfeld, Caspar v. 32, 41, 46, 108
Schwertfeger, Heinrich 94
Seehofer, Arsacius 103, 104
Sickingen, Franz v. 15, 16, 75
Simons, Menno 28, 154
Spengler, Lazarus 120
Staupitz, Johann v. 63
Stephani, Johann Joachim 177

Storch, Nikolaus 89, 90, 91
Stübner, Markus 89

Tetzel, Johann 56, 59, 183
Torneborch, Ausgustinus 160
Treger, Konrad 107
Tucher, Sixtus 105

van Esschen, Johann 159, 160, 161, 162
van Leiden, Jan 148, 150, 152, 153, 154
Vehus, Hieronymus 128
Vos, Hinrich 159, 160, 161, 162

Waldeck, Franz v. 151
Wilhelm IV. von Bayern 103, 104
Winkler, Georg 161

Zeeden, Ernst Walter 188, 189
Zell, Katharina 16, 107, 108
Zell, Matthäus 16, 107, 108
Zütphen, Heinrich v. 160, 161
Zwingli, Ulrich 13, 29, 36, 43, 44, 113, 117, 118, 128, 129, 130, 186

Sachregister

12 Artikel 15, 77, 78, 79, 80, 81, 82, 83, 84
404 Artikel 130, 131
95 Thesen 12, 13, 18, 54, 55, 56, 183, 184, 189

Abendmahl 13, 116, 124, 129, 130, 155
Ablass 7, 12, 13, 48, 49, 50, 54, 55, 56, 57, 58, 59, 136, 183, 184
Adel 5, 8, 13, 15, 24, 68, 69, 74, 75, 80
Antichrist 68, 88, 92, 136
Antitrinitarier 27, 28, 34, 50
Apologia confessionis Augustanae 127
Aufruhr 15, 27, 34, 43, 44, 45, 46, 79, 83, 94, 95, 106, 112, 116, 138, 143, 145, 163
Augsburger Interim 171, 172, 173, 175, 176, 178
Ausbund 165

Bauernkrieg 15, 16, 29, 31, 79, 80, 82, 83, 84, 89, 93, 95, 137, 138, 190

Confessio Augustana 123, 124, 127, 130, 131, 132, 133, 134, 139, 140, 151, 174, 186
Confessio Tetrapolitana 128, 129, 130, 139
Confutatio confessionis Augustanae 127, 139
Corpus Christianum 21, 112

Dessauer Bund 138
Devotio moderna 11, 12, 51, 52
Disputation 12, 44, 117, 118, 151, 155

Fidei ratio 128, 129
Frankfurter Anstand 174
Freiheit 60, 61, 62, 63, 65, 67, 68, 71, 75, 76, 77, 79, 80, 81, 82, 83, 84, 99, 101, 135, 136, 173, 187, 190, 192
frühbürgerliche Revolution 190
Fürstenpredigt 78, 79, 92, 93

Gelübde 22, 105
Gemeiner Mann 1, 2, 9, 10, 16, 31, 56, 76, 79, 83, 89, 97, 191
Gerechtigkeit 42, 57, 63, 64, 65, 66, 67, 71
Gesetz 49, 60, 61, 64, 87
Gnade 2, 35, 50, 52, 54, 56, 57, 61, 62, 63, 64, 65, 66, 67, 68, 102, 167

Hexen 50
Hölle 60, 61

Ius emigrandi 177
Ius reformandi 17, 1787

Juden 50, 52

Kaiser 1, 2, 3, 4, 5, 6, 7, 9, 14, 42, 52, 74, 86, 115, 116, 118, 119, 120, 121, 122, 124, 125, 126, 127, 128, 130, 134, 136, 137, 138, 139, 140, 141, 142, 143, 172, 173, 174, 175, 176, 179,
Karsthans 73, 74, 75
Kindertaufe 35, 36, 43, 44, 90, 126, 149, 151, 152, 155
Kirchenmutter 16, 108
Kirchenregiment 8, 138, 177
König 3, 4, 5, 6, 7, 137, 138, 140, 150, 153, 154, 179
Konzil 74, 87, 119, 127, 130, 134, 174, 175, 176, 184
Kurfürst 14, 53, 87, 89, 92, 93, 130, 131, 138, 141, 174, 179, 180, 183, 184, 185

Landfrieden 4, 5, 6, 34
Leibeigenschaft 12, 15, 31, 75, 76, 77, 80, 177

Marburger Artikel 131
Marburger Religionsgespräch 129
Marienfrömmigkeit 52, 53
Märtyrer 160, 161, 162, 163, 164, 165, 166, 169
Martyrologium 31, 42, 161, 165, 166

Nachfolge 11, 12, 36, 51, 107, 166
Neues Jerusalem 148, 149, 150, 152, 153, 156
Notbischof 8
Notmandat 8, 16, 104, 107
Nürnberger Anstand 174

Osmanisches Reich 6, 90, 124, 174

Papst 1, 48, 49, 55, 59, 68, 69, 86, 87, 88, 127, 130, 134, 136, 172, 175, 176, 183, 184, 186

https://doi.org/10.1515/9783110454789-019

Papsttum 56, 68, 74, 88, 172
Passauer Vertrag 176, 180, 181
Prager Manifest 92
Priestertum aller Glaubenden 22, 36, 66, 68, 104, 175
Propheten 31, 40, 87, 88, 89, 90, 91, 97, 104, 109, 117, 148, 150, 153, 155, 168
Protestation 120, 125, 126

Regensburger Bund 138
Reich 1, 2, 3, 4, 5, 6, 10, 12, 17, 18, 33, 34, 38, 39, 42, 43, 45, 46, 78, 79, 82, 88, 89, 91, 92, 94, 113, 114, 115, 116, 124, 125, 126, 134, 136, 137, 138, 139, 140, 146, 153, 154, 155, 157, 162, 166, 172, 174, 176, 177, 178, 179, 180, 181, 186, 188, 189
Reichsacht 5, 14, 83, 118, 141, 173
Reichshofrat 5
Reichskammergericht 5, 141, 174
Reichsreform 4, 5, 6, 7, 9, 118
Reichsregiment 4, 34, 126, 164
Reichsritter 14, 15, 75
Reichsstadt 114, 115, 120, 176, 177, 178
Reichsstände 2, 3, 4, 6, 8, 9, 34, 42, 45, 118, 125, 126, 127, 134, 138, 139, 140, 141, 142, 173, 174, 175, 176, 180, 184
Reichssteuer/Kammerzieler 6
Reichstag 4, 18, 34, 42, 80, 111, 114, 115, 118, 119, 123, 124, 125, 126, 127, 128, 129, 130, 131, 133, 134, 137, 139, 142, 145, 164, 172, 174, 175, 176, 180, 190

Religionsfrieden 19, 33, 173, 174, 175, 176, 180
Restitution 29, 38, 39, 155

Schleitheimer Artikel 30, 37, 38, 39
Schmalkaldische Bund 116, 139, 140, 141, 174
Schmalkaldischer Krieg 175, 176
Schulwesen 10, 112
Schwabacher Artikel 131
Sintflut 87
Spiritualisten 28, 32, 40, 41, 46, 50, 108
Städtetag 115, 120, 121
Stadtreformation 17, 24, 89, 116, 117

Täufer 10, 27, 28, 29, 30, 31, 32, 33, 36, 37, 38, 40, 41, 42, 43, 44, 45, 46, 50, 61, 79, 93, 94, 106, 108, 113, 126, 129, 150, 152, 153, 154, 156, 157, 161, 162, 163, 164, 165, 166, 167
Täuferreich 29, 31, 38, 41, 45, 46, 148, 149, 150, 151, 154, 155, 157, 167
Torgauer Artikel 131
Torgauer Bund 137, 138

Wallfahrt 52
Widerstand 51, 64, 99, 135, 136, 140, 142, 143, 145, 152, 172, 173, 175, 176
Wiedertäufermandat 42, 126
Wormser Edikt 87, 115, 118, 119, 120, 121, 125, 128, 137, 139

Ortsregister

Allstedt 93
Amsterdam 149, 150
Antwerpen 160
Augsburg 10, 18, 19, 33, 34, 74, 94, 106, 107, 111, 119, 123, 124, 125, 126, 127, 128, 129, 130, 131, 134, 135, 138, 139, 142, 172, 173, 174, 175, 176, 177, 180, 181

Basel 74, 76
Bremen 141

Deventer 11
Dietfurt 104

Frankenhausen 78, 79, 93, 137, 138
Frankfurt 5, 174

Genf 10, 24, 111

Halberstadt 141
Hamburg 51

Ingolstadt 103, 104
Innsbruck 106
Insy 128

Kempten 76, 128
Kitzbühel 107
Konstanz 106, 115, 117, 128, 176, 184

Landshut 104
Lübeck 51

Magdeburg 138, 141, 172, 173, 176, 179
Marburg 129, 131

Memmingen 80, 82, 83, 115, 128
Mühlberg 141
Mühlhausen 93, 94
Münster 28, 29, 30, 31, 37, 38, 39, 41, 45, 46, 107, 148, 149, 150, 151, 152, 153, 154, 155, 156, 157, 163, 167

Nürnberg 4, 10, 24, 104, 105, 111, 114, 115, 119, 120, 143, 174

Ochsenhausen 76

Passau 138, 176, 180, 181

Regensburg 52, 53, 175
Reutlingen 115

Salzburg 138
Speyer 5, 42, 76, 80, 115, 119, 120, 125, 126, 137, 138, 139, 164, 174
Straßburg 10, 16, 24, 74, 107, 108, 114, 128, 149, 150, 151, 155

Ulm 114, 115, 120, 121, 122, 164

Wetzlar 5
Wittenberg 1, 10, 13, 24, 29, 56, 60, 89, 90, 103, 111, 117, 123, 151, 152, 155, 183, 187
Worms 4, 87, 115, 118, 119, 120, 121, 125, 128, 137, 139

Zürich 10, 13, 24, 29, 43, 44, 77, 111, 113, 116, 117, 129
Zwickau 87, 89, 90, 91, 97

https://doi.org/10.1515/9783110454789-020

www.ingramcontent.com/pod-product-compliance
Lightning Source LLC
Chambersburg PA
CBHW060603230426
43670CB00011B/1948